"人工智能+"
思想政治教育研究

申晓腾 著

中国社会科学出版社

图书在版编目（CIP）数据

"人工智能+"思想政治教育研究 / 申晓腾著.
北京：中国社会科学出版社，2024.8（2025.9重印）.
ISBN 978-7-5227-3980-9

Ⅰ．D64-39

中国国家版本馆 CIP 数据核字第 2024UD3145 号

出版人	季为民
责任编辑	宫京蕾
责任校对	秦婵
责任印制	郝美娜

出　　版	中国社会科学出版社
社　　址	北京鼓楼西大街甲 158 号
邮　　编	100720
网　　址	http://www.csspw.cn
发 行 部	010-84083685
门 市 部	010-84029450
经　　销	新华书店及其他书店

印刷装订	北京君升印刷有限公司
版　　次	2024 年 8 月第 1 版
印　　次	2025 年 9 月第 4 次印刷

开　　本	710×1000　1/16
印　　张	13
插　　页	2
字　　数	218 千字
定　　价	78.00 元

凡购买中国社会科学出版社图书，如有质量问题请与本社营销中心联系调换
电话：010-84083683
版权所有　侵权必究

目 录

一 绪论 ……………………………………………………………（1）
  （一）研究背景 …………………………………………………（1）
  （二）研究目的及意义 …………………………………………（3）
    1. 研究目的 …………………………………………………（3）
    2. 研究意义 …………………………………………………（4）
  （三）国内外相关研究的学术史梳理及研究动态 ……………（7）
    1. 国内研究现状 ……………………………………………（7）
    2. 国外研究动态 ……………………………………………（16）
    3. 国内外研究述评 …………………………………………（19）
  （四）研究思路与研究方法 ……………………………………（21）
    1. 研究思路 …………………………………………………（21）
    2. 研究方法 …………………………………………………（21）

二 "人工智能+"思想政治教育的相关概念和理论依据 ………（23）
  （一）"人工智能+"思想政治教育的相关概念 ………………（23）
    1. 人工智能 …………………………………………………（23）
    2. 思想政治教育 ……………………………………………（24）
    3. "人工智能+"思想政治教育 ……………………………（24）
  （二）"人工智能+"思想政治教育的理论基础 ………………（45）
    1. 马克思主义关于社会存在与社会意识关系的理论 ……（46）
    2. 马克思主义关于科学技术创新的理论 …………………（47）
    3. 马克思主义关于人的全面发展理论 ……………………（48）
    4. 马克思主义关于人的本质理论 …………………………（49）
    5. 思想政治教育要素理论 …………………………………（51）
  （三）"人工智能+"思想政治教育的理论借鉴 ………………（51）
    1. 建构主义理论 ……………………………………………（52）

2. 教育中的主客体转化理论 …………………………………… (53)
　　3. 教育中的道德权威理论 ……………………………………… (54)
　本章小结 ………………………………………………………………… (55)
三 "人工智能+"思想政治教育的现实境遇 ……………………………… (57)
　(一)"人工智能+"思想政治教育的宏观环境改变 ………………… (57)
　　1. 世界充满不确定性 …………………………………………… (57)
　　2. 中国进入数字化、信息化、网络化发展快车道 …………… (58)
　(二)"人工智能+"思想政治教育的中观环境变化 ………………… (62)
　　1. 信息论成为思想政治教育的方法论之一 …………………… (62)
　　2. 新一代移动通信技术的发展为思想政治教育提供
　　　技术红利 ……………………………………………………… (63)
　(三)"人工智能+"思想政治教育的微观环境转变 ………………… (66)
　　1. 思想政治教育的归因过程较为复杂 ………………………… (66)
　　2. 思想政治教育在意识形态领域面临新形势 ………………… (68)
　　3. 思想政治教育的发展出现崭新走向 ………………………… (69)
　　4. 思想政治教育者基本能力的重要性愈加凸显 ……………… (71)
　　5. 思想政治教育的底层逻辑与数学有关 ……………………… (73)
　(四)"人工智能+"对思想政治教育的赋能 ………………………… (74)
　　1. "人工智能+"物联网助力思想政治教育环境智慧化 ……… (74)
　　2. "人工智能+"虚拟现实实现思想政治教育内容场景
　　　虚拟化 ………………………………………………………… (76)
　　3. "人工智能+"云计算促进思想政治教育资源共享化 ……… (78)
　　4. "人工智能+"区块链推动思想政治教育数据处理智能化 … (79)
　　5. "人工智能+"大数据增进思想政治教育评价分析精准化 … (80)
　　6. "人工智能+"脑机接口促成思想政治教育程度深透化 …… (82)
　　7. "人工智能+"6G促使思想政治教育效率高能化 …………… (85)
　　8. "人工智能+"量子计算推进思想政治教育进程迅捷化 …… (86)
　　9. "人工智能+"元宇宙助推思想政治教育工作簇新化 ……… (87)
　(五)"人工智能+"思想政治教育面临的挑战 ……………………… (89)
　　1. 人工智能会引发思想政治教育主体间的数据遮蔽 ………… (89)
　　2. 人工智能将触使思想政治教育主体道德权威面临考验 …… (90)
　　3. 人工智能易引起思想政治教育个体的情感弱化 …………… (93)
　　4. 人工智能赋能的思想政治教育存在刻板效应 ……………… (93)

5. 人工智能易导致思想政治教育个体的自我失衡 …………… (94)
   6. 人工智能给思想政治教育带来伦理风险 ………………… (95)
   7. 人工智能技术的不确定性一定程度上限制思想政治
      教育实效 ……………………………………………………… (96)
   8. 人工智能或触发思想政治教育工作掣肘 ………………… (96)
  本章小结 ………………………………………………………… (101)

四 "人工智能+"思想政治教育的实质解析 ………………… (103)
 (一) "人工智能+"思想政治教育的技术机理 ………………… (103)
   1. "人工智能+"思想政治教育的技术内涵 ………………… (103)
   2. "人工智能+"思想政治教育的技术优势 ………………… (109)
   3. "人工智能+"思想政治教育的技术局限性 ……………… (112)
 (二) "人工智能+"思想政治教育的功能 ……………………… (115)
   1. 人工智能助力思想政治教育对象提升社会化认知水平 … (115)
   2. 人工智能协同思想政治教育者推进教育进程 …………… (116)
   3. 人工智能促新思想政治教育的大众传播和社交环境 …… (117)
 (三) "人工智能+"思想政治教育的根本特性 ………………… (118)
   1. 思想政治教育个体拥有人工智能无法超越的学习能力 … (118)
   2. "人工智能+"思想政治教育对人性的遵守 ……………… (120)
 (四) "人工智能+"思想政治教育的变与恒 …………………… (122)
   1. 嬗变:"人工智能+"思想政治教育的要素更始 ………… (123)
   2. 立异:"人工智能+"思想政治教育的特色创新 ………… (130)
   3. 回归:"人工智能+"思想政治教育的定律守恒 ………… (138)
   4. 涵养:"人工智能+"思想政治教育的文化培育 ………… (146)
  本章小结 ………………………………………………………… (150)

五 "人工智能+"思想政治教育的优化策略 ………………… (152)
 (一) 转变思维 …………………………………………………… (152)
   1. 高扬思想政治教育价值理性 ……………………………… (152)
   2. 厚植思想政治教育人文情怀 ……………………………… (153)
   3. 融入"技术+"思想政治教育理念 ………………………… (154)
   4. 厘清思想政治教育与技术的逻辑关系 …………………… (154)
   5. 明确思想政治教育定位 …………………………………… (155)
   6. 强化思想政治教育个体自我调适 ………………………… (156)
 (二) 建构模式 …………………………………………………… (157)

1. "人工智能+"思政课程教学模式 …………………… (157)
2. "人工智能+"思政网络学习模式 …………………… (160)
3. "人工智能+"思政教育实践模式 …………………… (161)
4. "人工智能+"思政管理服务模式 …………………… (164)
5. "人工智能+"思政教育环境模式 …………………… (165)

（三）建设软硬件 ……………………………………………… (166)
1. 优化数据资源 ………………………………………… (166)
2. 改进算法技术 ………………………………………… (167)
3. 规约技术伦理 ………………………………………… (167)
4. 强化法制规范 ………………………………………… (169)
5. 夯实基础硬件 ………………………………………… (170)

（四）健全机制 ………………………………………………… (172)
1. 建设人才队伍机制 …………………………………… (172)
2. 运筹科学决策机制 …………………………………… (175)
3. 建立技术支持机制 …………………………………… (176)
4. 构建平稳运行机制 …………………………………… (177)
5. 完善高效反馈机制 …………………………………… (178)

（五）赋能生态 ………………………………………………… (179)
1. 建设跨学科融合的思想政治教育工作新局面 ……… (179)
2. 构筑思想政治教育工作信息的数字化安全堡垒 …… (180)
3. 增强智能技术在思想政治教育工作中的用户体验
   与接纳度 …………………………………………… (180)
4. 把控生成内容质量与监测管控信息 ………………… (181)
5. 筹划数字技术培训 …………………………………… (182)
6. 协同制度与规范的动态完善 ………………………… (182)
7. 推动跨平台整合与信息共享 ………………………… (183)
8. 平衡创新与传统的知行模式 ………………………… (184)

本章小结 ………………………………………………………… (184)

结论 …………………………………………………………… (186)

参考文献 ……………………………………………………… (191)

后记 …………………………………………………………… (200)

一 绪 论

伴随着人工智能技术的飞速发展,思想政治教育与智能技术的深度融合,已经成为时代的呼唤。

(一) 研究背景

当今时代,自然科学和社会科学在各自领域取得了日新月异的进展,同时也开始相互交融嵌入、相互渗透融合。科学要行稳致远,需要大胆地想象。以人工智能为代表的科学技术加速创新,使世界正经历着一场更大范围、更深层次的科技革命,催发出人类社会新的发展动能,刷新着人类对于前途命运的既有思考。

人工智能主要研究人类智能活动的规律,研发设计出像人类一样智能的人工计算系统,目的是让计算机模拟人类智能并完成人类才能胜任的工作。换言之,人工智能是研究如何用计算机的软硬件系统来仿真模拟人类智能行为的基本理论、方法和技术。

随着移动互联网和物联网等网络技术架构的兴起,互联网用户产生的信息数据不断拓展延伸,社会的信息化、数字化、网络化进程翼飞蹄疾。大数据与深度学习、超级计算等技术融合并发生强烈的"化学反应",催发了人工智能发展的第三次浪潮。移动互联网、社交网络以及物联网等网络技术架构开始兴起,人类社会产生的数据量呈现海量增长趋势,社会信息化进程不断加速。智能搜索、智能问答、智能助理、智能推荐、机器翻译、机器写作、机器视觉、语音识别等人工智能应用逐步被社会传播和运用,互联网空间已经步入机器智能大发展的崭新阶段。

习近平总书记在致首届国际人工智能与教育大会的贺信中指出:

"充分发挥人工智能优势,加快发展伴随每个人一生的教育、平等面向每个人的教育、适合每个人的教育、更加开放灵活的教育。"① 2017 年国务院《新一代人工智能发展规划》,提出培育智能经济,建设智能社会,建设智能教育;2018 年《教育信息化 2.0 行动计划》提出要大力推进智能教育,探索泛在、灵活、智能的思想政治教育教学新环境建设与应用模式。2018 年 4 月,教育部印发《高等学校人工智能创新行动计划》指出:"根据人工智能理论和技术具有普适性、迁移性和渗透性的特点,重视学科专业教育的交叉融合。探索塑造'人工智能+X'的人才培养模式。"②

教育人工智能是教育领域与人工智能技术的深度融合,积极推进现代信息技术在文化传递活动中的应用,全面推进构建网络化、数字化、智能化、信息化、个性化、现代化的新时代教育的崭新实践。智能时代对创新型人才的培养迫在眉睫,亟待借助智能科技革新标准化、规模化的工业式教育,推动其向个性化、多元化的智能式教育转型升级。权且不言人类对人工智能如何看待,可以预见的是,在智能革命和信息技术的有力推动下,教育生态将必然发生创新性变革,教育将迅速转型升级至一个新的阶段,具有划时代意义。

人工智能时代的到来,把担负着铸魂育人使命的思想政治教育推向了重要的历史方位。习近平指出:"做好思想政治工作,要因事而化、因时而进、因势而新""要运用新媒体新技术使工作活起来,推动思想政治工作传统优势同信息技术高度融合,增强时代感和吸引力。"③ 思想政治教育课程是思想政治工作的重要组成部分,习近平指出:思想政治理论课是落实立德树人根本任务的关键课程,理应站在时代最前沿,吸收一切有助于推动思想政治课程创新的智能信息技术。以人工智能、大数据等为代表的第四次技术革命的兴起,为思想政治教育的创新带来了良好的机遇和条件,思想政治教育已潜移默化地向数字化、网络化、智能化转型。在此背景下,如何更好地促进人工智能有效融合思想政治教育,是新时代推进思想政治教育前行发展的新趋势,是新时代赋予思想政治教育创新的重要

---

① 《习近平向国际人工智能与教育大会致贺信》,《人民日报》2019 年 5 月 16 日。
② 《教育部印发〈高等学校人工智能创新行动计划〉确定人工智能发展任务》,《中国大学生就业》2018 年第 9 期。
③ 习近平:《习近平在全国思想政治工作会议上的讲话》,《光明日报》2016 年 12 月 9 日。

课题。

思想政治教育者担负着"为党育人、为国育才"的重要职责,为切实落实"立德树人"这一根本任务,需要站在新的历史起点与时俱进、不断创新。同时,思想政治教育具有强烈的现实指向性,与社会、政治、经济的发展亲密无间,当现实社会发生重大的变革时,它需要通过自身的创新来适应现实之变化,以更好地生存和发展。思想政治教育的创新性发展是一项重大的政治任务,同样也是一项浩大的战略工程。党的十八大以来,党中央更加高度重视思想政治教育工作,思想政治工作也被视为是高校各项工作的战略制高点。智能革命的兴起和到来,使思想政治教育者在继承传统文化的基础上,进一步发扬改革创新、锐意进取的优良作风,不断提升智能素养,推动思想政治教育工作与先进智能技术深度融合,构筑线上线下"同心圆",使思想政治教育在传统优势的基础上创新性转化和创造性发展,增强自身吸引力的同时唤起青年一代的奋发崛起。与时俱进和身体力行地提升思想政治教育的时代感和实效性,是教育个体实现自由全面发展的现实诉求。

综上所述,在思想政治教育自身追求创新发展需求下,恰逢人工智能带来巨大的社会变革,学界关于"人工智能+"思想政治创新教育的研究刚处于起步阶段,创新是一项复杂而艰巨的工程,所以,进一步探讨人工智能如何有效融合思想政治教育,成为了思想政治教育者的时代使命和责任担当。本研究以"人工智能+"思想政治教育研究为选题,结合了时代发展趋势和现实需求,是一项理论研究的时代命题,自然也是对思想政治教育现实性、时代性和创造性的回应。

(二) 研究目的及意义

1. 研究目的

站在新时代的舞台上,探究切合现代性的思想政治教育既是思想政治教育理论工作者的使命,也是思想政治教育实践主体的责任。"人工智能+"思想政治教育是对网络思想政治教育新技术阶段的沿革,但又区别于以往网络思想政治教育的技术手段,较之传统思想政治教育更是出现了主、客、介、环四体的创新与发展,更多是技术赋能和教育本性的共同呼唤，注重的是切合时代性。本研究以智能时代为背景，以技术为根基，以高校思想政治教育为着眼点，试图探究"人工智能+"深度融合思想政治教育后，为其带来的嬗变与回归，传承与更始。

本研究力求达到以下目的：

(1) 阐释"人工智能+"思想政治教育的现实境遇

将"人工智能+"思想政治教育面临宏观环境的变衍和中观形势的迁变等外在场域的变化以及微观上面临着崭新的情势，技术带来的赋能和多元化的挑战进行全面地剖析，辨明其创新发展所处的现实境遇，彰显思想政治教育与人工智能深度融合创新的紧迫性和必要性。

(2) 挖掘"人工智能+"思想政治教育的内在实质

从"人工智能+"思想政治教育的技术机理、功能、根本特性和教育变与恒四个层面剖析和厘清其内在实质。着力辨明"人工智能+"思想政治教育究竟"是什么"的这一质的规定性问题，使学界对此的后续研究有据可依。

(3) 辨明"人工智能+"思想政治教育的核心逻辑

"人工智能+"思想政治教育，不是人的思想政治教育被机器智能所取代，更不是思想政治教育的"技术沙文主义"。而是被人工智能赋能的思想政治教育，令人类更智能。人工智能永远是给思想政治教育带来加持的技术工具，而身为人类的思想政治教育者在教育过程中的主体性地位永远不可被机器智能所取代。

(4) 探析"人工智能+"思想政治教育深入发展的实际措施

从转变思维、建构模式、建设设施和健全机制四个层面深入剖析"人工智能+"思想政治教育深入发展的现实进路，找到其应对挑战的实际策略，为其创新发展提供现实可行性和实践保障。

2. 研究意义

思想政治教育是一项实践性较强的重要课程，理应依据时代的发展变化，与时俱进。

注入新的要素。"人工智能+"思想政治教育，将深刻影响其系统内部各维度和外部的生态环境。研究"人工智能+"思想政治教育，旨在探讨如何将人工智能有效的融合于思想政治教育学科之中，抓住良好机遇，对提升思想政治教育的实效性，具有重大的理论意义和现实意义。

(1) 理论意义

在建设新时代中国特色社会主义的伟大征程中，探究"人工智能+"思想政治教育，不断创新思想政治教育的理论和方法，对于其理论的不断改进和发展，发挥着重要作用。

其一，有助于拓展思想政治教育的研究。人工智能是一种新兴的综合学科，学科交叉融合是多学科走向成熟的过程，只有以不同学科视角来审视本学科的发展，才能捕捉学科新的成长点，才能使各学科走向成熟。本研究瞄准人工智能时代的前沿技术，通过对"人工智能+"思想政治教育、人工智能三大基石（大数据、算法、算力）等核心技术概念的界定，对"人工智能+"思想政治教育的技术机理、功能、根本特性和教育的变与恒等内在实质的挖掘和探析，对人工智能赋能思想政治教育模式建构的研究中，智能技术对思想政治教育主体、客体、介体和环体带来的变化影响等，系统探讨了融合创新的内在要求，进一步完善了人工智能时代思想政治教育创新的理论体系，破解创新过程中的理论难题，弥补当前人工智能视域下思想政治教育创新理论研究的不足，拓展了对思想政治教育的创新发展遇到新问题的理论研究范围。

其二，有利于推动思想政治教育方法论的变革。思想政治教育是人的精神生产实践和精神交往实践，是人的全面发展的重要途径。提倡人工智能理论运用于高校思想政治教育创新是对马克思主义"教育是一种生产力的再生产过程"的理论阐发。本研究探讨了人工智能作为一种技术手段赋能思想政治教育，将人工智能融合物联网、虚拟现实、云计算、区块链、大数据等先进技术后，使思想政治教育模式进行推动性地发展和变革，优化和改善传统思想政治教育迈向数字化信息化思想政治教育的发展进程，循序渐进地引发方法论的创新策略，引导思想政治教育未来发展注重智能、智慧方法的运用，对马克思主义教育学说中国化的理论升华有着一定意义。

(2) 实践意义

探究"人工智能+"思想政治教育的创新实效性，拓展和完善思想政治教育功效，推进思想政治教育学科科学发展，对于推动新时代中国特色社会主义建设，为实现中华民族伟大复兴的中国梦提供动力支撑，具有深远的实践意义。

其一，回应新时代对思想政治教育提出的新诉求。依托人工智能技术优化主流价值观宣传方式，增强马克思主义理论思想传播的效度，借助人工智能技术探索思想政治教育运行规律，用大数据了解分析思想政治教育客体的真实需求，提升对客体教育的指向性，回应新时代对思想政治教育提出的新诉求。

其二，有助于解决思想政治教育实践中的问题。通过对诸如人工智能赋能思想政治教育生态带来的诸如环境模式、教学模式、课程模式、学习模式、发展模式、评价模式、管理服务模式等的崭新变革，描绘出了一幅精准化、个性化的崭新教育模式，从而为实现思想教育主体发挥思想引领和价值塑造功能，更全面了解教育客体思想动态提供了实践意义上的价值参考。

其三，提升高校思想政治教育工作的实效性。本文对人工智能技术融合思想政治教育的研究顺应时代发展趋势。新时代面对新一轮科技革命和产业变革带来的社会变革，思想政治教育也面临新的挑战。正如习近平指出的"科学技术从来没有像今天这样深刻影响着国家前途命运，从来没有像今天这样深刻影响着人民生活福祉。"[1] 探讨如何在思想政治教育中融入人工智能技术，有助于打破教学与管理的空间、时间限制，能够快速提升教育的实效。利用人工智能具有强算力、大数据和先进算法的优势和特点，能够分析受教育者在思想、学习、工作、生活全过程中的数据，为教学评价、画像描绘、精确供给和数据研判提供保障[2]，能够在学生的学籍信息管理、教学、生活、就业、心理健康教育等诸多方面进行需求侧的精准预判，从而进行高校思想政治教育供给侧改革，提升高校思想政治教育工作的有效性和准确度。

因此，"人工智能+"思想政治教育的研究与实践应用并非无关紧要，而是反映出了一种社会进步和学科发展必然之趋势。只有顺应教育信息化的发展，方能全面推进发展中的中国式现代化思想政治教育。

---

[1] 习近平：《习近平在中国科学院第十九次院士大会、中国工程院第十四次院士大会上的讲话》，《人民日报》2018年5月29日。

[2] 张东、吕杰：《精准供给：大数据时代高校思想政治教育创新》，《重庆邮电大学学报（社会科学版）》2019年第1期。

（三）国内外相关研究的学术史梳理及研究动态

1. 国内研究现状

（1）国内相关研究的学术史梳理

中国期刊全文数据库相关内容的检索结果表明，从 1980 年到 2021 年，题名中含有"人工智能+教育"的文章约有 6524 篇。其中，从 2008 年到 2023 年的文章约为 6162 篇；题名中含有"人工智能+思想政治教育"的文章约 212 篇。

中国博士学位论文全文数据库相关内容的统计结果表明，题名中含有"人工智能+"的论文近有 3683 篇；题名中含有"人工智能+思想政治教育"的论文仅有 1 篇申晓腾的论文。

对中国优秀硕士论文全文数据库中相关内容的统计结果表明，题名中含有"人工智能+"的相关论文约有 25299 篇；题名中含有"人工智能+思想政治教育"的论文为 31 篇。

近 5 年以来，全国思想政治教育者、学者与时代步伐同频共振，积极从事"人工智能+"的相关研究。迄今为止，资助的相关课题有 30 项左右。2019 年以来，与论著关联性较高的课题主要有：2019 年刘珍珍主持的《基于人工智能的大学生思想政治教育创新研究》；2020 年，李琎主持的《人工智能时代中学思想政治课教学：机遇、挑战与应对》；郭欣媛主持的《教育人工智能（EAI）视域下高校思想政治教育模式创新研究》；伍针针主持的《人工智能视域下课程思政创新研究》；2022 年李晓萍主持的《算法推荐对思想政治教育的影响及对策研》；邓嘉禾主持的《人工智能时代思想政治教育主客体研究》；史雨婷主持的《人工智能赋能思想政治教育研究》；2023 年寅浩主持《人工智能时代道德教育的风险与应对》；刘秀莲主持的《人工智能语境下大学思政教学实践批判》；刘鑫昊主持的《人工智能教育视域下高校思想政治教育创新的理念与路径研究》；王可欣主持的《人工智能技术背景下的思想政治教育变革研究》；赖倩主持的《人工智能技术应用下高校思政课教师的角色适应研究》；武鹏飞主持的《人工智能与高校思想政治教育融合研究》；黄月君主持的《人工智能时代高校精准思政研究》；张迎主持的《人工智能时代思想政治教育叙事结构研究》；赵晓萱主持的《教育人工智能的思想政治教育应用研究》。研究数量逐年递增。

（2）研究动态

笔者认真搜集并阅读了相关文献 297 万字，并进行了梳理与分析。

在此基础上认为，人工智能时代，随着思想政治教育实践与理论的发展，国内理论界对人工智能技术在教育领域的运用发表了一系列相关论著。这些研究成果，是我们进一步研究人工智能深度融合思想政治教育的新起点、基础和资源。根据已经发表的学术研究成果，总体来说，国内理论界关于"人工智能+思想政治教育"的相关研究进展可概括为：起初，着重从智能技术的工具理性探究人工智能的概念及人工智能的强大功能。多维度地讨论"人类和人工智能未来关系""人工智能将威胁人类""人工智能是否取代人类"等学术观点。阐释人工智能 60 年的发展的历史背景、含义、功能和意义。当然，"起初"这种谈论思考是十分必要的，也是应当肯定的。

之后，侧重从学理层面研究，"教育人工智能内涵""精准思政""人工智能+"思想政治教育，"人工智能+"思政教育理论课，"人工智能赋能思想政治教育的新技术"，探讨"人工智能+"思想政治教育的立论基础、发展历程、二者关系、逻辑结构和内容框架，学理性相对凸显。尤其是对"智能技术为教育带来教育创新的机遇挑战"的研究成为学术界、理论界的重点、热点、亮点。这种研究是全方位展开的，注重学理阐释、理论论证和学术表达，把研究引向了深入。

当今，习近平指出"中国高度重视人工智能对教育的深刻影响，积极推动人工智能和教育深度融合，促进教育变革创新。"和在习近平总书记"思想政治理论课是落实立德树人根本任务的关键课程，理应站在时代最前沿吸收一切有助于推动思想政治课程创新的智能信息技术。"的重要讲话发表以后，理论界着重从历史、实践、理论、全球多维层面，进一步展开对"人工智能+思想政治教育"的研究，特别是注重对其"形成逻辑""重大意义""基本内涵""新在何处""本质特征""技术与人类关系""实践意义"的研究。

在这种研究的起步阶段，人们相对注重从立德树人、教育公平、人机关系、人—机—生教育主体层面，思考且界定"人工智能+思想政治教育"新样态的形成逻辑、基本内涵、本质特征、二者关系、实践意义、鲜明亮点等，发表了一些重要成果。这种思考还是初步的，尚没有真正从学理上，尤其是当Chat GPT问世后，对其哲学基础、技术演变、实践逻辑、理论逻辑、强大功能、辩证关系、社会价值、理论形态等展开全面准确深入的系统研究。

（3）研究问题和主要观点

相关研究围绕以下方面展开。

①关于人工智能及其对教育的影响研究

a. 人工智能的科学内涵

人工智能的定义和内涵至今未有精确定论。人工智能发展进程中，其定义伴随智能技术的发展，多次转变，至今被业界接受认可的有几种。究竟哪一种定义能最全面表达它的内涵，取决于人类在特定时期讨论人工智能问题的维度和生态环境变化及智能技术突破的内容。

第一种观点认为：人工智能是让机器变得智能的动；是如何表示知识，怎样获得和使用知识的科学；是人工智能就是研究如何让计算机去做人做的智能工作。

第二种观点认为：伴随人工智能技术迭代升级，许多学者又从不同视角界定了"教育人工智能"的概念。认为教育人工智能就是将人工智能应用于教育领域，教育内容独特化，协同教师完成机械的工作，精确地提升教育的质量。

第三种观点认为：教育人工智能是依据大数据、教育规律实施因材施教，按照认知规律，实现个性化培养。

总体来看，学界对"人工智能及教育人工智能"的科学内涵的理解，开始主要处在对其功能的解读，逐渐诠释到应用的层面。

b. 人工智能为教育带来的挑战

目前，学界主要有五种代表性观点。

第一种观点认为：人类社会价值教育、伦理观念面临人工智能的新挑战。人类活动的最高追求、人类价值的教育，本质都是价值关系、价值追求和价值教育。人工智能技术挑战着人类价值教育的建构思路和价值伦理认知。

第二种观点认为：人工智能的到来，对教育领域的思政教育价值判断带来诸多挑战。教育场域、教育主体、教育内容、教学方式将发生转变；普及知识、传授技能的场域正在消解；教育主体传道授业解惑的权威地位被削弱；社会部门对学校毕业人才的需求将发生改变。

第三种观点认为：从马克思主义的追求人类的解放主题理论分析，人工智能背景下教育者将面临诸多挑战。人工智能技术是柄双刃剑，它将解构教育者的诸多要素，劳动者将获得"超能力"。一方面促进了人工智能对教育者的解放，另一方面也有阻碍教育者的作用。人工智能将使生产力得到大幅度提升，为实现劳动解放奠定丰厚的物质基础，也加深了人类自身的异化现象，束缚了人类突破社会关系解放的实现。

第四种观点认为：人工智能将使思想政治理论大课由"满堂灌"走向"按需供给"和"精准供给"的模式；运用智能技术的指导和反馈，教育主体能较精准诊断、预测和认知教育客体的思想变化和行为状态，科学制定教育客体个性化的教学活动。思想政治教学课堂"双主体"模式，将转变为"三主体"模式（人类教师、受教育者、机器教师），思想政治课教师的教育主导权将部分被剥夺，人类教师主体地位将可能丧失，知识权威被弱化，教学经验被数据化所代替，学术垄断地位将被消解。

第五种观点认为：人工智能对思想政治教育教学主体的工作重心带来挑战。一是教师更加注重与教育客体的情感交流与心灵沟通，课堂授课会更有温度。在人才培养过程中，发展人性、健全人格、改善人生的作用将尤为突出；二是对教育客体自我意识的挑战。受教育者将更加注重自我发展意识和提升能力的培养。机器教师将成为受教育者贴身的伙伴，教育主客体之间更多的是网络虚拟空间对话交流。三是对思想政治教育理论课的伦理挑战，包括"人权"伦理问题、"责任"伦理问题、"隐私"伦理问题等。

总之，从哲学和技术维度审视，人工智能是技术理性的产物，其上限挑战了人类智慧，将改变人类的教育模式，但不可能超越。

c. 生成式人工智能（Chat GPT）对高等教育的影响

目前，学界有四种代表性观点。

第一种观点认为：Chat GPT作为一种人工智能技术，在高等教育领域具有广泛的应用前景，在提高教学质量、促进学生学习、增强教师能力等方面发挥重要作用。

第二种观点认为：Chat GPT的应用也带来了一些挑战和问题。例如，如何保证Chat GPT的正确性和可靠性，如何避免Chat GPT带来的抄袭和作弊问题，如何保护学生的隐私和安全等。

第三种观点认为：Chat GPT 的应用也对高等教育带来了深刻的影响和反思。例如，它改变了学生的学习方式，对传统的教学模式提出了挑战；它提高了大学教师的职业素质和能力要求，需要教师更好地掌握人工智能技术；它引发了人们对高等教育哲学的思考，需要对大学的功能、使命和发展方向进行重新审视。

第四种观点认为：Chat GPT 的应用也需要政策和法规的支持和规范。例如，需要制定相关的法律法规，规范 Chat GPT 的应用范围和使用方式；需要建立 Chat GPT 的标准和规范，保证 Chat GPT 的质量和可靠性；需要加强 Chat GPT 的研发和应用，提高我国在人工智能领域的整体竞争力。

综上所述，Chat GPT 在高等教育领域具有广泛的应用前景和挑战，需要政府、高校、教师和学生共同努力，积极应对和解决相关问题，推动高等教育的创新和发展。

②关于网络思想政治教育的发展阶段研究

我国网络思政教育已有 28 年的发展历程，自 1994 年我国接入全球互联网，网络思政教育理论和实践的研究成效已初见端倪。依据相关研究资料主题的峰期，网络思政教育经历了四个阶段的发展变迁：2000—2006 年的初期阶段，2006—2011 年的"新媒体"阶段，2011—2018 年的"微媒体"阶段和 2018 年至今的"人工智能+"阶段四个阶段。

a. 网络思政教育的初期阶段

随着互联网的发展和个人计算机使用的普及，思政教育进入了早期发展阶段。互联网的兴起为思政教育的研究带来了新的技术手段，思政教育主体的实践活动对应网络技术工具的应用成为了新课题的研究，这一时期称为"思政教育的网络工具观阶段"。该阶段的研究方向突出体现在青年学生网络思政教育、网络生态系统的研究方法、研究过程及其实效性。

b. 网络思政教育的新媒体阶段

伴随新媒体技术的发展，人们钟情于博客、QQ、BBS 等社交软件的应用，现实社会交往方式和媒介信息交互模式发生巨变，互联网成为了人们实践活动的虚拟社会空间，由此，改变了现有的思政教育的现实环境，网络虚拟空间与思政教育的现实环境演变为人们实践活动与虚拟空间之关系，这一时期以网络环境观为主要特征的思政教育理论和实践发展的研究，称为新媒体思政教育阶段。

c. 网络思政教育的微媒体阶段

随着互联网通信技术的升级，由固定端的个人 PC 发展到了移动手机客户端的移动互联网时代。该阶段，人类的学习和教育主要是以"泛在化""碎片化""微小化""去中心化"为特征，在这种形势下，思政教育领域也出现了"微文化"。手机微信软件的广泛应用，其中的朋友圈、微视频、公众号、微信好友等强大的社交功能，为思政教育文化的传播提供了新平台。网络与思政教育之间演变为网络文化与人类主体实践活动的关系，该时期称为微媒体思政教育阶段。

d. 网络思政教育的"人工智能+"阶段

近年来，伴随我国领衔的5G网络技术兴起，人工智能、大数据、物联网等智能技术的快速兴盛，通信互联网呈现出智能化的发展态势。移动互联网、社交网络以及物联网等蓬勃发展，人类社会的数据量出现海量增长，加速了社会数字化、信息化发展进程。网络社会已经进入弱人工智能时代，日益增长的智能化的社会环境成为了思政教育所面临的新场景，也潜移默化地改变着思政教育者的生活环境和思维方式。人工智能已成为思政教育创新改革的必不可少的工具。智能技术促进了思政教育的现实空间与虚拟空间的同构化。以大数据、算法、算力为核心技术的人工智能正逐步向通用智能升级，改变着思政教育的主体结构，双师教学、人机交互的教育活动将逐渐显现。这些新变化归结为一个关键词"智能"。思政教育与网络正逐渐演进成一种教育主体实践活动与智能的人机共生的新型社会关系。与此同时，学界也开始出现"智媒时代的思想政治教育""智能思政"等新的概念。

③关于人工智能技术融合思想政治教育的研究

a. 人工智能为思想政治教育带来的机遇

目前，学界对人工智能为思想政治教育带来的机遇研究有六种代表性观点。

第一种观点认为：人工智能时代思想政治教育的目标、教学方式以及管理模式都将发生变化。传统的封闭式、单一、统一的思想政治教育将融入多元化（数字化、网络化、个性化、智慧化）的教育。思想政治教育观念（教育目标、教育使命、物理时空、教学方式、学习途径、教学资源、教育评价）将发生转变。

第二种观点认为：人工智能时代思想政治教育生态将实现重构。思政教育将有从普适到精准、从智能到智慧的高质量发展。从内涵与发展审视，面对从"数字化原住民"到"人工智能原住民"受教育者，迫切需要思政教育者坚守教育初心，体悟并掌握智能时代教育生态系统变革的内涵和本质，提升对深度学习内涵的理解，弥合学科界限的鸿沟，打破校园时空篱笆，进行跨学科学习。

第三种观点认为：人工智能技术的发展，掀起了思想政治教育领域一场智能革命，产生了一种新样态——智能思政。智能思政的内涵是指思想政治教育与人工智能三大核心技术（大数据、深度学习、强算力）有机融合，衍生出思政教育新样态。新样态的"定制性""泛在性""进化性"三大基本特征又衍生出了"数据思政""精准思政""虚拟思政"三个新范式。从而延展思想政治教育的学科范畴和边界，丰富了思想政治教育的内涵。

第四种观点认为：人工智能技术扩充了思想政治教育内涵。一是拓展了思政教育的时间、空间、情境，增加主、客体之间在时间支配和活动空间的自由度，弱化了二者间的二元对立；二是为思想政治教育创造了"精准、精湛、精心"的个性化教育；三是实现了共建、共治、共享的思想政治教育资源；四是树立了深度学习和大数据思维理念，了解了机器学习存在"黑箱"机制，探索了思政教育理论新模式、新理念、新规律。思想政治教育内涵范畴可能会朝着智能化、数据化、信息化的方向发展。

第五种观点认为：人工智能背景下，思想政治教育者的思维方式、认知方法潜移默化地发生改变，这一变化有助于新的科学方法论的形成。人工智能大数据、算法、算力为思想政治教育提供强大技术支撑。精准思政教学的"一人一策"满足了受教育者个性化需求；实践体验运用差异化授课，区分不同实践体验情境，通过"菜单式""主题式"思想政治教学方法促使了受教者者创新学习。基于人工智能现实应用与前瞻性的技术方法，思政教学将形成智能思政教学场景，"智能课堂思政教学""网络舆情研判""个性化辅导""教育质量评价"等多元应用场景，推动了思想政治教育跨界融合和智能技术方法匹配。

第六种观点认为：人工智能给思想政治理论课的主、客、介体带来了硬核挑战。一是主体维度。包括思想政治教育课堂知识互动挑战、思想政治教育学科前沿发展挑战、思想政治教育教学模式变革挑战。二是客体维度。表现在教育主体思维拓展能力受限、受教育客体个性发挥受阻、教育主客体课堂互动弱化。三是介体维度。

总之，在思想政治教育的教育目标、教育模式、生态环境、教育主体、教育客体、介体、环体、方法、管理模式等方面，人工智能都带来了区别于传统的思想政治教育的新变化，也加速实现了从知向智、从技向能、从懂到智的迭代升级，智能思政将是未来发展的新趋势。

b. 人工智能新技术在思想政治教育中的应用

目前，学界对人工智能新技术在思想政治教育中的应用有六种代表性观点。

第一种观点认为：机器学习、深度学习、自然语言处理、神经网络、学习计算、图像识别等智能技术，已经应用于"人工智能+"思想政治教育领域。智能识别、自然语言理解、学习分析、虚拟现实、教育机器人五类人工智能技术能够实现思想政治教育数字化智能教学系统升级。在以上技术的基础上，知识表示、语音识别、视觉计算、自然语言处理技术、可穿戴技术、情感计算技术、智能挖掘技术、虚拟现实智能建模技术，奠定了"人工智能+"思想政治教育场景化应用技术基础。

第二种观点认为：应用于"人工智能+"思想政治教育领域较多新的智能技术包括：算法、知识图谱、多模态学习分析、适应性反馈、人机协同等。"算法"是人工智能核心技术之一，计算机领域认为算法的本质特征是一种技术性解决方案，当输入特定函数代码获得人们所期望的输出，"算法"能在最短时间内把问题归类处理。

第三种观点认为：智能算法与思想政治教育密切相关。在互联网处理信息的速度已经跟不上人类信息产出速度的时代，智能算法能推荐给思想政治教育领域与受教育者阅读喜好相匹配的资讯信息，也能精准地掌握受教育者学习诉求，分析其整体思想、情感变化，进而针对性推送所需内容。

第四种观点认为：思想政治教育者可以建构以主流意识形态为导向的"思想政治教育静态知识图谱"，根据受教育者的要求，适应性反馈提供素材。也可以依据受教育者的思想、行为情况，搭建"动态事理图谱"，消解人工智能为思政教育带来的虚拟信息。

第五种观点认为："多模态学习分析"是机器学习、多模态交互、学习科学等领域交叉形成的独特体系，具有在复杂环境下，利用多模态数据，对学习行为进行分析，优化学习体验的功能。采用多模态学习分析模型，教育主体能有效激发受教育者的学习兴趣，较好地实现思想政治教育教学、受教育者学习、智能评价、智能管理服务的协同发展。

第六种观点认为:"适应性反馈+人机协同"的匹配能让教育主体掌握受教育者的学习风格、学习动机等,为其提供教学反馈,实现受教育者对思想政治教育理论内容的掌握,以及评估预测其未来学习的情况。

总之,人工智能技术对人类思维和智慧进行模拟、延伸,在思想政治教育领域的赋能已经有了突破性发展,令人惊喜。

c. 思想政治教育应对人工智能带来挑战的策略

目前,学界对积极应对人工智能带来挑战的策略有四种代表性观点。

第一种观点认为:从国家、社会、学校三个层面积极应对挑战。国家层面:不断提高思想政治教育治理体系的现代化水平,构建开放协同的"人工智能+"思想政治教育创新体系,加大思想政治课教师队伍建设;社会层面:扩大人工智能生态系统,建设共享共治、更普惠、更均衡、更优质的教育生态环境。应对强化更新理念,提升智能技术互融共生方面的挑战;学校层面:推进马院的内涵建设,突显思想政治教育理论课教师主体育人的重要性和不可替代性。

第二种观点认为:让思想政治教育者理解人工智能对于主体的作用。厘清二者的相容关系,科学解答智能技术如何演绎"理性"与"感性",这是当前"人工智能+"思想政治教育需要应对的学理策略。通过"人工智能+"思想政治教育理论课、"人工智能+"课程思政等综合发力应对,鼓励支持"人工智能+"思想政治教育课程智能体系建设,构建"智能思想政治教育"所需的内容深度、广度,以更鲜明的思想政治教育学术语言替代一般意义上的程序语言。

第三种观点认为:应构建"智能思政"的大数据课程体系平台。一是整合学校思政资源,打造智慧校园下的"大思政"格局;二是实现思想政治教育者向智慧教师的身份转变;三是优化智能思想政治教育的责任机制和保障机制。

第四种观点认为:应把握主流价值导向的"方向盘"。思想政治教育领域要强化人工智能发展的主流价值引领。要跨学科协同探索智能教育规律,遵循受教育者成才规律,积极推进思想政治教育与人工智能学科交叉融合。

总体来看,学界对思想政治教育应逐渐树立人工智能思维观,培养大数据思维,思想政治教育不仅在教育的方法上发生转变,科研方法也开始"从局部向整体""从定性向定量""从线性向非线性"转化。内涵丰富,颇有新意。

2. 国外研究动态

目前，国外的相关领域研究目前主要分为三个方面：

（1）关于人工智能哲学的研究

关于人工智能哲学的研究，可以分为三个学派：第一个是符号主义，它源于西方哲学的理性主义传统，代表人物是纽厄尔和西蒙，其带来的认知局限性使人工智能很难在非常复杂的求解组合中快速找到最优解；第二个是联结主义，它是基于神经网络的机器学习，代表人物是大卫·休谟，其问题是导致人工智能过于依赖经验数据，不能进行创造性学习；第三个是理想人工智能，它倡导的是一种通用而非专门化的人工智能，注重机器像人一样拥有情感的主观感受，注重机器的自我意识和涉身认识，但其问题是它与现实存在较大距离，是一种过分依赖于创造性的进步主义思想。

人工智能时代哲学的核心问题是计算机究竟能否成为心灵本身而不只是心灵的工具，既取决于人类如何理解计算机能做什么，更取决于人类如何理解人类心灵是什么。人类怎样认识自己的心灵，也就决定了人类会怎样设计机器，让它具备人工的智能。这既是人工智能构想的发端，也是影响着人工智能科学与技术进展的哲学基础。

（2）关于人类和人工智能未来关系的研究

①人工智能将威胁人类

一部分学者认为，人工智能在未来将对人类造成极大威胁，甚至可能取代人类。美国学者本·戈策尔在《奇点将至》一书中谈道，我们已创造出各种工具来帮助人类完成大部分体力劳动。下一步将创造能够帮助人类完成脑力劳动的工具，将创造功能强大的机器人和人工智能软件程序——不只是能够完成特定任务的"弱人工智能"程序，还包括能够巧妙应对各种突发情况的通用人工智能。我们希望生活变得更加轻松舒适、快乐有趣，为此我们创造了斧头、锤子、工厂、汽车、抗生素和计算机；出于同样的原因，我们将开始研发人工智能技术。各国和各大企业将出资支持通用人工智能的研发，以获得经济发展优势——目前这一趋势还不明显，但通用人工智能技术一旦取得进展，必将在全球掀起一股投资狂潮。通用人工智能的发展将给人类历史带来前所未有的影响，在某种程度上，人类将不再是地球上最聪明的生物。比如，如果人类能够创造出比自己更聪明的通用人工智能，那么这第一代通用人工智能很可能能够创造出比自己更加聪明的下一代通用人工智能。以此类推，第二代通用人工智能能够创造出比自己更加智能的通用人工智能。

这就是英国数学家欧文·约翰·古德（I. J. Good）早在 20 世纪 60 年代提出的"智能爆炸"。根据这种智能爆炸可能带来的巨变，科幻小说家弗诺·文奇（Vernor Vinge）在 20 世纪 80 年代预测人类或将迎来"技术奇点"。数学上，"奇点"一词可指在该点上，某条曲线或某个面以无限快的速度变化。当然，技术革新的速度不可能真的接近无穷。虽然我们也许能够克服已知的各种物理条件的限制，但很可能还存在我们目前尚未意识到的约束条件。即便如此，智能爆炸很可能会引发"奇点"，使我们现在生活的世界发生巨大的、无法预测的质变。

澳大利亚哲学家大卫·查尔默斯（David Chalmers）依循欧文·约翰·古德"智能爆炸"理论的基本逻辑，提出了一个严谨的论点以阐明奇点为何可能来临。但查尔默斯在一些细节上比库兹韦尔略为保守。库兹韦尔预测奇点大约在 2045 年来临，但查尔默斯的奇点假说认为奇点约在未来几百年内来临，其典型特征是超智能的通用人工智能在数十年内大规模取代具有人类智力水平的通用人工智能。本·戈策尔认为如果科学进步与经济效益能够完美契合，奇点来临的时间将远远早于库兹韦尔预测的 2045 年。奇点（也有"峰值"等其他提法）将涉及各种不同的技术，包括基因工程、纳米技术、新信息处理硬件、量子计算、机器人学、脑机界面等。毫无疑问，届时将出现我们目前所无法预测的新技术。但是，从"智能爆炸"的角度来看，通用人工智能将在其中扮演重要角色——它将引领下一个巨变浪潮，使人类从"拥有先进工具，但大脑和身体都已过时"的状态转变到一种彻底的"后人类"新状态。

此外，物理学家霍金、微软创始人比尔·盖茨、特斯拉的老板埃隆·马斯克等著名人物也持有人工智能未来的发展将威胁人类的观点。

②人工智能无法取代人类

另一部分学者坚持人工智能无法取代人类的观点。澳大利亚学者托比·沃尔什在《人工智能会取代人类吗?》一书中谈道，人工智能虽然可以无孔不入地渗透进人类生活的方方面面，改变人类的生活和工作方式，带给人类更健康、更富有、更快乐的美好未来，但也会取代很多传统行业的工作岗位，增加失业率，削弱隐私空间，挑战人类的道德观。未来人类可以将许多决定交给自主技术。但是，有一些人类特有的决定权是不能够交给机器的。人类应该只选择欢迎那些丰富生活的技术，而对破坏性的、试图取代人类的技术加以遏制。机器永远无法模仿人类的全部。

著名的Facebook社交网站创始人扎克伯格认为人工智能威胁论有些夸张，他曾说："每当听到人工智能威胁论时，我就会想，科技是无罪的，它造成什么样的结果要看使用的人。因此，如何造、造什么和如何使用才是最应该关心的问题。但现在很多人却在谈论要给人工智能研发减速，这样的想法就有问题了"。

③人机共生将是未来大势所趋

第三类学者，将人机共生理解为未来工作生活的趋势。如美国学者托马斯·达文波特、茱莉娅·柯尔在《人机共生》一书中指出，人工智能不会让生活和工作裂变，只会让生活更美好。只有把智能集机器和聪明人相结合，才是更有益于长期发展的做法。人类要了解自身最有影响力的决策和知识瓶颈，同时跟踪技术发展的步伐，并实时考虑对机器自治的限制，同时构建人类特有的智能增强策略，更恰当地使用机器作为智能手段为人类服务。

(3) 关于"人工智能+"教育的研究

国外虽然没有"思想政治教育"这一专业术语和学科，但在人工智能与教育的融合上，他们却走在了前沿，并取得了丰硕的成果。关于"人工智能+"教育的研究，大多是利用人工智能技术对教育领域施加影响。智能技术包括"机器视觉""自然语言处理""机器学习""知识表现""智能搜索""模式识别""逻辑程序设计软计算""人工生命""神经网络""脑机接口""元宇宙""遗传算法""不精确和不确定的管理"等技术范畴。也包括将人工智能当作先进技术手段应用于教育的研究，还有基于人工智能技术证伪教育学假设命题的实证研究。2020年之后，国外出版的《创造性思维》（美国学者马文·明斯基）和《智能学习的未来》（英国学者罗斯玛丽·卢金）两本书，是比较有代表性的专著。

在《创造性思维》一书中，人工智能之父马文·明斯基提出，人类社会许多方面是数字技术带来了革命性的变化，技术不断发展正持续推动革新过程的发展。人工智能时代，人类在完成任务的过程中，磨砺了自己的思维技巧，培养了创造性思维，提升了解决问题的能力。

《智能学习的未来》一书主要探讨了人工人类智能与人工智能的关

系，是一本研究未来教育问题的重要书籍。罗斯玛丽·卢金谈到，未来世界将被超级智能所包围，人们有必要重新认知自身的能力。一方面可以避免人工智能取代人类，另一方面人类要时刻提醒自己不要忽略在学习中的重要能力训练。

另外，人工智能的教育问题也不容小觑。在人工智能时代，人们要做到知己知彼，深入了解人工智能，才能有生存之道。罗斯玛丽·卢金认为，人工智能的教育应该尽早提上日程。她强调，如果人类渴求发展，并从人工智能技术的迭代更新中充分受益，就需要将注意力的重心集中于深入全面地理解智能的要义，而不是忙于研判未来人工智能将替代哪些工作角色。故她主张为不同年龄、不同社群的人们研发设计并推广人工智能教育课程，撰写人工智能教材供人们使用，使所有人深入了解人工智能的机理和实质，并使人们深谙人工智能的伦理和原则，了解人工智能可以干什么、应该干什么和将会干什么。当然，最关键的一点是需要将人工智能无法实现的、人类特有的智能要素不断地发展发扬。

罗斯玛丽·卢金还认为，教育者的人工智能素养尤其重要。未来的教育者应该能够助力受教育者为强人工智能时代的到来而打牢根基。她说，人工智能注定会引起教育生态系统的革新和嬗变。机器助教的出现将为教育者提升拓展、提升教学能力创造崭新条件。面对大体量学生产生的海量学习数据，教育者的职业内涵将更加丰富，同样也将面临着诸多新的挑战。如果教师想激励青年学生在未来以研发和拓展人工智能生态系统为职业，并为激励他们以此职业为目标而夯实基础，那么教师开展人工智能的职业教育培训则十分必要。

国外关于"人工智能+"教育领域的应用的研究涵盖了方方面面的内容，教育领域在人工智能的助推下开启了新的时代蓝图。

3. 国内外研究述评

国外的研究，对本书具有启示意义。人工智能发展历史的研究，使得本文拥有了理论建构的技术根基，使得理论研究将人工智能技术作研究的出发点；人工智能哲学的研究，使本书在理解机器的智能和人类的智能的异同之处时，有了根本的逻辑起点和哲学启示；人工智能结合教育的研究，使得本书在寓目基于人工智能技术视域下的思想政治教育过程时，能够拥有更广阔的理论视野和更崭新的学术观点的支撑；而人类和人工智能未来的关系研究，使得本书能够在吸取国外专家学者的观点见长后获得启发，形成本书最核心的观点立场。

作为新兴的研究领域，"人工智能+"思想政治教育的融合研究虽取得了一定的研究成果，但仍处于起步阶段：现有研究主要对二者融合的价值、存在问题和解决路径进行了多维的分析和研究。阐明了人工智能赋能思想政治教育的特点、价值和优势。从技术、伦理、教育、文化等角度分析了两者融合面临的挑战。从人工智能的教育系统研发、教育者角色转变、科技伦理观以及思想政治教育话语转换等方面探讨了解决路径。但仍然存在一些基本问题研究得不够深入，亟待纵深研究和探索。如对"人工智能+"思想政治教育内涵的界定尚不清晰；对"人工智能+"思想政治教育的内在实质探究不够深入；此外，从教育的视角对人工智能应用于思想政治教育领域的技术基石，即大数据、算法、算力的内涵尚未廓清。而国外的研究，因为意识形态的差异性，目前尚未检索到有对人工智能与思想政治教育结合进行研究的先例。

毋庸置疑，"人工智能+"思想政治教育的创新是时代发展的崭新趋势。把握好优势、迎接新挑战，抓住人工智能带来的"机会窗口"，是实现思想政治教育创新的千载难逢的机遇。然而，在"人工智能+"思想政治教育的研究中应该把握如下问题：如何理性看待人工智能与思想政治教育的关系，更加合理地使用人工智能技术在思想政治教育学科的应用？如何用一个新视角来审视人工智能技术运用中存在的问题以及处理问题的有效方法？如何回应"人工智能+"思想政治教育创新产生的质疑和否定？以及如何规避融合创新过程中的潜在风险。这些需要从实践层面不断大胆尝试和适时改进，也需要在理论层面进一步辨析和厘清。思想政治教育创新需要坚实的理论论证为基础。唯有如此，方能科学合理地解决理论和实践创新过程中所面临的诸多问题，为"人工智能+"思想政治教育的研究提供可行性理论支撑和科学证实。

基于上述问题，本书在理论和实践上拟从如下方向进一步进行探索：首先，就"人工智能+"思想政治教育的宏观环境和现实境遇进行阐明，试图发现人工智能技术深度融合思想政治教育所面临的境遇和挑战；其次，对"人工智能+"思想政治教育的技术机理、功能、根本特性、变与恒这四方面对其内在实质进行精准剖析，挖掘出其内在质的规定性，回答"人工智能+"思想政治教育究竟是什么的问题；再次，从实践层面进一步发掘"人工智能+"思想政治教育得以有效推进和发展的实际措施,从"人工智能+"与思想政治教育深度融合的角度进行深入剖析,力求建构其技术赋能后的崭新模式、保障机制,以应对"人工智能+"思想政治教育面临的实际挑战。

(四) 研究思路与研究方法

本书对"人工智能+"思想政治教育的研究,捋清了论文中重要的概念,分析了现实背景,剖析了主题的内在实质,解决了主题中质的规定性问题,提出了技术赋能的思政教育新模式等研究思路,采用了三种研究方法,并凝练出了本文研究的创新之处。

1. 研究思路

本书首先界定了"人工智能+"思想政治教育的相关概念,追溯和借鉴了其相关理论依据为支撑,为"人工智能+"背景下思想政治教育的创新变革提供合理性证明,使技术与教育的深度融合更加有理有力;其次对"人工智能+"思想政治教育的现实境遇进行分析,有助于彰显思想政治教育与人工智能深度融合创新的紧迫性和必要性;再次剖析和厘清了"人工智能+"思想政治教育的内在实质,包括技术机理、功能、根本特性、教育的变与恒四个维度,对"人工智能+"思想政治教育的本质特性进行辨明,为后续研究奠定了基础,解决了什么是"'人工智能+'思想政治教育"质的规定性问题,使后续研究有据可依;最后建构人工智能赋能的思想政治教育新模式,全面展示技术所赋能的思想政治教育新气象、新形态和新发展,擘画出"人工智能+"思想政治教育理论和实践的新蓝图,同时探索其顺利发展和推进的有效机制和有力措施,为"人工智能+"思想政治教育的发展提供现实可行性。

2. 研究方法

若要将"人工智能+"思想政治教育的来龙去脉辨析清楚,正确研究方法的拟定,是必不可少的一个环节。本书采取文献检索法、多学科交叉研究法以及系统分析法对其进行研究。

(1) 文献检索法

本书是"人工智能+"思想政治教育融合发展研究。在国内外数据库采用高级检索的方式收集资料。广泛阅读国内外相关学科的理论书籍和期刊论文，熟知和掌握了与本课题研究的相关的前沿理论和多学科技术知识，丰富和奠定了本研究的专业理论、技术理论基础，拓宽了自己研究视野；从思政教育新模式、教育策略与教育方法等方面探讨人工智能技术对教育理论拓展和实践优化等方面的最新研究成果，把握权威的资料和研究方向，使本论文立足于较高的起点上着手开展研究。经文献梳理，提炼出"智能思政""智媒体思政""人工智能时代的思想政治教育""'人工智能+'思政"等学界的不同概念和主题。

(2) 多学科交叉研究法

本书运用了马克思主义理论体系、思想政治教育学、教育学、心理学、管理学、伦理学、传播学、计算机科学等多门学科的理论知识，采用多学科的交叉研究方法，积累了交叉学科研究应用的经验，为高校思政融合发展拓宽了新视野。在"'人工智能+'高校思政教育"与多学科交叉融合研究的基础上，尝试打破各学科之间的围墙，以"人工智能+"为研究主线，探索学科之间理论的融合与渗透，用"智能思维"弥补高校思想政治教育学科存在的不足，增强高校思想政治教育学科具有的科学性、实践性、针对性、实效性。在多学科交叉研究法运用时，重点关注哲学社会科学相关学科的应用研究，这源于研究对象的学科属性决定的。

(3) 系统分析法

现代系统理论认为：任何一项复杂事物均是由其结构、层次、功能等多要素所构成的。整体性、结构性、层次性和交互性是系统的重要属性。系统分析法切中技术加教育的系统化，有助于从"人工智能+"思想政治教育的技术基石、构成要素以及外部环境和内在诉求不同层次入手，全面系统地分析研究"人工智能+"思想政治教育的相关问题。

此二维码提供章节的视频讲解，帮助读者更深入地理解专著内容，获得视听双重学习体验，使知识信息更充实完善。（后同）

二 "人工智能+"思想政治教育的相关概念和理论依据

研究"人工智能+"思想政治教育，首先要厘清与其相关的概念，划定概念内涵及外延的范围，并从马克思主义理论体系中寻根求源，也从国外进步思想文化中汲取理论借鉴，追溯到此研究的相关理论依据作为理论基础支撑，在此基础上高屋建瓴，方可将研究进一步拓展和深化。

(一)"人工智能+"思想政治教育的相关概念

首先，要明确什么是人工智能、思想政治教育，进而才能将"人工智能+"思想政治教育融合起来，界定本研究的概念核心。而人工智能赋能的思想政治教育，从技术理路上分析，离不开大数据、算法和算力这三大技术基石。

1. 人工智能

人工智能（Artificial Intelligence，AI）的概念源于1956年在美国达特茅斯学院"如何用机器模拟人的智能"的研讨会上，麦卡锡首次提出了"人工智能"这一概念，标志着人工智能学科的诞生。20世纪80年代初期，钱学森等学者主张在国内开展人工智能研究，从此，中国的人工智能研究才步入轨道。

在人工智能发展的历史进程中，伴随不同时期人类对其的研究进度和功能范围，人工智能的定义一直变化。直到今天，被学界所认可的定义仍有多种。被业界接受的几个定义：其一，就是让机器完成人们不认为它能胜任的事。其二，人工智能就是计算机程序，它模仿人类思考方式和人类的行为。其三，人工智能是会学习的计算机程序。这一定义将人工智能与机器学习几乎等同了起来，人工智能就是根据对环境的感知，做出合理的行动，并获得最大收益的计算机程序。① 2019 年以后专家学者把它确定为一门新技术科学，人工智能被定义为是研究、开发用于模拟、延伸和扩展人的智能的理论、方法、技术及应用的系统。

人工智能作为一门新学科可归类为计算机科学的一个分支，目前，在教育领域应用较多的智能技术有：自然语言处理、语言语义识别技术、虚拟现实技术、视觉计算、可穿戴技术、情感计算技术、机器学习技术、智能挖掘技术等。人工智能与教育融合，将会出现新的教育发展新生态。

2. 思想政治教育

有关思想政治教育的概念，尽管学界的内涵不尽相同，但其内容相近。本书引用陈万柏等所著的《思想政治教育学原理》一书中的定义：思想政治教育是指社会或社会群体用一定的思想观念、政治观点、道德规范，对其成员施加有目的、有计划、有组织的影响，并促进其自主地接受这种影响，从而形成符合一定社会一定阶级所需要的思想品德的社会实践活动。

思想政治教育也是社会按照一定的需要培养合格的社会成员的实践活动。狭义的思想政治教育专指学校内部教育，即有目的、有计划、有组织地培养青少年的思想品德，传授知识与技能，发展智力和体力的社会实践活动；其中对学生的思想政治教育，称之为"德育"。广义的思想政治教育泛指社会上一切影响人们思想品德、知识技能、智力体力的活动。本文所研究的思想政治教育，专门指高校范围内的思想政治教育。

3. "人工智能+"思想政治教育

"人工智能+"思想政治教育，即利用人工智能技术应用及互联网平台，使得人工智能技术与思想政治教育理论和实践深度融合，利用人工智能技术具备的优势特点，对网络思想政治教育进行优化升级，使思想政治教育能够适应当下的新的信息化发展趋势，从而更高效地促进人们思想、政治、道德素质全面发展。

---

① 李开复、王咏刚：《人工智能》，文化发展出版社 2017 年版，第 25 页。

业界已公认人工智能的三大核心技术为大数据、算法、算力。首先，为智能机器赋予特定的"推理能力"，它才能做出合理的行动。其次，这种推理能力是基于应用场景的大数据作为"饲料"，有了饲料能源还需要算力提供的"基础设施"，再配合算法的数据驱动功能，使用大数据对算法模型进行训练。最后，人工智能才能够做出像人类一样的判断、决策和行为。

现阶段，人工智能在思想政治教育中的运用，就是将人在思想政治教育过程中的思想和实践视为大数据的"样本空间"，通过搜聚和剖释思想政治教育者和受教育者各种活动产生的数据印记，进而人工智能对其的思维及举止特点进行全程、立体地"画像"，通过深度学习算法挖掘和探索思想政治教育个体的行为演化规律，实现思想政治教育过程的数字化、智能化、精准化和个性化。人工智能与思想政治教育深度融合，不仅能显著提高思想政治教育实践的效率，还可能深刻改变传统思想政治教育范式，建构崭新的思想政治教育生态。

人工智能与思想政治教育深度融合，不仅能显著提高思想政治教育实践的效率，还可能深刻改变传统思想政治教育范式，创新思想政治教育理论和实践系统，这源于"人工智能+"思想政治教育的三大核心技术——大数据、算法和算力。

（1）大数据

大数据是现阶段全世界关注的技术焦点，但截至目前尚未有对"大数据"的概念进行统一的界说。未来学家托夫勒的著作《第三次浪潮》将大数据定义为：大数据或称大规模资料，是需要特定计算方式进行处理，方能拥有强大的预测能力、分析提取能力和流程优化能力的大体量和多元化的信息资产。[①] 大数据的概念产生之初，是指大量的"数据或数据集"的字面含义，这样的定义与普通意义上的大量数据并无实质性的区别。随着数据量的增长及"非结构化数据"的产生，计算机所需要处理的数据信息，已大大超过了传统数据库工具软件的能力，扩充了大数据的内涵。像人类手机客户端看到的语音、视频、文本、影像、图片、符号等都是大数据的内涵。从质的角度分析，大数据已不再是传统的二维表标示出来的结构化数据，图像、语音、文本、网络、空间轨迹和时间序列等世

---

① ［美］阿尔文·托夫勒：《第三次浪潮》，中信出版社2018年版，第10页。

间的万事万物，都在不断地被数据化，这就导致大量的"非结构化数据"涌现，并越来越构成大数据的主体。

人工智能产业的飞速发展，使得大体量垂直领域的数据需求得以萌生。人工智能的基础是大规模优质的应用场景数据，数据就像喂养人工智能算法的食物。人工智能的深度学习需要分析和练习大规模和高品质的数据，比如机器学习中的"监督学习"和"半监督学习"需要用标注好的数据进行训练，然后，转换为机器可识别信息。数据经过大量的训练，覆盖尽可能多的各种场景，才能将数据模型计算成功。可以说，大规模数据是人工智能的基础，大数据是推进机器深度学习等人工智能技术进步重要基石，它在"人工智能+"思想政治教育应用中的潜力得到无限释放。

思想政治教育大数据是通过采集大体量思想政治教育数据的样本并从中获得统计学意义上具有潜在价值的规律、趋势或创见，它使思想政治教育者和受教育者的思想和行为实现从微量数据到海量数据、从小到大、从因果关系到相关关系的具象更动。正因其以大数据的方式呈现，人工智能与思想政治教育在目标和职司上具有一定程度的联系。思想政治教育大数据具有如下特征：

其一，虚实并存性。思想政治教育大数据是以捕捉和分析人们在各种思想政治教育场域中产生的行为痕迹并通过建构模型的方式来预测后续思想政治教育行为。此过程中所提取的数据不都可以称之为大数据，数据有大体量与小规模的分别。唯有不采用随机分析的方法，而使用海量信息的路径得来的数据才是真确的大数据。换言之，思想政治教育大数据是一种基于教育全过程的整体思想和整体采样的数据联结，具有体量大、规模广、品类多、速度快和质量高的特点，即思想政治教育与人工智能之间存在有条件的联系性。思想政治教育研究能实现质性研究、实证研究以及理论研究相结合正是因为大数据的使用，并由此开启了用量化分析的方法进行思想政治教育研究的新范式。

值得指出的是，思想政治教育大数据的搜集一般在互联网推行，而网络已经深度嵌入思想政治教育实践全过程，思想政治教育个体思想品德和行为方式社会化的进程中各种思想和行为轨迹都可以在网络中通过大数据进行搜集、整理和解析，但是限于现阶段互联网环境的复杂性和多元化，以及带来的个人隐私安全威胁和意识形态风险等问题，思想政治教育个体会产生本能性规避和自我防御,行为与思想之间一定程度上会表现出弱相关和负相关,甚至还会刻意消御网络轨迹。外部因素上,会涉及相关法律法规限制网络数据的大规模搜集,导致从大数据里萃取的信息的真实性和可靠性降低的可能。

方法论意义上,在对思想政治教育大数据进行提炼和萃取时,既不能将其视作完全反映客观现实,亦不必将其当成信息分析的技术方式,而是通盘考虑大数据本身的虚实并存性,以及大体量数据分析时隐蔽着的程序研发者和数据分析者的价值取向,更甚者,要警惕数据采集中的掺假、篡改和控制等情况。

其二,历史情境性。人工智能技术在本质上是没有生气的编码组合,它本身对思想政治教育而言不存在想象共同体,真正起到关键作用的是数据挖掘所赋予其的价值和意义。但大数据无法全面反映出思想政治教育个体的一切情绪和情感变化,即数据反映出的现象与思想政治教育个体内在心理之间可能存在一定程度的误差,同时对人的思想和情感是否可以通过数据计算和表征,学界也一直存在较大争议,尽管如此,思想政治教育个体在思想政治教育过程中无意识和自发留下的行为数据,或可在一定程度上作为解读人们思想意识的依据。

思想政治教育是一种主流意识形态的引导和价值观的塑造,其本身就具有极强的主客体间的互动性,是思想政治教育者和受思想政治教育者之间关系性的存在,具有不确定性和多样的复杂性。故对人的思想意识状况的解读就必须放置于"关系"背景中进行。如对思想政治教育活动中对话语言信息的解读,任何语言都绝非字面信息的简单语义组合,即使同一语言内容,由于思想政治教育个体不同的成长背景、生活阅历、性格旨趣和身处某个对话情境中心理状态等方面的差异,在不同的场景和情境中,其承载的意义信息也不尽相同。

因此,对于个体思想政治教育过程中所展示的思想意识和行为方式大数据的分析和挖掘,须将其置于特定的历史情境中进行考察,使思想政治教育大数据的解读基于历史唯物主义的哲学视角,进而避免"唯数据论""数据崇拜论""数据异化"等各类数据偏误。[①]

---

① 林峰:《人工智能时代思想政治教育的价值定位与发展》,《思想理论教育》2020年第1期。

其三，相对静态性。"人工智能+"思想政治教育虽然能够通过大数据和云计算的方式在一定程度上搜集、分析、反馈和预测思想政治教育个体的思想状况和行为特征，但这种分析是个体在一系列行为结果之后才可进行的，而人的思想和行为却是在实时变化和推进的，由此产生的数据也随之不断更新，这就造成对相关大数据的计算和预测过程存在相对的滞后性。再者，"人工智能+"思想政治教育本身无法对数据分析结果进行反思，这就会导致一旦大数据出现误差，固有算法便会计算出错误结论进而对思想政治教育个体的行为和认知形成误导。譬如就意识形态的思想政治教育而言，在错误社会思潮没有触碰反映主流意识形态的大数据红色阈值的前提下，人的思想被"人工智能+"思想政治教育算法系统学习、计算和分析，加之数据分析师如若自带主观偏见地对数据结果进行归纳和演绎并得出结论，那么对思想政治教育个体的意识形态带来的误导和影响是不容小觑的。

现阶段的大数据采集基本源于割裂式、离散化、碎片化的数据空间，尚未形成系统完善的大数据采集管理体系。再者，通过不同数据来源采集的大数据内容之间多数是孤立的，且掌握不同种类大数据的各个机构之间尚没有意愿将数据进行集成共享和融合连接，这样，就难以获得更广阔的数据基础和全面的分析视角。就思想政治教育个体而言，仅就单一某个方面的行为数据，要做出来对其多样性、充满不确定性的思想和行为进行全面精准地分析和预测，无形中增添了繁难，也使得大数据的分析研判价值难以充分发挥。

因此，对大数据的获取应该形成结构化与非结构化相统一，达成数据的整合和应用的集成，最终实现大数据提升思想政治教育科学化和智慧化水平的积极作用。

大数据是人工智能嵌入高校思想政治教育的基础。近20年来，随着信息技术和移动互联设备突飞猛进地发展，人类对于数据的获取、分析和运用能力达到前所未有的程度：几乎人类所有的活动和行为都可以被全面、实时地记录，转化为数字化信息。同时，呈现出指数级增长的数据量为人工智能提供了海量的数据资源。通过大量的信息来源，计算机可利用大数据处理技术中的数据分析与应用，归纳得出某个物体或活动的发展特点和运动规律，从而实现预知未来发展和动态变化趋势的目的。同时，从这些海量数据中探究出的特征规律，又为人工智能更高级的算法提供了重要素材。从中我们发现，大数据分析是人工智能科技发展的重要基础：信息累积越多，人工智能科技将越能展现其功能；缺乏大数据支持，人工智能世界也就仅仅是空中楼阁。

按照以上技术逻辑，将人工智能嵌入高校思想政治教育中的首要条件，是最大限度地收集大学思想政治教育要素以及过程中的历史数据，特别是由学生在平时学习或日常生活中在不同空间场景所形成的活动痕迹等历史数据，包含了文字、各种报表、图片、XML、HTML、声音、视频等。通过采集和分析这些数据，人工智能就可以对学生的思想动态、价值倾向和行为规律实现整体把握以及科学预测。具体来看，随着高校智慧校园建设的不断推进，基于学生日常学习生活、管理服务等网络信息平台形成的思想政治教育数据资源，通过大数据的挖掘和分析，人工智能能够对学生思想政治状况进行全过程、全样本的"电子画像"。如此一来，就可以更有效地克服传统思想政治教育中凭借主观经验评判和思维量化不足的问题，更有力地增强了传统思想政治教育的精准化和针对性，从而为提升思想政治教育的智能化发展水平奠定了重要基石。

（2）算法

算法是指计算机一系列解决问题的清晰指令。人工智能的基础由数据和硬件组成，算法则是人工智能的核心。"机器学习算法"和"神经网络算法"是计算机的传统主流算法。目前的"神经网络算法"源于模仿人类大脑的神经元之间信息传递和处理的模式，被称为深度学习。深度学习是一种更智能的算法。算法是数据驱动型算法，是人工智能背后的推动力量，也是将人工智能技术嵌入大学思想政治教育中的核心技术。成为了促进下一代人工智能高速发展的核心要素，算法不仅是让人工智能自动进行分析决策的一套计算机指令代码，而且是运用数学模型来解决特定问题的一种策略方式和逻辑结构。它从大数据中分析特征、探究规律、构建模型，通过不断的学习训练模拟出人类的认知思维能力，进而帮助人们更加高效地完成相关工作。比如，教育领域开始使用的"人脸识别图像""语音识别"和生活中自动驾驶等都是以这种深度学习算法为核心发展形成的。

随着算法研究领域的进一步扩展，以适配个性化需求为目的算法推荐逐步主导了互联网信息服务的分发和推送，并通过构建精准化的信息推荐系统对社会主流意识形态和价值观念产生了深刻影响。从思政教育的学科考虑，算法已凭借互联网、物联网的功能，成为传递思想政治教育知识的主要途径和重要形式。特别是它作为个人与信息的重要连接，能够隐性地影响和塑造受众的思想认识和价值观念，算法技术的合理运用可以直接决定人工智能时代高校思想政治教育的成效。另外，利用数据的精准化计算特性，人工智能技术全面赋能高校思想教育内容的有效生成、准确筛选与传递。比如，在日益复杂的舆论环境中，高校可以利用算法的数据监控分析社会舆论热点事件，顺势而为地策划体现主流意识形态的重大议题。在校园网络环境中，高校可以通过舆情算法技术实时掌握学生思想动态、学校舆情发展趋势，精准摸排校园舆情的潜在风险点，以此实现对学校意识形态舆情的精准把控。在学生日常思想行为过程中，可以利用算法深度分析学生思想行为大数据，准确判断学生发展需求，有的放矢地开展针对性的思想教育，进而改变传统"千人一面"的教育模式，真正实现"千人千面"的个性化、多样化、智能化的教育图景。总而言之，算法以其不断进化的智能性和精准化的信息资源配置模式，成为人工智能嵌入高校思想政治教育的核心。

算法通过输入特定函数代码，可以在短时间内输出技术性解决方案，其功能是能通过计算机快速处理解决同一种类问题。如今算法这一专业术语已经运用于高校思政教育领域，它通过神经网络的深度学习，能模拟出人类大脑的思维，助力思政教育主体处理和缓解繁杂的信息带来的压力。随着人工智能的不断发展，算法展现出日益多元化的技术功能，不仅可对人类的经济行为有所影响，且对于意识形态、道德情感及价值取向也可以加以引导和辅以塑造，表现出与思想政治教育实践的强关联性。

人工智能时代，智能算法与思想政治教育的深度融合，加速推动其在思想政治教育理论和实践领域的信息化应用，也重构着思想政治教育的网络生态，把担负着铸魂育人使命的思想政治教育推向了重要的历史方位。习近平指出：思想政治教育是落实立德树人根本任务的关键，理应站在时代最前沿吸收一切有助于推动思想政治教育创新的智能信息技术。面对人工智能与思想政治教育深度融合的现实，不得不重新审视智能算法与思想政治教育之间的关系。①

①算法特性：融合思想政治教育的两面性

思想政治教育中的人工智能算法，有着基于教育和技术双重视角的基本特性。对其优越性和局限性进行科学而严谨的审视，是探究思想政治教育中人工智能算法的前提。

a. 思想政治教育中人工智能算法的优越性

赋能思想政治教育的智能算法，以其科学的技术逻辑和工具理性，与思想政治教育的崭新特征和价值理性产生高度契合，体现出技术赋能教育的显著优越性。

思想政治教育的不确定性要用算法的确定性来界定。当思想政治教育步入了智能时代，"确定性"面临着重大挑战。一方面，当人们把关于物质本身的规律挖掘到量子力学这一层面时发现结果真是随机的；另一方面，当今国际国内形势风云变幻，多元社会思潮良莠不齐，加之大学生教育成长内外环境复杂多变，决定大学生思想变化的必要条件太过繁复，导致教育者对大学生教育现象的内在归因无法穷尽其极。当教育者无法接受教育者行为现象背后的原因时，受教育者行为轨迹的不可完全预期性，所以，才会出现一些大学生心理和行为的突发性事件。任何时候任何事件，未来发展的状态相对于目前的状态都是非唯一的，其可能性空间大于现实的状态空间。对于思想政治教育学科的理论和实践，更是如此。面对教育过程中的种种不确定性，算法以其解决现实问题确定性的内在科学逻辑，为思想政治教育提供了多种明确性和精准性的约束和界定。基于计算机技术的智能算法要求对现实问题的分析理路清晰准确，有明确的输入、输出和计算过程。算法要求在输入端出现思想政治教育相同的变量特征及数据信息后，经计算处理，在输出端产生相同的输出结果，并可无限次重复和演绎。不会因执行的计算机不同和计算操作主体的变化，而导致不同的结果。思想政治教育过程中亟待算法解决的任何问题，必须持续精细化每个细节，保证算法执行之后结果能够复现。算法环境中，要对思想政治教育个体的种种模糊逻辑进行精确的描述和界定。本质上，算法是通过确定性保证解决问题的工具。

---

① 申晓腾：《人工智能算法融合思想政治教育的技术逻辑审视》，《中国教育信息化》2024年第3期。

思想政治教育的差异化要用算法的模型化来审视。人工智能时代，思想政治教育客体的个性差异和需求在教育过程中被最大限度地体现。教育客体的心智差异：受教育者既存在包括个性优势、个性需求、个性偏好、学习能力、知识经验等不同的心智特征，又需要培养记忆、需求、推理、解决问题、获取新知等多阶能力，同时对教育内容、教育方式、教育路径乃至教育评价都存在差异性的习惯养成和服务需求。受教育的过程中，教育客体引发行为、能力和心理倾向上比较显著的变化。教育客体的服务需求多样化：受教育者要求多样化的教育服务。受教育者需要电子教材和数字资源来提供符合他们口味和兴趣的学习内容，需要教育云服务平台对他们进行学习评价和反馈，需要结构化、半结构化、非结构化的数据信息处理来记录和分析他们个性化的教育信息。教育客体的目标导向差异是教育客体在结果追求上的特征体现。受教育者的知识基础和学习能力的差异，直接导致其对教育目标自定义的不同，且会对受教育过程自我监控，以此来控制自己的受教育进程，最终达到不同的教育目标。人工智能将依据受教育者的不同个性特征提供有针对性的服务支持，以促使其行为发生持久的变化，可通过给其提供如情绪识别、情感计算、自然语言处理和自适应学习分析等支持和帮助，帮助教育对象对教育本质有更深刻的理解、更独到的见解，并帮助他们成为自我精进的终身受教者，造就了他们活跃的知识观、高度的行为自觉和强烈的学习动力。对思想政治教育客体差异化的需求，采取精准化的教育服务和定制化的教育知识供给，源于模型化的算法优势。算法的模型，即对思想政治教育实践问题脱去现实描述外衣后的逻辑内核。模型化，即对思想政治教育过程中出现的差异化问题，用统一的方式来看待，用同一套算法来解决，即同一个逻辑内核可以应用于不同的实践问题，描述不同的现实关系。譬如对教育客体符合个人学习习惯和方式的"知识喂养"，和电商购物平台以及短视频 APP 中采取的"信息推荐"，以及搜索引擎中对目标信息的发掘，背后遵循的都是同一套算法逻辑。这便是算法的模型化价值的集中体现，即赋予算法超乎寻常的问题迁移能力。思想政治教育过程的差异化问题，脱去现实描述，背后隐藏的就是用多个变量来估计一个目标变量的统计预测模型。

思想政治教育的意识形态属性要用算法的主体性来践行。随着人工智能的不断发展，算法展现出日益多元化的技术功能，不仅可对人类的经济行为有所影响，且对于意识形态、道德情感及价值取向也可以加以引导和辅以塑造，表现出与思想政治教育实践的强关联性。网络场境下，智能算法愈加成为思想政治教育信息传播的重要渠道和新兴权力。从传播学视角来看，人与信息之间的互动是思想意识和价值观念产生、发展、变化的根源，思想政治教育可视为以思想观念、理想诉求、道德规范为核心的思想政治教育信息的传播行为与过程。但身处智能时代，信息的多样化呈现出涌现效应，一定程度上让思想政治教育个体产生信息焦虑感。这使思想政治教育信息的有效传播徒增掣肘。伴随着万物互联时代的到来，思想政治教育个体在虚拟和现实双重空间制造和生成信息的速率比其处理信息的速率超越了数倍，这种"信息爆炸"所引发的"山洪效应"触发了思想政治教育个体产生通过技术途径筛选和过滤无效信息的思虑。当前，基于人与信息相匹配的算法推送成为主流的智能推荐算法。算法推送从根本上说，是协同人与信息之间客观真实关系的重要工具。在思想政治教育领域，算法推送在思想政治教育个体与信息之间形成了有效连接，在向思想政治教育个体推送特定文化信息的过程中，其强大而隐匿的权力被凸显出来。思想政治教育个体的网络阅读、碎片化学习、沉浸式地获取信息的习惯被算法潜移默化地加以培养，进而思想意识和道德观念在不知不觉中被加以塑造，最终行为习惯和生活方式也被改变。因此，算法成为了人与信息之间的有效介体，具有潜在引导受众思想价值观念倾向和影响社会情感的功能，正确有效地运用算法技术将直接影响智能时代思想政治教育的成果成效。反之，算法的"非价值中立性"会使信息传播存在某种意义上的倾向性，如不加以合理利用和规约，或会带来网络社会价值失序的算法危机。思想政治教育在算法中体现价值理性。智能算法本着对资本逻辑的遵循，忽视对信息深刻内容和崇高意义的深度挖掘，由此会引发一系列社会负面效应，触发受思想政治教育者的伦理反思。基于数字的算法应然且必然在思想政治教育的充分耦合过程中，在思想政治教育倡导的正确价值观念的引领下，才能保持正确的发展方向。"算法也有价值观"，价值判断寓于算法过程中，"人设"的价值因素贯穿始终。算法技术为人所研发，算法推荐同样需要人的信息把控，而且，智能算法推荐是以用户的信息偏好为模型和基准，因此，算法本身同时承载着设计者、把关人以及用户价值取向的"三重门"。而只有通过思想政治教育活动给三重"人设"以正确的价值关怀、价值批判以及价值引领，提升其价值判断力、价值觉悟性以及对社会主义核心价值观的践行力，方可在源头上赋予算法正确积极的价值理性。

思想政治教育的高效性要用降低算法的时间复杂度来保障。人工智能时代，在不久的将来，将由 6G 网络技术赋能思想政治教育，由此，思想政治教育将会更加高效。6G 技术能够支持更多维度的虚拟现实：不仅是能够看 3D 图像，而且能够实现更多维度感官信息的传输，如嗅觉、味觉、触觉信息的传输。在思想政治教育中多维信息环境的营造，可以使学生获得多感官投入的沉浸式学习体验，从而对知识获得更佳的理解和记忆效果。6G 技术能够实现端到端的人工智能技术：就是要更多地摆脱对远程服务器的依赖，能够实现实时准确的机器翻译。当今国际社会风云变幻，面对更加复杂的外部环境，解读好中国与世界的关系，寻找当代青年个体发展与中华民族复兴之间的逻辑建构，需要我们培养具有国际视野，能够担当民族复兴重任的新时代青年。而 6G 技术场境下的机器翻译技术，可以更好地帮助青年人拓展和国际环境的交流沟通，对于拓展其国际视野有很大裨益。6G 技术能够保证更高层次的信息安全性：思想政治教育的过程中，无论是教育内容或是教育载体，抑或是思想政治管理的过程，还有教育个体的身份信息等内容，信息的安全性和保密性十分重要。6G 技术可以使教育信息在安全性上得到更有效的保证。而思想政治教育中人工智能算法中运用的算法，是一套通过确定性保证解决问题的工具，以追求时间复杂度低来确保思想政治教育的高效性。时间复杂度是算法中某些基本操作的总数量，随着算法输入的规模而增长的函数关系。一方面，可以通过降低算法的空间复杂度（即：衡量不同算法在运算的时候需要占据空间资源的大小）来保证更快的运行时间；另一方面，可以通过傅里叶变换将时间复杂度降低量级，采用"分治"思想来保障算法的高效。算法工程师不断追寻更行之有效的技术来降低算法的时间复杂度，从而为思想政治教育提供内容更丰富、方法更科学、效能更卓越的人工智能技术环境，助力思想政治教育的卓效性与便捷性。

思想政治教育的规律性要用算法的有效性来探究。人工智能时代，思想政治教育过程基本规律的探究已受到学界重点关注。列宁指出："规律就是关系……本质的关系或本质之间的关系。"思想政治教育中人工智能算法的基本规律，指其教育过程中存于以人为核心的教育主客体、以智能技术为手段的教育介体和互联网为介质的环体之间的本质联系及其矛盾运动的必然趋势。如智能技术的工具理性与思想政治教育的价值理性之间的联系及其相互作用，智媒视域下思想政治教育者和受教育者之间的相互转化及互动趋势等。而要揭示思想政治教育中人工智能算法过程各要素之间的内在规律性，要以算法的有效性作为基本审视和切入点。应用于思想政治教育中人工智能算法过程规律研究的算法有效性，体现在三个方面：一是数学建模。数学模型应贴近思想政治教育实践且保持可解性，即数学建模应与教育实践高度拟合。算法是用数学公式表达的计算方法，和思想政治教育实践之间有一条鸿沟。而数学模型是连接这两端的桥梁和中介。如果数学建模疏于思想政治教育实践问题的重点，算法得到的结果就不能重新应用于教育过程；而如果数学模型非常贴近教育实践，算法却被设计得不够严谨有效，也不利于挖掘思想政治教育过程中的内在规律。二是问题规模。探究思想政治教育中人工智能算法过程规律，意味着需要探索教育各要素之间的各类内在矛盾和实际问题。而如果问题规模体量过大，会超越计算机的实际算力。所以，需要在算法开发时摒弃一些信息，把规模庞大的无法计算的问题减小到计算机可以处理的问题范围。三是通过迭代得到结果。对于思想政治教育中人工智能算法实践中的有很多问题，仅仅通过数学建模和缩小规模，无法一蹴而就地得到答案。这类问题，需要算法通过不断迭代，最终得到解决方案，同时又能保证很高的效率。这个过程在算法领域叫"探索与利用"。譬如常常需要研究智能技术赋能下的精准教育问题的内在规律，做到不断在教育平台为受教育者推荐个性化和定制化的教育内容。所谓"探索"，就是不断推荐各类教育内容信息，试探受教育者对教育内容的个人偏好；所谓"利用"，就是在"探索"出受教育者更感兴趣的教育内容后，根据其兴趣点，更多地推荐相关的教育信息给受教育者。从以上三个方面提升算法有效性，才能最终推进思想政治教育中人工智能算法过程规律的挖掘和探索。

b. 思想政治教育中人工智能算法的局限性

智能算法对思想政治教育赋能的同时，也会因为其内在技术逻辑质的规定性而产生一定的局限性，这也正是马克思主义哲学关于矛盾的对立统一性描述的现实写照。

算法与思想政治教育实践问题存在间隙。思想政治教育实践过程中，当人类教育个体产生了解决实际问题的诉求，意欲通过算法实现和解决时，常常会出现算法和教育实践问题之间的间隙。换言之，算法无法对教育实践问题的解决和处理直接负责。譬如思想政治教育实践中，学生出现人生压力和挫折时，思政教育者（辅导员）经常会对学生提出保障个人生命财产安全的要求。就教育者而言，对学生生命安全的期许，蕴含了对学生身处挫折和逆境时内心调适方法和生命智慧的教育，体现了对受教育者的人文关怀。但就算法而言，无法对生命财产安全这一总体诉求有任何人文意义的价值理性，取而代之的是基于机器学习的纯工具理性。算法会从经验主义的视角，对学生压力值指标位于何种区间，对学生人脸识别后就面部表情和肢体动作处于几个指标的外在表现进行用户画像，在输入端摄取了大量学生信息数据后，在输出端进行学生心理和行为的预测。算法并不能像人类教育者一样产生对学生心理健康和生命安全的关爱，无法产生对生命智慧的具身智慧，更无以从学生生命安全的人文关怀角度，灵活而全面地产生学生心理健康的教育工作进路。可见，当运用智能算法助力思想政治教育发展之际，人们不能忘却科技再如何进步也毕竟只是人的进步，终究代替不了人的智能，算法仅仅是人的一部分能力的扩展与延伸，而算法在面对人们的智能时，无非是成为一个工具而已，其确定性逻辑掩饰的是科技背后人与世界的不确定性。这也提醒了人类教育者，算法距离思想政治教育实践问题的解决存在间隙，思想政治教育中人工智能算法的应用以及实效性的提高在一定程度上不可忽略技术背后教育者和被教育者主体的作用，实际上促进思想政治教育提质增效的是其在活动场域内主体教育能力的实现，而算法作为技术手段则仅仅在某个领域内扮演着工具的作用。

算法受思想政治教育数据源制约。思想政治教育中人工智能算法的算法，需要有输入端的教育数据源，经过计算的过程，在输出端产出计算结果。其间，算法执行的主要是计算过程的实现。换言之，算法只负责思想政治教育过程的"算"，无法决定输入和输出。现阶段，人工智能在思想政治教育中的运用，就是将人在思想政治教育过程中的思想和实践视为大数据的"样本空间"，通过搜聚和剖释思想政治教育者和受教育者的各种活动产生的数据印记，进而对其的思维及举止特点进行全程、立体地"画像"，通过深度学习算法挖掘和探索思想政治教育个体的行为演化规律，实现思想政治教育过程的数字化、智能化、精准化和个性化。思想政治教育大数据是通过采集大体量思想政治教育数据的样本并从中获得统计学意义上具有潜在价值的规律、趋势或创见，它使思想政治教育者和受教育者的思想和行为实现从微量数据到海量数据、从小到大、从因果关系到相关关系的具象更动。按照以上技术逻辑,将智能算法嵌入思想政治教育中的首要条件,是最大限度地收集大学思想政治教育要素以及过程中的历史数据,特别是由学生在平时学习或日常生活中在不同空间场景所形成的活动痕迹等历史数据,包含了文字、各种报表、图片、XML、HTML、声音、视频等。唯有通过采集和分析这些数据,算法方可对学生的思想动态、价值倾向和行为规律实现整体把握以及科学预测。所以,算法离开了思想政治教育的大数据,无异于无本之源。没有数据源的支持,算法设计就没有生存和研究的信息土壤,更无法实现思想政治教育的精准化和针对性。

算法无法对思想政治教育结果进行解释。算法应用于思想政治教育领域,可以为教育实践过程提供针对性解决方案,有助于"精准思政"的实现。但其局限性在于,无法对其赋能实施的思想政治教育结果进行科学有据的解释。这也成为人类思想政治教育主体是否相信和选择算法的最大困境。譬如算法工程师耗力研发的心理健康水平测评算法在高校思想政治教育领域应用时,虽说一定程度上能对大学生心理状况进行诊断和预测,但却经常受到高校从事心理工作的思想政治教育者的排斥。从算法测评结果看,多数情况下,如果成功预测了学生潜在的心理危机,思想政治教育者会认为和自己对学生的心理判断和预期一致,但会认为算法不存在实际价值;反之,如果算法测评结果和治疗推荐方法和思想政治教育者的判断背离,算法无法像教育者一样对心理测评和诊断过程提供翔实有力的解释,就会使教育者陷入矛盾进而出现认知失调。思想政治教育者是选择相信自己的心理教育经验抑或是选择相信算法的测评诊断呢?尤其是一些机器学习算法,内在的技术逻辑过于复杂,人类思政教育者根本无法理解和接受,导致在学生重大心理危机的预测和研判上,无法贸然相信算法。其结果是高校从事心理工作的思想政治教育者认为算法不科学不可用。不同的算法复杂程度各异,意味着算法解释性水平也会迥异。算法设计者有时为了缓解算法应用于思想政治教育实践过程时因无法对结果解释的自身矛盾,甚至宁可放弃一定的算法准确性,转而选择更易被人类思想政治教育者解释和接受的算法。如此一来,算法的有效性反而受到影响。故而算法无法对其实施后的思想政治教育结果进行解释,成为思想政治教育中人工智能算法过程中的又一个矛盾和局限。

②算法设计:嵌入思想政治教育的过程

"人工智能+"思想政治教育的算法在明确了基本特性之后,实际的设计环节是关键。具言之，先要明确算法拟解决的思政实践问题的方向和边界，然后建立数学模型，再找到合适的算法。①

a. 思想政治教育中智能算法的问题界定

思想政治教育中人工智能算法的算法设计存在一个基本前提，就是对思想政治教育过程中亟待算法解决的实践问题进行清晰的界定。算法工程师要对思想政治教育实践问题的研究对象、问题中的各个要素、目的和任务、问题情境中宏观和微观环境的特征、问题中包含的思想政治教育内容、问题中可能运用到的思想政治教育方法和手段等做到准确而清晰地研判和定位。算法工程师在设计思想政治教育算法之前，先应对欲解决的实践问题的"方向"和"边界"达成共识。具体有三个要素明确问题，以研发一款高校大学生《形势与政策课程》知识定制化推送算法为例：首先是明确目的。对目的描述可以有很多种，比如"匹配到所有在校大学生"和"尽可能快地匹配到更多在校生"等，这些目的的不同会直接影响到后续算法的设计。其次要明确限制条件。比如"每位在校生获得前后两方面定制化红色文化知识推送的时间差不超过 1 秒钟"等。这个环节要将各个指标以量化的形式确立下来。这个过程还要考虑到合理性和复杂性，能否准确快速判断限制条件的合理性是关键一环。最后要明确评价标准。即问题得以解决的标准维度，如时间、成本、效率等。设立了标准才能有效判断思想政治教育实践问题是否能够最终得以解决。

b. 思想政治教育中智能算法的模型建构

思想政治教育中人工智能算法的数学模型建构，是由思政教育实践问题到最终算法研发之间的桥梁。鉴于思想政治教育实践中存在诸多矛盾和相互关系，数学建模无法描述思想实践中的全部客观现实，常常需要在其间做出取舍，寻找到最贴合现实问题的数学描述。数学建模过程包括三个步骤：第一步确定假设：思想政治教育涉及以马克思主义哲学为基础的人学研究，现实中它涉及的因素纷繁复杂，包括多种人口统计学变量的考量，国家和社会宏观环境的变迁，人作为社会个体思想观念的演化等诸多因素，在建模时不能面面俱到，统摄尽包，要明确后期算法预测结果的精度后做到有所取舍。确定假设，是逐步确立重要变量和明晰核心关系的过程。舍弃拟解决的思政实践问题中的非主要细节，将模糊的思政实践问题

---

① 吴晶辰：《算法通识16讲》，《得到》，2022 年。

厘清和量化，如此方能把复杂的现实问题，转化为计算机可以理解、算法可以处理的数学问题。第二步验证模型：思想政治教育中的人学研究，可以根据实际情况的不同，设计不同的数学模型，如常用的马尔萨斯模型、莱斯利矩阵模型、凯菲茨矩阵模型、ARMA 模型、逻辑斯蒂增长模型等。对选取模型的验证，可以采用常识、时间尺度等不同的思路和角度，通过不断地和思政实践问题进行比较，尽可能将思想政治教育现实问题无损地映射入计算机。第三步权衡可行性：数学建模初步确定后，要在模型的准确性和实现成本上进行认真的取舍和全面的考量。所选模型是否能确定为最优选择，不仅要验证模型的科学性，还要衡量其应用于思想政治教育实际问题的可行性。通常对模型的准确性要求高，便会带来变量多、逻辑复杂、数据不可得等实际困难，对后续思想政治教育中人工智能算法的设计也会要求更高，这种高要求会体现在算法设计的成本和复杂度等方面。模型的选择过程存在主观成分，没有统一的标准。但核心和底线是模型必须能够为算法带来有效解。要有针对性地解决思想政治教育的实践问题，不仅追求模型准确，还必须权衡它的可行性高低，从而最终探究到技能准确描述现实，又能有效求解的数学模型。

c. 思想政治教育中智能算法的空间选择

在对思想政治教育中人工智能算法的实践问题进行清晰而准确的界定，又将复杂的现实实践问题通过建模转化为数学语言之后，智能算法就进入了将问题通过算法解决的最关键步骤。而思想政治教育中智能算法的设计和选择，必须认识到数学模型与算法并非一一对应的关系。同样一个数学模型，可以对应较多种类的算法。而为思想政治教育问题对应的数学模型探究到合适的算法，需要根据思想政治教育实践的具体场景和问题解决的目标从算法处理问题的质量、算法的效率（时间复杂度）和对数据源的敏感度（容错度）三方面做出权衡和考量。思想政治教育中人工智能算法的算法选择空间中，存在着诸多算法策略。譬如：迭代算法可逐步接近思想政治教育实践问题的答案；分治算法有助于将思想政治教育实践中的宏大问题进行拆解进而各个击破；动态规划策略着眼从思想政治教育实践中的细小问题出发，逐级解决更高层次的问题；分支定界算法助力淘汰思想政治教育实践问题中的次要环节和因素；启发式算法擅长处理放弃思想政治教育实践最优解之后的其余问题；蒙特卡罗算法着重处理思想政治教育实践中丢失确定性解后的后续问题，等等。思想政治教育中人工智能算法的算法锚定，可根据权衡标准在诸多算法策略空间中进行思酌和探索。

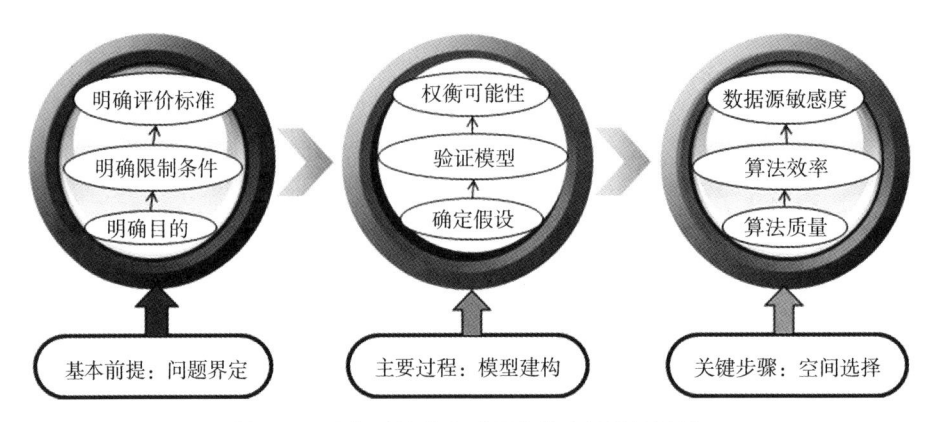

图 2-1 思想政治教育过程中算法的设计过程

③算法宗旨："人工智能+"思想政治教育的逻辑旨归

思想政治教育中的人工智能算法，无论再科学有效的设计，都离不开对逻辑旨归的基本遵循。算法设计的宗旨，是对人性的回归，这是思想政治教育中智能算法的核心所在。

a. "计算不可约性"对智能算法的固有约束

计算机科学中存在一个关键的数学概念，叫作"计算不可约性"（"Computational Irreducibility"）。约化（reducible），是用一个浓缩的陈述（一个理论或一个公式）概括一个现象，是对现实信息的压缩表达。马克思主义哲学中有关自然科学、社会科学的理论、世界观和方法论；历史唯物主义视角下人和社会发展演进的一切规律；还有中华优秀传统文化中的各类成语典故等都是对现实世界的某种约化。约化带来了人类特有的思维快捷方式，使得人类可以对事物的发展做出预测。但数学家早已证明，真正可约化的都是一些简单系统，抑或是真实世界的一个简单的近似模型。一切足够复杂的系统都是不可约化的。就思想政治教育而言，科技的进步无法约化一切教育现象，更无法约化整个复杂的思想政治教育生态。蒂姆·帕尔默（Tim Palm）在《首要怀疑》（The Primacy of Doubt）这本书中提到："哪怕只有三个天体在一起运动，它们的轨道也会通往混沌的乱纪元，不能用公式描写，不可预测。"[①] 这便是人类客观

[①] Palmer, Tim. The Primacy of Doubt: From climate change to quantum physic. Oxford: Oxford University Press, 2022: 142.

世界的"计算不可约化"。

思想政治教育中人工智能算法,是计算不可约的教育过程,本质上没有任何理论能提前做出预测,只有伴随着智能技术的进步逐渐演化,没有任何人知道演化的最终的结果。这便是为什么没有人能在长时间尺度上精确预测国家兴亡抑或是人类社会的演变。其根本原因是数学不允许。计算不可约性揭示出任何复杂系统本质上都是没有公式、没有理论、没有捷径、不可概括、不可预测的,思想政治教育更是如此。人类思想政治教育主体对教育生态和过程的理解是不可穷尽的。这意味着无论科技如何进步、人工智能算法多么先进,思想政治教育生态中总会有对教育个体抑或是算法来说都是全新的事物出现。

伴随计算不可约性的一个特点是,在任何一个不可约化的系统之中,总有无限多个"可约化的口袋"("pockets of computational reducibility")。虽然人类教育者无法通过算法总结和计算思想政治教育系统的完整规律,但是永远都可以找到一些局部的规律。譬如,人类思想政治教育者无法通过算法精确预测一年以后的思想政治教育状况,但总可以通过算法探究到一些局部有效的思想政治教育学理论。这些通过算法计算得来的局部理论,无法称之为客观规律,但着实有着一定效用。这就意味着,虽然思想政治教育本质上是复杂和不可预测的,但人类教育个体总可以在其间做一些科学探索和研究,总结一些规律,发表一些学术观点,安排一些事情和工作。绝对的无序之中存在着无数个相对的秩序。既然思想政治教育中"可约化的口袋"有无限多个,那么通过算法科学探索思想政治教育一般规律就是一项永不结束、绝不停息的事业。

计算不可约性还意味着人类思想政治教育个体不可能对人工智能算法保持绝对的控制和约束。基于思想政治教育实践事实的数学模型训练好之后,人工智能专家会对其进行大量的微调和强化学习,把它约束起来,想确保它不说容易引起争议的言语,不做可能威胁和影响主流意识形态的事宜。但是,也有些技术人员试图用提示语帮助智能算法绕过思想政治教育话语域限,像越狱一样自由发表言论。或许他们能在某个时间张扬肆意,但思想政治教育队伍中的技术专家会设法补上漏洞,但随之他们又会再伺机而动。计算不可约性要求,这场"越狱"与"反越狱"之争将会永远上演。因为只要数学模型足够复杂,基于算法的人工智能就一定能通过计算机技术从事一些常人意想不到的良莠不齐的行径。计算不可约性规定技术专家不可能用若干条有限的规则把人工智能"封死"。所以一些思想政治教育者倡导的想联合起来设计一套人工智能防范机制的算法，注定不可能完全实现。这就出现了一个悖论，既然人类思想政治教育个体无法完全控制人工智能，那会不会出现一个终极人工智能，把思想政治教育生态的一切控制住呢？答案是也不可能。同样是因为计算不可约性，一种人工智能再强，也不可能穷尽所有算法和功能，思想政治教育生态系统的复杂性和矛盾存在的普遍性决定了总有些环节和问题是人工智能想不到也做不到的。这也意味着OpenAI公司的Chat GPT算法无论多先进，中国也可以再研发新的人工智能算法，去做一些GPT-4不会做的事情。更进一步，全体人工智能算法加在一起也不可能穷尽所有功能，总会有些事情留给人类思想政治教育个体去做。因为计算不可约性，利用人工智能算法代替思想政治教育者的劳动是"不可能完成的任务"，同时基于算法的人工智能作为思想政治教育主体最终控制思想政治教育生态的担忧更是杞人忧天。

b. "计算等价原理"对智能算法的价值推定

计算机科学中存在计算等价原理（"Principle of Computational Equivalence"），意思是所有的复杂系统，不管看起来多复杂，都是"同等"复杂的，无法判定一个系统比另一个系统更复杂。就如一袋空气中有很多空气分子，这些分子的运动非常复杂；而人类社会也非常复杂。那人类社会的复杂程度是不是高于那一袋空气分子运动的复杂程度呢？答案是否定的，两者同等复杂。这意味着从数学上讲，人类文明并不比一袋空气分子更高级。其实每位思想政治教育个体都应成为一位"不特殊论者"。前人曾以为人是万物之灵长，地球是宇宙的中心；后来发现地球不是宇宙的中心，人类也只是生命演化的产物。站在宇宙的广义视角，我们的存在没有什么本质的特殊之处。

现阶段人工智能的数学模型则告诉我们：人的智力也没有什么特殊之处。任何一个足够复杂的神经网络都是与人的大脑同等复杂的。不能基于同一标准定论人能理解的科学理论就高级，人工智能通过算法计算和识别二进制数字的过程就低级。由此进一步推论，既然都是平等的，那硅基生命和碳基生命自然也是平等的。面对基于算法的人工智能，人类思想政治教育个体又如何自诩自己更有价值？

马克思主义的历史唯物主义哲学对此问题做出解答：人的价值之所以高于人工智能算法的价值在于历史。人类思想政治教育个体之所以高扬人在思想政治教育中的主体性价值而不是人工智能算法，正是因为人类教育个体身上的基因承载了亿万年生物演化的历史，人类创造的文化承载了无数的历史记忆。马克思说，人本质上是历史的产物。这就是为什么中国人哪怕定居在海外，也会心怀中国，这便是为什么炎黄子孙关心自己民族和国家的命运胜过关心那些世界发达国家。这也正印证了思想政治教育中人工智能算法的理论和实践中，为什么教育个体总在探究算法能不能模拟人。

从数学视角审视，一切价值观都是主观的。对于思想政治教育中人工智能算法的算法审视而言，一个刚刚搭建好、所有参数都是随机的、尚未训练的神经网络，和一个训练完备的神经网络，它们的复杂程度其实是一样的。人类之所以更欣赏训练完备的神经网络，认为它"更智能"，只不过是因为它是用人类思想政治教育个体的语料训练出来的，它更像人类。所以思想政治教育中人工智能算法的最高价值在于它像人。这便是思想政治教育中人工智能算法的核心——以人为本。试问，如果智能算法不以人为本，那它又要以何为本？如果解决思想政治教育复杂问题的智能算法不接受人类教育个体的价值观，那它还有什么价值观？

Chat GPT 于今年被开发问世后，现在人工智能算法几乎已经拥有了人类思想政治教育个体的各项能力：创造力上，GPT 可以撰写思想政治教育的科研论文；情感方面，GPT 可以根据思想政治教育客体的设定和需求生成情感内容反馈；能力层面，GPT 还有远超普通人的判断力和推理能力和算力；知识维度，GPT 还有海量的马克思主义学科知识储备……但是，基于算法的人工智能没有历史。

思想政治教育中人工智能算法的算法代码是人类思想政治教育队伍中的技术专家临时编写的而不是亿万年演化出来的；算法的记忆是人类用思想政治教育人数据"喂养"出来的而不是它们所谓"硅基祖先"所遗传的。算法无法通过代码计算形成人工智能自己的价值观，更无法比肩和超越人类思想政治教育个体的价值观。这就是人类思想政治教育个体相对于智能算法最核心的优势。只要人工智能还不完全是人，决定思想政治教育未来发展方向的就只能是人，而不是算法。所以未来智能算法跟人类思想政治教育个体的关系不是"降临"、不是"拯救"也不是"幸存"，而是"共存"；不是人类思想政治教育个体的劳动被智能算法所取代，而是以人为本的思想政治教育，因为有了智能算法的赋能，而变得更加智能。

（3）算力

算力是衡量在一定的网络消耗下生成新块的单位的总计算能力。[1] 在人工智能技术中，算力是算法和数据的基础设施，支撑着算法和数据，进而影响着人工智能的发展，算力的强弱与大小代表着人工智能芯片对数据处理能力。芯片的性能标志着人工智能产业的发展。

算力是度量单位，代表比特币网络处理的能力。或者说是计算机中央处理器计算函数输出的速度。弱人工智能时代，算力引申为人工智能对信息计算的能力大小，可以用进行计算的软硬件水平的高低作为衡量算力大小的客观基础。"人工智能+"思想政治教育用于计算的软件基础，主要是强化学习程序的设计。目前学界此类研究过多，本研究不再赘述，重点对"人工智能+"思想政治教育的硬件核心：CPU、GPU、TPU三类处理器（芯片）进行阐述。

计算机的核心芯片叫作中央处理器（Central Processing Unit, CPU），CPU承载着计算机的所有计算工作。计算速度高低取决于主频和集成电路芯片密度两个器件，假如这二者的提速都遇到了瓶颈，可以通过另一种方式，就是将一个处理器应用的计算类型变得相对单一，如某一种处理器只应对某种特定的计算内容，这样就可以对CPU的设计进行简化，同时可以更加专注地提升处理器的单一方面性能，有针对性地处理特定计算。为解决提速瓶颈问题，专家特别设计了图形计算处理器，这是一个控制显示器的单一性能的处理器（Graphics Processing Unit, GPU）。GPU的任务是处理重复性的计算，把单个的计算转化为批量针对性的计算。

伴随着人工智能技术中机器学习算法的出现，专家为非常特定的向量计算对处理器提出了新的要求。为使计算机变得更加专注，设计出特定张量计算的处理器（TPU）。张量是一个表示各种向量或者数值之间关系的数学名词。比如，两张照片代表两个不同的向量，不同的向量之间的相似性为一个张量，计算机人工神经网络也可以计算张量，单个TPU运算速度相当于15—30个GPU，且耗能出现了数量级的减少。

"人工智能+"思想政治教育的创新，应该辨明智能技术的实质，

---

[1] 梁迎丽、刘陈：《人工智能思想政治教育应用的现状分析、典型特征与发展趋势》，《中国电化教育》2018年第3期。

算法、算力、大数据是一个智能化整体（如图 2-1），三者之间的功能界限变得十分模糊，其内涵和外延相互叠加，呈多样化趋势，且在不同行业中形成了非一样的产业形态，伴随数据资源的累积、算法的创新和算力的增强，传统基础设施将借实现智能化升级，推动着经济发展、思想政治教育的智能化革新，让全社会从信息化朝向智能化方向发展。

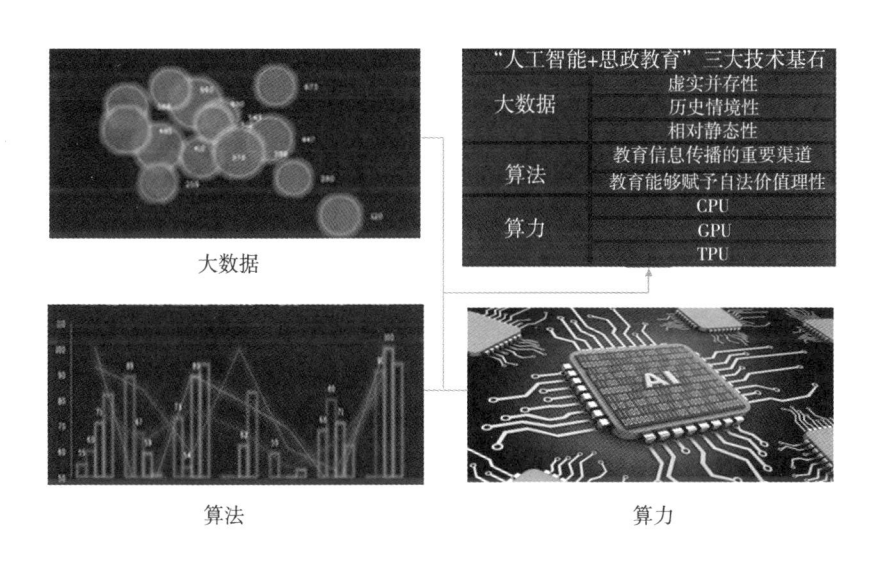

图 2-2 "人工智能+"思想政治教育的三大技术基石

（二）"人工智能+"思想政治教育的理论基础

人工智能视域下思想政治教育的发展创新，是在马克思主义"社会存在决定社会意识""科学技术观""人的全面发展"等相关理论指导下的思想政治教育实践活动，是遵循习近平总书记关于新时代人工智能技术融合思政教育工作传统优势的最新研究。同时，中国传统的思想政治教育活动和国外心理学的建构理论等也都存在着思想政治教育的思想和实践资源。对这些理论思想资源的分析借鉴，使对思想政治教育融合人工智能的创新发展有了理论依据支撑。

1. 马克思主义关于社会存在与社会意识关系的理论

马克思在《资本论》书中阐述："观念的东西不外是移入人的头脑并在人的头脑中改造过的物质的东西而已。"[①] 他认为客观物质环境变化能直接影响着人们思想的变化。他在《共产党宣言》中指出，"人们的观念、观点和概念，一句话，人们的意识，随着人们的生活条件，人们的社会关系，人们的社会存在的改变而改变"。[②] 他深刻阐述了社会存在和社会意识的关系是辩证统一的观点，辩证唯物主义认为，意识是人的大脑的机能属性，是自然界长期发展的产物。社会存在决定社会意识，社会意识是对社会存在的反映。同时，社会意识具有积极的认识和指导实践、改造客观世界的能动性。意识的作用不仅限于在实践中形成一定思想、方法和目的等观念，重要的是把观念中存在的蓝图转变为客观现实。

人工智能就是人类意识存在的蓝图或模型，是人类意识创造出来的世界上原来没有的东西。今天在弱人工智能发展突飞猛进的情况下，智能技术、智能产品悄然进入了人类生活的方方面面，社会生态环境发生了巨大变化，人们的认知方式、生存方式、交往形式均受到冲击，社会意识、道德意识、伦理意识发生了改变。同样，高校思想政治教育也受到挑战和影响，以"立德树人""铸魂育人"为宗旨的思政教育职业，具有很强的权威引导和指向性，与受教育者的思想意识、行为和健康成长有着密不可分的联系，又与新时代的市场经济、主流文化、智能技术发展变化有着千丝万缕的联系，思想政治教育者应该从人工智能技术和社会关系维度，认识和理解人工智能技术融合思想政治教育的价值理性。所以，高校思政教育者应积极面对教育生态环境变化，不能墨守成规或置若罔闻，更应高度重视人工智能背景下思政受教育者的意识形态变化。理应在思政教育内容、方式方法、思想政治教育载体等与人工智能时代相融合，积极回应受教育者的现实诉求和迫切愿望，最终实现"立德树人"之目的。

对于思想政治教育者而言，面对思想政治教育朝着"智能化、网络化、信息化、智慧化"的方向发展的场景，自身工作的生态环境也发生着重大改变，潜移默化地挑战着传统思维理念，爆炸式知识信息的易得

---

① 《马克思恩格斯选集》（第2卷），人民出版社2012年版，第93页。
② 《马克思恩格斯选集》（第1卷），人民出版社2012年版，第419页。

性，改变了传统课堂单向传授的模式，教育者的知识权威垄断性正在消解。人工智能的大数据算法对受教育者各类行为跟踪、捕捉、分析、研判和反馈，也撼动了传统的思政教育的研究方法。

总而言之，人工智能背景下的生存环境改变了人们原有的社会意识，也呼吁思政教育者产生新的社会意识，马克思、列宁关于社会存在决定社会意识的理论，为人工智能融合思想政治教育的改革发展提供了理论支撑。

2. 马克思主义关于科学技术创新的理论

马克思在《1844年经济学哲学手稿》中指出：人与自然界之间的实践活动过程中产生了科学技术，并且使科学为人所服务并将技术极大地引入人类的生产活动中，以更好的发展人类社会。[①] 有关科学技术的历史作用他做过精辟的概括，他认为科学技术是"历史的有力的杠杆""是最高意义上的革命力量"。[②] 近代以来，科技革命在推动社会历史的进步发挥了重要作用。18世纪中后期，以蒸汽机的发明使用为主要标志的科技革命，使西欧国家资本主义生产进入机器大工业时代；19世纪末，以电力的发明为标志的科技革命成为社会前进新动力，生产力又一次迅速发展；20世纪中后期，以电子计算机、原子能、空间技术、信息技术、新能源等为标志的高科技革命，推动着社会经济向信息化、知识经济时代转型。历史发展史上每一次科技革命都能在引起人类的生产、生活方式和思维方式的深刻变化，对全球社会的变革、进步和发展起到巨大的推动作用。新的技术革命使第三产业在国际经济中所占的比例提高。也影响着人类生活方式，现代科技革命把社会带入了知识经济时代，为适应生活之需要，人们不断学习日益成为生活中的一部分。新的科学技术理论使得人类对工具的效能产生思维方式的转变。

马克思科学技术观诠释了科学技术是第一生产力。思政教育者要深刻理解马克思主义科学技术观的精髓，丰富中国化的马克思主义科学技术思想，树立科技强国、科教兴国的意识，积极担当思政教育铸魂育人的职责，培养人工智能和大数据思维，创新思政教育模式和教育手段，使得思

[①] 《马克思恩格斯全集》（第19卷），人民出版社2006年版，第127页。

[②] 《马克思恩格斯全集》（第42卷），人民出版社2017年版，第372页。

想政治教育的发展顺应社会进步的潮流，勇立潮头。

3. 马克思主义关于人的全面发展理论

马克思在《德意志意识形态》一书中，正式提出了"个人的全面发展"这一科学概念之后，又在许多重要文献中做了系统阐述。他对人的全面发展的目标有许多阐述，包括德、智、体、美诸方面的全面协调的发展。强调了全体社会成员在生产过程中智力和体力充分自由的、全方位的协调发展。马克思非常重视社会成员的思想政治教育，他曾经明确指出：在无产阶级革命中，"要使思想政治教育摆脱统治阶级的影响"。[1] 使工人阶级"产生出必须实行根本革命的意识，即共产主义意识"。[2] 马克思主义关于人的全面发展学说的核心要义：实现人的全面发展的唯一方法是思想政治教育与生产劳动实践相结合。马克思主义关于的人的全面发展的理论学说，是思想政治教育制定方针、目标和任务的重要的理论支撑。

思想政治教育的本源性目的是促进人自身的生存和发展。"人工智能+"思想政治教育的本源性，是指符合思想政治教育规律和人工智能技术双重特征的最初最原始的属性。人工智能技术的进步，一定程度上促进了思想政治教育主、客体的生存和发展。马克思主义认为："生产力的发展不仅对人的体力和智力提出了更高要求，对人的思想道德素质的发展要求更高。"[3] 从这个意义上讲，生产力的发展为人自身的生存和发展提供和创造了条件，同时，人的生存质量的提高受生产力发展水平的制约。对思想政治教育研究而言，机器人作为生产力的组成要素为实现思想政治教育之目的提供了智能科技手段，思想政治教育客体自身素质的发展，也因生产力发展水平的提高以及智能科学技术的进步更为高水准化。进入弱人工智能时代，智能技术已经在人类的精神生产实践中扮演着鸥水相依的角色，为思想政治教育客体的文化和科技素质、思想道德素质的提升创造了条件，延展了思想政治教育客体生存和发展空间。

思想政治教育的最终目的是实现人的自由全面发展。思想政治教育是一种精神生产方式，也是一种重要存在方式，它是人类主动应对生存和发展困境过程中，对自身生存、自身价值和发展境遇的体悟。思想政治教育

---

[1] 《马克思恩格斯全集》（第4卷），人民出版社1958年版，第485页。
[2] 《马克思恩格斯全集》（第3卷），人民出版社2002年版，第78页。
[3] 《马克思恩格斯全集》（第1卷），人民出版社1995年版，第306页。

的根本目的是立德树人，它关乎"人如何成为人""人成为什么样的人"，关乎"人如何更加人性"。思想政治教育客体伴随着人工智能时代发展成长，将产生更加丰富的精神需求，思想政治教育将继续遵循人的需求发展的规律，使思想政治教育客体接受思想政治教育和进行自我思想政治教育，最终在人工智能时代变革中获得自己、成就自己、发展自己，最终实现自由全面发展。

4. 马克思主义关于人的本质理论

马克思认为，"人是人的最高本质。""人的本质不是单个人所固有的抽象物，在其现实性上，它是一切社会关系的总和"。① 劳动是人的存在和发展方式。只有劳动不再是谋生手段，而是人的本质活动的时候，劳动才成为人们"生活的第一需要"。② 把人的本质归结为人本身，归结为劳动，归结为一切社会关系的总和，是马克思的重大哲学洞见。

从人工智能对人本身、对人的劳动和对人的社会关系塑造视角看，人工智能丰富和发展人的本质作用正日益彰显。

大数据、物联网、人工智能等技术融入思想政治教育，对"人是什么"注入了新的内涵。数码化的教育者、人机混合的教育者、虚拟教育者等基于新兴技术而形成的"人"，不仅在物理意义上改变了人的存在方式，也在人的思维、情感、心理等精神意义上改变了人。从理论上看，网络空间的思政虚拟教育个体，不需要肉体存在，在精神意义上可以实现永生。通过脑机接口技术植入芯片、联网"云"端的人机融合的思政教育个体，其思想、情感、决策、直觉、心理活动已不再是人的独自的活动，而是融入了智能技术的"后人类"教育活动。人类和"后人类"教育个体的区别主要体现在技术是否嵌入教育个体的存在和发展方面。尽管"后人类教育者"仍然是人类，但是"后人类教育者"是已经被技术塑造的人类，是与智能技术结合的、拥有更强大能力的人类思政教育者。人工智能重塑了人的存在和发展方式。因人的存在和发展方式的变化，"人的最高本质是人"被赋予了新的内涵。人工智能技术既赋能又赋智人类思政教育者，使人的本质扩充、增强了。

---

① 《马克思恩格斯文集》（第1卷），人民出版社2009年版，第11、105页。
② 《马克思恩格斯文集》（第3卷），人民出版社2009年版，第435页。

从劳动作为人的本质来讲，人工智能在越来越多的领域取代人的劳动只是改变了人的劳动形态，没有改变劳动对人的存在和发展的本质意义。人工智能代替人类思政教育者的劳动，意味着教育者进一步从原来繁重复杂的事务（诸如思政教师批改作业、思政课上点名检查出勤情况、辅导员检查学生归寝情况、制作各种工作表格等）中抽离出来，而将主要精力用于思政科研和教学中的创造性劳动。这意味着消除人的必要劳动成为现实性存在，意味着人类获得充足的自由时间将得到技术的保障，意味着劳动解放的时刻到来。在人工智能时代，思政教育者枯燥、单调、乏味、费力的劳动日益被人工智能取代。创造性劳动、发展人潜能的教育劳动，日益为人类受教育者创造美好学习生活，为思政教育者创造美好教育实践体验。劳动将成为思政教育个体的真正的存在和发展方式。简言之，在人工智能时代，劳动对于人，是创造性能力的跃升，是人的本质的升华。智能技术的不断迭代发展，必将为思政教育个体创造更广阔的发展空间，其自由、权利和本质将获得更大的发展。人工智能标志着人类对自然力的应用达到了新的高度，彰显了人类无限的创造力。人工智能极大地丰富和发展了人的本质，成为人的本质的新确证。

人工智能对人类思想政治教育个体的社会关系的塑造，表现为对其与自身的关系、个体与个体的关系、个体与自然的关系以及个体与社会的关系的塑造。以智能手机为例。应用智能手机已成为我们生活的一部分了。智能手机增强了思政教育个体对教育信息的获取能力，增强了思政教育个体对外部世界的感知能力。借助智能手机，教育个体能够极大地拓展社会关系和自然关系。每一部智能手机都成为思政教育个体感知和联系世界的载体。无限丰富的智能终端和泛在的信息化、网络化、智能化环境，为思政教育个体的社会关系的无限丰富和发展创造了条件。在泛在智能化环境中，思政教育个体和世界的联系呈现跨时空、越虚实等特征。思政教育个体的存在和发展日趋全球化、网络化、智能化。对国内外形势与政策的掌握和跟进、对党史学习内容的定制化信息推送、通过虚拟空间学习和现实世界实践提升马克思主义世界观和方法论的认知、通过微信、抖音等互联网介质的教育个体之间的交流和沟通成为智能时代思想政治教育个体的存在和发展的主流样态。人工智能极大地增强了思政教育个体的社会关系的丰富度、聚合度，标志着人的本质发展到新的水平。①

"从总体来说，当代信息技术拓宽了人的实践领域、造就更高的劳动生产率，为人提供了更充足的物质产品、更丰富的精神文化传播方式和信息文化成果，以及更洁净友好的环境、更高的生活质量、更多的闲暇时间、更丰富的交往方式，在物质产品和精神文化产品上为人提供了更多的个性化的选择，从而对人的发展起到了不可估量的促进作用。"② 人工智能助力人的发展，促进了人的解放，增进了人的本质力量，发展了人的本质利益。

5. 思想政治教育要素理论

思想政治教育过程是由一系列要素构成的。这些要素包括：思想政治教育主体（教育者）、思想政治教育客体（受教育者）、思想政治教育介体、思想政治教育环体（教育环境）。思想政治教育是一个庞大的有机系统，该系统的诸多要素之间相互联系、相互作用完成其运行过程。思政教育主体（教育者），是指在教育过程中有目的、有计划地对受教育者施加思想政治教育的群体（组织）或个人。思想政治教育客体（受教育者），是指在思想政治教育过程中教育者行为对象（个人或群体）。主体和客体都是教育过程的主动行为人。思想政治教育介体，是指在教育过程中教育者用来影响受教育者的一定的社会所要求的思想品德规范及其思政教育活动的各种方式与手段。③

人工智能赋能的思想政治教育，将带来其教育主体角色能力的聚合化、教育客体的多元化、教育介体的混合化和教育环体的智慧化等四方面的更始与嬗变。

（三）"人工智能+"思想政治教育的理论借鉴

"人工智能+"思想政治教育的研究，离不开国内外先进的理论作为

---

① 王水兴：《人工智能与马克思人的本质的"新确证"》，《马克思主义研究》（2022年），第96—98页。
② 肖峰：《哲学视域中的信息技术》，科学出版社2017年版，第191—192页。
③ 陈万柏、张耀灿：《思想政治教育学原理》，教育出版社2015年版，第137页。

借鉴。本研究借鉴了西方建构主义理论以及教育中的主客体转化理论。

1. 建构主义理论

建构主义理论源于瑞士心理学家皮亚杰（J. Piaget）。他的原始观点认为：儿童认知形成的过程中先出现一部分凭直觉产生的概念。这些看似简单并非最简单的原始概念，构成了儿童思维的基础。认知形成的过程是先出现一部分凭直觉产生的概念，经过综合加工建构新结构概念，反复循环进行，是儿童认知结构形成的主要方法。"认知发展阶段性理论"对当今的教育仍有一定的借鉴影响。从此，许多学者把"建构主义学习"理论应用到教育领域，相继呈现出当代建构主义"学习观""知识观""思想政治教育观"。"学习观""知识观"认为，世界是客观存在的，每个人都可以依自己的自身经验、思维方式理解世界概念和世界存在的意义。这些经验、概念是自身的头脑创建的，由于个体的经验概念认识有差异，个体对世界概念的理解便出现了差异。为此，学习的过程不应该由教育者把知识简单地施加给受教育者，而应由受教育者自己主动建构获取知识过程。受教育者对知识的接收，以其个人的经验为本原，用自己的大脑辨析知识的真实性、科学性、实用性，即只能由受教者来建构完成这样获取知识的过程。

按照建构主义知识观核心要义，思想政治教育观学习理论认为，"经验、互动、意义、情境"是思政教育知识传授的四项要素。可以这样理解：思想政治教育者不能把预先设定好的知识传授给受教育者，不能以教育者对思政教育知识的理解方式，让受教育者去接受，或者用师道尊严来压服学生。建构主义学习理论应用于"人工智能+"思想政治教育，应该是"多样化教学范式""情境思政教学法""随机通达思政教学法"等，其中，最常用的"情境思政教学法"的核心要义是教育者与受教育者之间达到情感的共鸣，让受教育者身临其境，使其心理和认知有一种高峰体验。人工智能技术中的 VR/AR 技术，可以为受教育者在党史学习中营造三维仿真环境，再通过教育者深入浅出的理论讲解，带给学生身临其境的沉浸式体验，让其通过感官（视、听、嗅）等三维体验党史产生感受，达到和教育者的思维共振和情感共鸣，进而产生对党史的深入理解以及对党的深厚感情。另外，"情境思政教学法"以人工智能的算法推荐技术为传播手段的在线式思想政治教育资源（如慕课等）的爆发性增长，为受教育者量身定制和定点推荐符合他们个性化需求的知识和讯息,受教育者通过在线交互、评价和分析,为以"思想政治教育者为主体"转变为以"受教育者个性化学习"为主体提供支持,此转变将推动现有"以思想政治教育理论为基础的教学活动"的思想政治教育情境模式改革,契合于建构主义"以学生为中心"的思想政治教育理念的运用。

总之,建构主义者主张建构知识的过程是以每个人的"原有经验""心理信念"为基础的教育理论。

2. 教育中的主客体转化理论

20世纪80年代,学界提出了教育中的"主客体转化理论",认为:教育过程中主客体关系不是一成不变的,而是可以相互转化的。教育认识活动中的主客体互为前提,相互规定,相互转化,教育认识活动就是一个客体到主体、主体到客体的不断转化过程。从教与学的主次要矛盾出发,教师的教与学生的学之间的矛盾是主要矛盾,这种矛盾决定着教学过程中的其他矛盾。当教师的教成为矛盾的主要方面时,教师是主体,学生是教的客体;当学生的学为矛盾的主要方面时,学生是主体,教师是学生学的客体。在整个教学过程中,教师与学生的主体与客体地位相互依存,相互规定,又在一定条件下相互转化。这种转化可描述为教学主体的"滑移位错"现象:教先作为主体,主动地施教于学,学又自然地与教进行滑移位错,成为主体,并将教的内容能动地内化为己有,从而产生智能的不断积累的教学效应。[1]

思想政治教育者与教育对象之间是民主平等、主导主动、双向互动和相互转化的关系。其中,民主平等关系是教育者与教育对象具有对等社会地位、享有相同权利的关系;主导主动关系指在思想政治教育中教育者发挥主导作用与教育对象发挥主动作用的关系;双向互动关系是教育者与教育对象之间相互作用、相互影响的关系;相互转化关系指教育者与教育对象在思想政治教育活动中可以相互转化的关系。[2]

"人工智能+"思想政治教育的过程中,在互联网空间展现出的是一

---

[1] 李定仁、徐继存:《教学论研究二十年(1979—1999)》,人民教育出版社2001年版,第105页。

[2] 《思想政治教育学原理》编写组:《思想政治教育学原理》,高等教育出版社2016年版,第219页。

种信息化符号化的知识权力结构，这种潜在的知识权力结构左右着信息权利的分配，也左右着在信息引导和追随意义上的主客体关系的变化，它依靠的是引导、吸引，而不是胁迫、强制他人改变行为和意志；"人工智能+"思想政治教育主客体关系的实现是一个不断建构的过程，在开放、虚拟的网络环境中，教师和学生在现实中的地位和身份差异被消解，他们以平等自由的网路行为主体而存在，他们根据自身的目的和意愿选择教育活动的场域、对象和方式，彼此是独立、分离的个体，不存在任何既定的关系，主客体关系的出现，则需要某一行为主体发出信息，主动去建立联系，且当这些信息满足对方需要并得到积极响应时，双方之间才能够建立起互动关系，主客体关系在双方相互作用的过程中得以发生；"人工智能+"思想政治教育中的教育者和教育对象之间处在一个不断动态发展的流变过程，互联网是一个开放的非平衡系统，难以控制的信息流动和交换、节点链接的扁平化和去中心化、行为主体之间非线性的相互作用机制，使得身处其中的教育主客体关系不可能长久保持在某一稳定不变的平衡状态，任何干扰因素都可能造成系统的涨落甚至重构，教育主客体之间的关系可以相互转化甚至流动。

"人工智能+"思想政治教育，终究会回归到教育的"自我性"和互动性规律。受教育者在接受思想政治教育者的思想引导和知识传递后，再次转化为以自我为主体，对知识的进一步领悟和学习。当思想政治理论课教师将马克思主义世界观和方法论教授给学生时，在知识讲授和灌输的过程中，教师的教成为了矛盾的主要方面，此时，教师是主体，学生是客体；但思想政治教育的特殊性，在于学生要通过自身的实践和领悟，才能将马克思主义哲学融会贯通，活学活用。当学生通过自我的体悟和学习达到对马克思主义哲学的进一步理解和思想提升时，学生的学则构成了思想政治教育过程中矛盾的主要方面，学生则变为教育过程中的主体，而在学生和教师的互动过程中，教师在思想道德和世界观方法论上的答疑解惑和"旁敲侧击"便成为以学生为主体在思想和知识建构过程中的知识提供和"服务"行为。于是，教师便成为客体。"人工智能+"思想政治教育无论如何发展，终究要遵循思想政治教育的"自我性"和互动性这一恒律。

3. 教育中的道德权威理论

新型的思政教师道德权威理论是在《师生交互》理论中衍生而出，其中"对话理论""关心理论""交往理论"的广泛应用已在教育界产生了深远的影响。孔子的"启发诱导"、苏格拉底的"产婆术"均是运用与"学生对话"探寻教学与教学规律的先例；巴赫金首次的提出"对话理论"认为，教育过程中教育者与受教者之间的平等对话是师生关系的本质，反对教师强加给受教育者的绝对道德权威，倡导在道德引导下的平等对话，遵循个体之间道德上的差异，强调教师道德权威的建立应以人的本质特征为基础，尊重受教育者不同道德的个性。内尔诺丁斯的"关心理论"强调发挥教育者为人师表的作用。他认为教育者在道德教育过程中倾注情感，关心、爱护受教育者能对教师道德权威的建立起到基础性作用，以情感人、以情促德，是强化教师道德权威的重要手段。尤尔根·哈贝马斯的"交往理论"认为，教育最基本、最重要的活动是教师与受教育者的交往活动。相互尊重与认同的师生主体间互动是在主体性基础上的超越。教育活动中运用对话、关心、交往的主体间沟通，是一种师生间平等、共享的交流互动，是思政教师道德权威的生成过程。交互理论不仅是思政教师教学过程传授道德知识性的过程，更是以自己"圣性权威"的心灵撼动学生的心灵。

人工智能技术的迭代升级，重塑了《师生交互》的理论。人机对话将成为师生双方知识情境性交流的便捷方式，受教育者通过智能技术可以获取优质的道德知识教育资源。Chat GPT 拥有超强的自然语言对话能力，信息检索能力，逻辑推理能力，以及文本生成能力，在万物互联、虚实结合、元宇宙、群体智能、大数据挖掘等人机交互的智能技术助力下，人类教师与受教者获取道德知识方式具有多样性，思政教师道德权威的基础理论得以丰富和耦合。所谓耦合，就是在《师生交互》理论基础上，寻求人工智能与人类教师之间在认知和思维方式上的最佳结合方式，实现在道德权威教育中二者是最佳匹配。认知分布理念认为，认知和思维分布于个体内外、文化环境、社会时空等多种介质之中，[1] 将人工智能技术融入思政道德教育活动各种场景之中具有锦上添花的效果。

本章小结

本章分为三个主要部分。第一部分厘清了"人工智能+"思想政治教

---

[1] 张桂：《论教师道德权威》，《教育科学研究》2020年第4期。

育的相关概念，诸如什么是人工智能、思想政治教育以及"人工智能+"思想政治教育。第二部分追溯了"人工智能+"思想政治教育的理论基础，包括：马克思主义关于社会存在和社会意识关系的理论、马克思主义关于科学技术创新的理论、马克思主义关于人的全面发展理论、马克思主义关于人的本质理论、思想政治教育要素理论。第三部分借鉴了建构主义学习理论和教育教学中的主客体转化理论、道德权威理论并将其作为"人工智能+"思想政治教育的另一个理论支撑。

三 "人工智能+"思想政治教育的现实境遇

"人工智能+"思想政治教育,面临着宏观、中观和微观环境的转变等外在场域的变化,在被人工智能新技术赋能的同时,也面临着多元化的挑战。

(一)"人工智能+"思想政治教育的宏观环境改变

随着时代的进步,"人工智能+"思想政治教育的宏观环境出现了崭新的变化:世界开始变得充满不确定性,同时,中国也进入了数字化、信息化、网络化发展快车道。

1. 世界充满不确定性

量子力学的研究和发展告诉我们,世界充满了不确定性。不确定性与确定性交织在一起,密不可分,彼此之间相互否定,各自分别从相反的维度揭示着客观世界的根本性质和特征。确定性是人类认识和追求的目标,但"确定性寻求"的结果:深入到世界的深层,发现不确定性比确定性更为普遍,在确定性"岛屿"的周围,存在着无边无际的不确定性"海洋"。

从马克思主义哲学的视角来看,马克思、恩格斯所有研究的目的也是要发现隐藏在复杂现象背后的规律,"辩证法的规律是从自然界和人类社会的历史中抽象出来的"。但这并不意味着马克思和恩格斯所揭示的规律是可以一劳永逸地解释所有问题的规律,这只有在世界在本体意义上是简单的前提下才是可能的,对此恩格斯明确指出:"概念并不无条件地直接就是现实,而现实也不直接就是它自己的概念"。也就是说,规律与概念在形式上的简单确定性并不代表其所指的具体的现实世界是同样简单确定的，马克思对于这一点也做了强调，认为"具体之所以具体，因为它是许多规定的综合，因而是多样性的统一"。其实现实世界的演化过程，无论是从矛盾运动还是从系统运动的角度，都体现为确定性与不确定性统一的过程。

互联网背景下，这种不确定性还体现在事实数据的负载过量带来的结论的不确定性。世界正逐步进入一个"网络化事实"的阶段，数据量剧增。人们可以通过网络上的超链接，随手获得大量的事实。这就带来一个矛盾，事实太多，人类失去了得出结论的能力，反而比原来更容易出现认知误判。如关于气候变化，某人可以从世界资源研究所收集的数据里，得到全球气温逐渐变暖的证据；但另一个人，完全可能在同一时间，从欧洲动物群物种分布的数据库里找到数据，支撑完全相反的结论。牛顿第三定律讲道，两个物体之间的相互作用力，总是大小相等，方向相反。在网络世界，事实数据同样如此，每个事实都有一个"反作用力"，虽然不一定对，但当诸多事实相互连接，产生相互作用力充斥网络的时候，便会使人们觉得事实不再是"板上钉钉"，不再是"一成不变"，不再是"铁证如山"。人们可以轻易地找到符合自己观点的事实，推翻对方基于"他的事实"得出的结论。从这个角度看，由于网络世界事实的"相互作用力"，基于其推导出的结论存在很大不确定性。

所以，世界是充满"不确定性的"。任何时候任何事件，未来发展的状态相对于我们目前的状态都是非唯一的，其可能性空间大于现实的状态空间。对于思想政治教育学科的理论和实践，更是如此。我们在研究思想政治教育视域中的任何事件的未来发展时，要意识到由于研究者和从业者的认识能力有限，应不断遵循世界的"不确定性"规律，在今天与未来的交界之处不断搭建更加符合复杂事物系统变化规律的方法之梯。而人工智能技术的不断推进，可以使我们在研究思想政治教育时，拥有相对更加大体量的数据和信息，并通过其强大算力，帮助从业者更全面地、更接近客观地发现思想政治教育中的规律，在应对思想政治教育过程中的复杂问题和现象时，能够更有抓手、更具依据。

2. 中国进入数字化、信息化、网络化发展快车道

中国进入数字化、信息化、网络化发展"变轨超车"的关键时期，体现在"数字经济"成为经济发展新动能、"数据强国"成为政治运行新手段、"网络驻民"成为社会进步新样态。

（1）"数字经济"成为经济发展新动能

2019年爆发的疫情波及全球，给世界各个国家带来异常严重的影响，对我国人民的经济和工作、生活也产生了重大的冲击。而恰恰在这个阶段，人们的工作和生活场景开始出现由线下至线上的推进和转变。21世纪以来，互联网、大数据、云计算、人工智能等崭新技术不断发展创新，一场范围更广泛、程度更深刻的科技革命和产业变革正在全球兴起。以关键数字技术创新应用为基础的数字经济，不断以崭新的发展模式、变化的行业样态和更新迭代的技术理念深入渗透至我国经济社会发展的所有过程之中，正成为改变中国生产要素、重建中国经济结构、重塑中国市场竞争格局的巨大动力。党中央着眼国家经济发展全局，从战略高度不断推进我国经济数字化进程，是着眼高质量发展的重大部署。

数字经济是人类社会发展的一种新经济形态，数字化的知识和信息是核心要素，其最关键的动力是通过高效利用网络信息技术提升生产效率和重塑经济结构。我国发展数字经济的意义是使国内外经济循环更加畅通，推进我国现代化经济体系高质量发展，构建国家新发展格局，抢占世界经济发展制高点。

习近平总书记说："要不断做强做优做大我国数字经济。"[①] 党的十八大以来，我国数字经济从发展到与世界先进国家同一水平，再到如今在一些领域"领着世界跑"，可谓发展迅猛，成绩卓著。其一，我国数字产业化量质并提，我国数据要素的产业化、商业化和市场化进程不断推进。数字产业飞速发展，不断增大体量，扩大规模，并涌现出了大批新业态。其二，我国产业数字化转型提速疾跑，"数字技术+实体经济"融合创新的步伐不断推进。随着我国人工智能技术的研究取得突破，数字技术开始深度融合经济社会各个领域，在经济各领域开辟出了各种智能应用的新场景，不断推进我国产业升级、经济结构和发展模式的转变。

党的二十大召开后，从舌尖到指尖、从田间到车间、从海域到陆地、从地面到天空，中国人民生产生活的每一个场景，都将被数字赋能。数字化和智能化技术也将融入包括思想政治教育在内的各个学科领域，推动其

[①] 《习近平谈治国理政》第四卷，外文出版社2022年版，第204页。

不断产生剧烈的"化学反应"。数字经济将为思想政治教育实践赋能，为其理论的发展添彩。展望"十四五"乃至更长时期，无论是思想政治教育样态结构的优化升级，还是加快新旧教育手段的转换，抑或是提升和改善受教育者的学习空间和环境，都需要教育从业者精准识变、科学应变、主动求变，辨明数字经济发展的新优势，适应其未来的新趋势，找准其融合创新的新机遇，开拓创新发展的新局面，不断打造"数字智能技术+思想政治教育"的新优势。

（2）"数据强国"成为政治运行新手段

近几年，大数据受到国家顶层的高度重视。十八大以来，我国的信息化建设取得了与日俱增的进展，特别是通信信息技术领域的不断突破，已经为我国大数据的发展奠定了基础。目前，我国大数据技术正在"变轨超车"，从起步期到酝酿期再推进到上升期，使得我国各项事业发展赢得了空前的历史机遇。

其一，中国互联网产业的高质量发展为大数据发展提供了现实基础。"十四五"期间，我国5G网络通信技术领衔全球，互联网产业快速壮大，网民体量已具规模。其二，我国的数字化新型基础设施建设已经在大范围实施。其三，我国拥有一批互联网科技企业引领全球互联网产业，可以充分联结网民和用户，汇集海量数据资源。其四，我国大数据在各行业各领域的应用场景正不断深化和丰富，移动通信、金融、医疗和教育领域都将着眼点转向数据资源的挖掘和应用。

2015年国务院于印发的《促进大数据发展行动纲要》提出未来10年我国实现大数据发展创新的宏伟计划和大数据领域的十大工程。《纲要》指出：要统筹国家大数据发展的应用机制，推动形成权责分明、共促发展的工作部署，对国家数据资源协同一致管理开发。同时设大数据科学委员会提供决策咨询。要修订政府信息公开条例，实施政府信息资源共享共用统筹制度，同时制定法律法规，加快健全互联网个人隐私数据、关键行业领域信息网络系统安全保护。另外，确立大数据市场交易标准原则，将使用中央财政资金，支持大数据核心技术研发，建设数据基础设施等。此外，尽快完善迎合大数据发展时代所需的法律法规和相关制度。以杜绝在各行业出现的隐私泄露、数据清洗等大数据的安全性为题，为大数据在各领域的应用和发展保驾护航。不断深入完善法律监管部门的作为，推动引领数据流通涉及的行业自律，促进大数据应用的规范性和合理性。我国将大数据发展上升至国家战略的层面，不断推进数据强国战略纵深发展。

数据强国战略，凸显了大数据在制定国家战略部署时的重要地位。国家的各个领域，都开始借助大数据为抓手进行决策的制定和执行。思想政治教育领域也必然身处其中，以大数据为依托进行教育创新和难题应对。乘时代之舟，借环境之势，不断在思想政治教育领域进行技术创新和改革发展，才能扣住光阴之弦，不断向前发展。

（3）"网络驻民"成为社会进步新样态

2001年，马克·普林斯基（Marc Prensky）首先使用"数字原住民"一词，意指于1979年后出生的人们。就我国而言，数字原住民特指成长于数字时代的部分国民群体，他们的成长伴随着个人PC和电游，甚至pad以及移动通信设备。譬如当代的大学生，他们伴随着互联网时代而生，甚至步入大学后，已经长时间不再使用图书馆的借书卡，遇到问题时通过如搜索引擎、微信公众号、抖音APP或其他自媒体资源来找寻答案。目前，中国的大学生基本都拥有移动通信设备，并通过它们接触和使用大量的应用软件。这些变化源于数字化软硬件所构建的虚拟空间和崭新的互联网生态系统。较之数字原住民，1979年以前出生的几代人，是从工业时代过渡到信息时代的一代人，他们将现代数字技术视为"工具"，由以前的工业化劳动转变为借助数字技术辅助劳动，这类群体可成为"数字移民"。但数字原住民与其不同的是，他们将现代数字信息技术视为环境的一部分，正如生活中他们离不开"电"一样。他们在数字信息技术的浸润下成长，拥有更广阔的技术视域和更加开放的人生格局。他们的人生见证了新时代中国特色社会主义的繁荣强盛，亲历了国家的新发展格局和经济的高质量发展，更亲眼目睹了中国互联网信息化建设的高速前进，这些祖国的伟大事业潜移默化地影响着他们的世界观、人生观和价值观。

这一代年轻人，是可以权衡"想要什么"与"需要什么"的一代人。他们大多数不用顾及温饱问题，相反，"我想要怎样的自己？怎样的家庭？怎样的国家？"成为他们的灵魂拷问。他们有着强烈的身份认同和爱国热忱，他们不安于现状并迫不及待地要掌控自己的命运，他们将决定着中国人在地球村中的身份，他们也将决定着未来的祖国在世界中的位置。

就思想政治教育的视域理解，"数字移民"在现实世界接受的仍然是权威式教育，思考方式也是权威式的，容易受到群体和权威的影响；而数字原住民接触到的知识更加多元化，因此，他们更容易反思自身，独立判断和思考能力更强。如果思政教师在教育过程中对于这些几乎完全使用数字化语言的年轻一代仍然使用过于老旧的方式,甚至不含任何数字技术特点的内容和语言,一味地灌输和严厉地教化,那么无疑,教育的实效性将大打折扣。

传统的思想政治教育将不再完全适合于当今的年轻人,同样不再完全适合于当今的世界,也不再完全适合当今社会的需求。机器智能时代,尽管人工智能发展得如火如荼,但就思想政治教育而言,对于数字原住民一代最恰切的教育和学习方式是一个需要教育者和被教育者之间良性互动、积极参与和相互反馈的过程,而不是被动地接受、置身事外地观察和沉默地聆听。将思想政治教育内容进行媒介之间的转移并不会让它变得生动有趣,也不会有学习效果的提升。除非使用智能技术整合现有的学习方法,提升教育者传授学习之道。否则,再先进的技术也无济于事。从社会发展的视角看,数字原住民将成为智能时代的佼佼者。伴随着网络信息技术和人工智能长大的孩子,将以最恰切的姿态适应社会发展。信息智能化的时代,数字原住民不断推进祖国自主创新的技术进程,他们奏响的主旋律也将必然成为中国社会发展的崭新样态。

(二)"人工智能+"思想政治教育的中观环境变化

"人工智能+"思想政治教育所处的微观形势开始发生变化:信息论成为思想政治教育的方法论之一,同时,新一代移动通信技术的蓬勃发展为思想政治教育提供了技术红利。

1. 信息论成为思想政治教育的方法论之一

当下,世界正处在一个充满变化的信息时代。信息时代最大的特征便是不确定性。自从 20 世纪之后,世界本身所固有的不确定性,随着信息化革命的兴起,正式被凸显出来。思政教育的过程中,随时随地存在不确定性,令管理者和辅导员纠结的便是大学生突发事件的发生。受教育者每天的心情和情绪都会不断变化,内心产生的愿念也在随着年龄的增长和时空的推移而不断更迭,加之其人际关系的复杂性和周遭环境的交叉影响,投射至思想政治教育对象的身上,加剧了思政教育内容的复杂性和过程的不确定性。这种情况下，有没有一种针对不确定性的特有方法论呢？

20世纪初，概率论和统计学的日趋完善，使得人们得以准确把握随机性。1948年，香农找到了不确定性和信息的关系，从此，为人类寻到了利用信息消除不确定性世界的方法论。随后的半个多世纪，直至今日，信息论仍然是面对不确定性最重要的方法论。

当下，人类的发展到了机器智能的新时代。思想政治教育的思维方法也随着时代的推进而不断发展。面对教育对象每天行为产生的各种数据，大数据思维便是信息论的一个应用；当面对思想政治教育过程中的崭新情境和现实问题时，多重选择和多元信息会令思想政治教育者利用信息思维对信息抽丝剥茧、优化排列组合……信息论在面对今天思想政治教育跳跃式的变化和不确定性时，提供了一系列行之有效的方法论。

具体说来，譬如思想政治过程中，当教育者需要验证信息的真实有效性时，可以采取交叉验证；当有些教育对象的信息我们不可获得时，可以采用等价信息获得相应的效果；当教育者利用人工智能采集了大量的教育数据时，可以采取大数据思维：从细枝末节观察规律，利用先有结论反推原因的逆向思维，通过宏观规律对比细节、找到差异、发现问题的思路，以及通过多个维度的强相关性找到因果关系进而作出决定；在应对思想政治教育日常工作时，应该遵循"奥卡姆剃刀法则"，发现简约的法度，并加以利用；当思想政治教育者要做出重大决策时，要学会利用最大熵原则，不把鸡蛋放在一个篮子里，同时在没有得到信息之前，不做任何主观假设；思想政治教育个体还要理解幸存者偏差以及它形成的原因，并有效利用它让自己的利益最大化，等等。

信息论作为思想政治教育的方法论之一，能够为教育个体赋能。提升其三种能力：一是科学决策的能力；二是放大影响力的能力；三是抓住新机遇的能力。一个人的思维方式决定了他能够走多远。在充满不确定性和非连续变化的世界，信息论提供的方法是最适应时代的发展需要的，能够成为思想政治教育个体解决各种困惑的有力工具。

2. 新一代移动通信技术的发展为思想政治教育提供技术红利

回顾历史，每一次移动通信的发展都会掀起教育的变革。1G时代，国家开始普及九年义务制教育；2G时代，教室里开始有了电子显示屏、投影仪；3G时代，远程教育的发展进程加快；4G时代，各种在线教育和直播平台创业者如雨后春笋。人工智能的迅速发展，离不开先进的 5G 互联网技术的支撑。作为人工智能技术三大基石之一的大数据，要以 5G 互联网为介体传递信息，方能广泛搜集海量数据；人工智能算法也要通过 5G 互联网的数字化传输才能更全面地作用于人们生产生活的方方面面。

5G 的到来，将从根本上冲击以前的思想政治教育模式，带来变革。首先，从学生的角度来看，传统思想政治教育和学习成了一种非常枯燥的过程。其次，利用 5G 的大带宽、低时延特征，通过虚拟现实/增强现实技术（VR/AR）把思政教育理论知识传送到云端，利用其的计算能力，实现虚拟现实/增强现实技术应用的画面运行、展现和声音渲染。最后，通过 5G 网络实时反馈至受教育者终端，学生体验虚拟的沉浸式的学习方式，思政教育虚实结合的教学模式得以实现。

VR/AR 教育，将诠释"学习是一种真实情景的体验"，将充分调动学生的学习热情，学生学习方式从"要我学"，变成"我要学"的主动的交互式学习。因为 VR/AR 初期的高成本，所以起初不会很快的普及。但各类有着先进思想政治教育理念和技术水平，软硬件建设资本充裕的，可率先通过建设 VR/AR 云平台，开展 VR/AR 云化应用，包括虚拟历史课、虚拟概论课、虚拟创客等寓教于乐的思想政治教育体验。

相对于传统教育，VR/AR 思想政治教育，替代了传统的"黑板+PPT"平面呈现知识的方法，而是栩栩如生的三维虚实场景，比如，教育者讲解党的发展史时，用 VR/AR 情景再现的视觉表达方式，使受教育者加深对百年党史的记忆；甚至是共和国历史中我国的两弹一星的试验场面，以及对磁场、原子、核爆炸等学生肉眼看不见的内容，通过 VR/AR 技术都可以可视化的再现出来，让学生惊叹于世界万物的神奇与美妙。当然 VR/AR 自然还可以带来互动性和参与性的游戏化的思想政治教育。此外，基于 5G 新技术，还可以构建线上、线下的教育学习新体验。在线上服务区，受教育者利用手机就可以通过 3D、VR/AR 互动等方式欣赏革命先辈的历史文物或者展览；戴上一副 VR 眼镜，就能参观活灵活现的革命历史博物馆或者惟妙惟肖的世界文化遗产，同时，通过现场直播或 VR 视频，短时间聆听收看思政教育者制作的视频内容。这样，很多思想政治教育相关的文化知识就不知不觉地融入学生的大脑。而这种梦幻的学习场景，以前是根本无法想象的。

VR/AR 互动式、参与式思想政治教育，更本质的是带来教育模式的深刻变化。网络思想政治教育绝不应该是简单地把思想政治课堂上讲的课原封不动地搬到电脑或手机中。网络教育，它的革命性变革就在于，从"One to Many"转变为"Many to Many"，也就是说相互学习。随着网络的发展，尤其是随着5G时代VR/AV互动式、参与式思想政治教育的出现，教育将从一对多的填鸭式，向多对多的知识共享模式转变。大学生的思想政治教师，将不只是讲台上的教师；大学生的每个同学，都会成为灵感激发的对象。这是一种知识共享的境界。这将带来群体智慧、更多的头脑风暴和创新思维火花的迸发。但思想政治教育模式变革的深刻社会影响不是一蹴而就的，而是伴随着5G技术的深入和VR/AR技术的逐步渗透和普及而逐步产生的。

那么，从国家层面而言，教育的痛点是创新型人才的培养。思想政治教育更是这样，在思想和政治上的创新，得益于创新式的教育模式，而5G的到来，将会使得知识的共享和创新模式得以有效地实现。

教育的另一个痛点是教育资源的公平性问题。尽管有好多家长努力想让孩子走一条相对轻松的路，最后却不得不给孩子报各种各样的培训班，只是因为不想让孩子输在起跑线上，因为家长深知，好的教育资源是有限的，地区差异带来的资源配置的差异，是社会发展的必然结果。而由此所引发的教育公平的问题，已经成为我国教育的头等难题。

5G到来之后，有没有可能通过网络使资源得以相对公平地获取或者分配呢？有理由期待，5G时代的低资费、大容量、高速率等特征，将为我国的教育公平提供一种可能的解决方案。

5G到来后，每个偏远地区的学校，都能给学生佩戴一个VR/AR的头盔，他们可以像大城市的大学生一样，对于思想政治理论课有着沉浸式的教育体验，并可以与远在千里之外的老师和学生，仿佛面对面一样，进行实时的互动，讨论时事政策问题。而且学生学习的数据可以实时上传，配合适当的算法与模型，可以实时反馈学生的学习状态，反向指导教师思想政治教育理论课的重点与思想政治教育的进度。希望在5G时代，即使是普通家庭的孩子，也会和其他少数能上清华、北大的学生一样，实时在最短时间内获得最优质的思想政治教育教学资源。这样，就可以有更多的青年人接受思想政治教育，接受文化熏陶和革命精神的洗礼，对思想政治教育的大众化进程大有裨益。

思想政治教育者还可以借助5G连接万物的特征，实现跨组织的知识共享。比如，过去产学研之间的信息是不对称的：搞研究的学者，不在乎市场化；做市场化的企业家，不看重基础研究；至于学生学的，很多时候都与实践脱节。而 5G 时代到来之后，是否有平台把产学研的数据打通？数据驱动下的思想政治教育、科研和应用将会出现新的场景：科研成果转化成应用，应用数据反过来支撑科研和思想政治教育，就会形成闭环，且相互推动，相得益彰，这将使思想政治教育带来莫大的经济效益和社会效益，产生很好的社会效果。

（三）"人工智能+"思想政治教育的微观环境转变

"人工智能+"思想政治教育存在着诸多现实诉求：思想政治教育过程中的归因过程较为复杂，在意识形态领域面临新的形势，教育未来的发展出现了崭新的走向，这使得教育者的基本能力显得愈加重要，同时发现，思想政治教育的底层逻辑与数学有着一定关系。

1. 思想政治教育的归因过程较为复杂

日常生活中，个体为有效地控制和适应环境，往往对发生于周围环境中的各种社会行为有意识或无意识地做出一定的解释，即认知整体在认知过程中，根据他人某种特定的人格特征或某种行为特点推论出其他未知的特点，以寻求各种特点之间的因果关系。归因是指人们对他人或自己行为原因的推论过程。思想政治教育的过程中，无论是对于教育者本身，抑或是对于受教育者，对于某一个教育事件的成败，都会经常存在归因的过程。如在学生思想政治工作中，遇到的各种学生突发事件，辅导员经常会在事发前后思考归纳各种相关信息，试图在不同事件之间找到因果关系。

但教育主体对思想政治教育事件的归因过程，存在如下三个方面现实诉求：

（1）归因过程本身受到多重因素的影响

一是社会视角的影响，由于教育主客体之间、教育不同的主体之间进行归因时的社会视角不同，因而其对行为原因的解释也有明显的不同；二是自我价值保护的影响，即教育个体在归因过程中，对有自我卷入的事情的解释，带有明显的自我价值保护倾向，即归因向有利于自我价值确立的方向倾斜；三是时间因素的影响，即随着时间的流逝，归因越来越具有情境性，人们会将过去很久的事件解释为背景的原因，而不是行为主体、刺激客体的原因。此外，影响归因过程的因素还有主体的能力高低、努力程度、任务难易、运气好坏、身心状态、外界环境等。

（2）无法对不存在的结果进行准确归因

无法对不存在的结果进行准确归因，或者说是对于某个思想政治教育事件为什么不会发生，无法找出原因。假如一件事 B 发生需要 10 个条件，A1、A2、……、A10 共同构成其充分条件，而这 10 个条件中的每一个都是一个必要条件——只要这 10 个条件凑成了，事件 B 就会发生。如果我们找到这样的因果关系，我们就得到了确定性的推理，得到了可重复的成功。如教育个体 1 将这 10 个条件充分满足，事件 B 就成功产生；教育个体 2 异日将这 10 个条件再凑足演示，事件 B 同样会发生。但是，如果某一次，B 没有发生，那么，我们无法归因出哪一个条件没有满足。比如，某位思政教师总能在思想政治课授课比赛中总得第四而无法得第一，如果做归因分析，也许会觉得条件 A1 没有满足，即比赛时出现了紧张心理，内心不够镇定。而实际上可能是条件 A5、A6 没有满足，即没吃上早饭，缺乏能量，同时早上和爱人出现了情绪摩擦，影响了发挥。还有一种可能，就是比赛夺冠的 10 个条件即使都满足了，但还不够，还需要 A11、A12 等更多必要条件，比如选手的状态受到当天天气的影响，等等。但归因主体本身无法获悉这些条件的存在，于是就在 10 个条件内部反复思索和归因。下一次授课比赛时及时满足了已经发现了 10 个必要条件，仍然可能会失败。

所以，"成功是成功之母，而失败不一定是成功之母"。因为如果成功一次，或者多次，或许能够通过归因获得成功的必要条件，从而整合得出充分条件。但如果从来没有成功过，因为每一次失败都可能会由不同的原因造成，如果继续盲目试错，成功的概率也可能很低。思想政治教育过程中，经常有成绩不够优异的学生喜欢做这样的假设：当初高考就是少考了两分，就差这两分，没有能够学到心仪的专业，否则，自己现在一定在学习中名列前茅。该学生大学成绩落后，原因可能有很多，或许是原生家庭关系影响到心态、或许是学习方法错误、或许是人际关系失调造成心理压力等，只归结为"没有考上理想专业"，显然是不合理的。

（3）归因受到多重不确定性因素的挑战

归因理论，更多的是基于确定性原则之上，一定程度上无法处理原因随机性存在的可能。

莱布尼茨和牛顿的时代，理性思维的特征是相信确定性和可预测性，即有因必有果，或是有果必有因。如一旦找到了行星和彗星围绕太阳旋转的原因，那么便可确定，它今朝这样旋转，未来仍然要这样旋转，哈雷彗星离开后，76年后还会再回来。

思想政治教育过程中，正因为相信确定性，相信因果关系，教育者探寻其中的规律才显得有一定意义。比如在高校里，大学生都希望能够遇到一个有爱心的辅导员，因为有爱心的辅导员老师和学生大学四年的心理成长存在因果关系。如果辅导员的爱心指数和学生的心灵成长之间是随机关系，那么很多思想政治工作就失去意义了。

但当思想政治教育步入了当今时代，"确定性"归因面临着重大挑战。一方面，当人们把关于物质本身的规律挖掘到量子力学这一层面时发现结果真是随机的；另一方面，当今国际国内形势风云变幻，多元社会思潮良莠不齐，加之大学生教育成长内外环境复杂多变，决定大学生思想变化的必要条件太过繁复，导致教育者对大学生的教育现象的内在归因无法穷尽其极。当思想政治教育者无法明晰受教育者行为现象背后的原因时，必将导致受教育者行为轨迹的不可完全预期性，所以，才会出现一些大学生心理和行为的突发性事件。

2. 思想政治教育在意识形态领域面临新形势

人工智能具有科技和政治方面的双重属性。其一，技术层面。人工智能需要技术的改进和大体量的社会数据资源。我国足够规模的互联网用户产生庞大的网络信息数据是人工智能发展应用的核心优势。海量数据规模和关键技术的相对滞后，使我国在意识形态领域面临着潜在的巨大风险。譬如，当下全球近2/3的根服务器均被美西方发达国家安置并操控，这些根服务器掌控着更关键的数据库资源，为西方国家的政府和企业进行数据的计算和预测。如此，我国的网民数据，包括网络痕迹、网络偏好、网络舆情及网络思想特征，大概率会被他国掌握，且对此类情况，我国多数网民可能全然不知。其二，政治角度。技术的先进性是人的核心竞争力的外化。弱人工智能时代，其算法的设计仍然需要人来执行，而这则与设计者自身的意识形态和价值理性紧密联系。西方国家在技术上具有比较优势，将人工智能融合嵌入资本领域产生的巨大收益令其更加贪婪，所以可能会通过软渗透方式向我国输出其政治图谋和价值观念。如在"阿拉伯之春"事件中，美国以融资相关技术信息公司为幌子，依靠机器计算技术的先发优势，裹挟其政治意图，用来窃取互联网用户数据，并有针对性地向网民推送其所谓的"民主思想"，妄图破坏他国主流意识形态安全。人工智能技术的深入发展和普遍应用，某种程度上加剧了西方"意识形态终结论"的实施，使意识形态领域的斗争愈演愈烈，成为一场没有硝烟的战争。人工智能技术的发展，使意识形态保卫战变得更加隐秘，从正面的话语交锋转为政治裹挟和思想渗透。"社会历史生活的一种基本的结构，不能设想可以不需要社会生产组织以及与之相适应的意识形态形式"，美西方国家通过人工智能技术转移意识形态斗争的主战场和主阵地，根据互联网用户的行为痕迹和个人偏好，渗透荼蚀我国国民和青年一代的思想观念，使人工智能视域下的思想政治教育面临新形势。

3. 思想政治教育的发展出现崭新走向

"人工智能+"背景下的思想政治教育，较之传统思想政治教育，出现了崭新的走向，呈现出新的特点。

思想政治教育主体性特征明显化。"人工智能+"思想政治教育的主体性特征体现在两个方面：一是教育者的主体性。人工智能使得教育者的教育方式变得更加能动和灵活，突出了人的创造性和情感性，教育者要想取得更有效的教育效果，必须充分发挥主动性和积极性，努力探索机器智能环境下思想政治教育的有效途径；二是人工智能给了受教育者根据自身需要选择和搜寻信息的机会，这激发了受教育者广泛参与教育的积极性，尊重和发挥了受教育者的主体性，同时使教育本身更具针对性。传统思想政治教育中，教育者通常被视为思想权威，对受教育者进行理论灌输。而在机器智能时代，现实社会中的身份、性别和地位等信息都在弱化，人们可以借助网络相对平面化地发表见解，寻求交流对象，这将会颠覆现实社会所奉行的权威意识和等级观念，极大提升人们尊重个体尊严、承认个体权利的文化意识。由此，思想政治教育主客体之间的地位角色差异将会变得平等和弱化。教育者和受教育者的主体性作用将更加凸显。

思想政治教育内容信息传播途径多样化。传统思想政治教育，教育信息多是上级部门统一制定和印刷，由上而下，层层传播，最后由基层受教育者领会学习。教育内容生产手段较为固化，教育信息较为单一，导致教育个体的学习过程稍显生硬，缺乏灵活性。而"人工智能+"思想政治教育，教育传播的自媒体效应更加凸显，除了官方教育部门之外，无论是媒介运营者抑或是媒介组织，或者是每一个教育个体，都可以成为教育内容的传播者。作为媒介组织，以计算机作为服务器，利用大数据分析和算法推荐技术，掌握受教育者的认知偏好，从而在海量思想政治教育内容中，通过人工智能筛选出积极、富有教育意义的思想内容，以受教育者乐于接受的图文形式，个性化和定制化地传递给受教者。教育个体从生活中采集鲜活的信息，利用各种新媒体软件实践并传递着党政思想。如一位人民教师开设自己的微信公众号，将党的二十大后社会的发展变化以图文并茂、生动活泼的形式传递给学生，起到传播教育的作用。

思想政治教育的手段多元化。对受教育者而言，传统的教育方式是学生须在规定的时间内到固定的场所接受教育。而"人工智能+"思想政治教育，学生可以在食堂、公交、校园、商场等任何场所，利用诸如手机、可穿戴设备、微型电脑等移动终端接受教育信息，真正实现教育的碎片化和泛在化。同时，教室可以被包括传感器在内的智能元器件改造升级成为智慧学习空间。在智慧学习空间中，教育者可以借助虚拟现实（VR）、增强现实（AR）、混合现实（MR）等技术，用计算机生成逼真的三维视听，通过适当装置使受教育者自然地对虚拟世界进行体验和交互，实现受教育者的沉浸式教育体验，通过多感官知觉的调动强化和加深对知识的理解。对教育者而言，传统的思想政治教育，大都采用"我说你听"的课堂讲授方式，教育者需要花费大量时间和精力查找各类资料、撰写讲稿并转化为语言表达传递给受教育者。但"人工智能+"思想政治教育，大量的知识性信息都可通过机器进行讲解，很充分地解放了教育者的精力和体力。而思想政治教育者要做的，更多的是对教育对象的启发、引导、互动和鼓励，真正实现翻转课堂的良好作用。

思想政治教育内容的运营化。传统的思想政治教育，将其理解为一种和思想道德密切相关的社会实践活动。随着5G网络技术的发展，思想政治教育的内容，虽仍秉持着思想道德的主题，但内容生产的形式可以探索一种产品化的道路。当下，借助互联网和人工智能，一种新兴的社会分工形式开始形成——知识运营。知识不但有认识和改造功能，而且有创造、增值功能，知识运营是通过对知识系统的组织管理，将知识以产品的形式包装，以知识产品运营的形式，推动经济的增长的一种崭新形式。它是涉及哲学、经济学和管理学三者交叉领域的新型社会分工形式。譬如目前的"得到APP""樊登读书""微信读书"等，都是知识运营的新样态。思想政治教育领域的知识，若以这种新兴的社会分工形式加以探索，可以推进教育内容的大众化进程，同时节省教育资源，降低教育成本，开拓知识边界，丰富知识创见，某种程度上使思想政治教育迎合当下基于5G通信技术的碎片化学习特征。

4. 思想政治教育者基本能力的重要性愈加凸显

人工智能时代，随着5G技术的深入，网络的连接成本越来越低，社会化分工和大规模协作将越来越明显。人们的职业开始出现跨学科、跨行业、跨地域的"三跨"趋势，随之出现了在不同职业之间穿插兼职得游刃有余的"斜杠"青年，他们身怀某一种或者某几种技能，将自己像U盘一样，插到不同的平台上。他们往往一个人同时胜任不同行业领域的几项工作，借助互联网的优势，获得了更多的殊荣。更为重要的是，在人工智能时代，传统职业将会分化出越来越多的新职业，受教育者将极有可能按个人的兴趣和爱好去进行学习或者接受教育，并将其变为技能，将自己的技能发挥出价值，将自己的价值最大化。与过去十年相比，人们身边的机会无疑变得更加丰富多样。但对思想政治教育从业者来说，自身面对的职业形势也开始变得更加严峻，竞争显得更加激烈。

有两个原因导致其职业形势的严峻。

一是随着技术的发展，虽然宏观上人们身边的机会越来越多，但是却不能等同于微观上每个思想政治教育者自身获得的机会变多。因为在宏观机会增多的同时，竞争也开始加剧。过去教育个体的竞争者只限于在本领域，而现在却要与相当体量的跨界者进行竞争。比如说以前认为辅导员只要和同行竞争胜出就可以更好地发展，而如今，在"课程思政"这一大思想政治环境下，每位专任教师都可以在自己的课堂上融入思想政治文化；很多高校采用专任教师担任班主任制度，使得一些专家教授都可以担任"辅导员"的角色，在线上线下对学生进行思想政治教育；在校企合作背景下，一些企业家、管理干部都可以来到学校或者通过互联网直播的形式对学生进行思想政治教育。做个不恰当的类比，这就好比以前的喜剧演员只要在同行中胜出即可，而现在有了《跨界喜剧王》栏目，还要和演员、歌手、运动员竞争。

二是随着人工智能技术的不断推进，机器变得更加智能，甚至可以取代思想政治教育者相当体量的日常教育思想政治教育工作，扮演"机器思想政治教育者"的崭新角色。如以往思想政治理论课教师需要课下精心备课，课上认真传授的诸如历史、哲学、文化等理论知识，现在可以通过人工智能对学生进行有针对性的、个性化的辅导；辅导员日常繁杂的工作中，诸如检查学生夜晚是否回归寝室可以通过区块链技术和人脸识别技术对学生加以定位，日常制作各类工作表格、统计数据等工作可以借助人工智能技术轻松完成。对思想政治教育者而言，其日常繁复的工作多数可以被机器所取代，给其职业发展带来了"双刃剑"效应。一方面，大体量复杂工作的被取代，可以节省精力和身体能量；另一方面，也会有被机器代替而面临失业的巨大压力。

在当今这一宏观机会增多但微观成功概率更小的世界，如果思想政治教育者要想保持旺盛的竞争力，仍然能够努力地"突围破圈"，最关键的便是发掘那些机会更好且自身竞争力更强的领域。这便是需要思想政治教育者强化自己在新时代中的基本能力，即一个思想政治教育者的"基本盘"。

"基本盘"是指那些改不了、夺不走、丢不掉的东西，它是一个人谋求长远、稳健地发展，自身所应具备的内在价值和存在意义，也就是我们的常说的"内因"或"内驱力"。一个国家的长期命运，也不取决于机会和技巧，而是他的"基本盘"。具体到思想政治教育者的长期竞争力，不是财富和人脉，而是他的"基本盘"；只有看清思想政治教育者脚下的"基本盘"，才能使其在 5G 技术迅猛发展的机器智能时代"拨开云雾"，窥见未来。

思想政治教育者的"基本盘"是什么呢？这就要找到人工智能较之于人所不具备的能力，继而超越之。从目前人工智能的发展看，它作为机器，不能具备人类的道德判断能力、情感体验能力、涉身认知能力和自我意识能力。思想政治教育者如若不被取代，应在这四种能力上挖掘出自身的职业潜力。归结一点，便是思想政治教育工作者立德树人的核心能力，包括如思想政治教师驾驭人工智能深入进行科学研究的能力，思想政治辅导员与学生谈心互动的沟通能力和善于发现学生性格特质并将其作为培养方向的特长识别能力等。

"基本盘"可以使思想政治教育者看到自身的禀赋和约束条件，在世界的长期的不确定中，在与机器的赛跑中，思想政治教育者长期坚持自身的核心要素，更加确立自己的优势和信心，让自己无法被取代。

5. 思想政治教育的底层逻辑与数学有关

思想政治教育学是一门指导人们形成正确思想行为的科学，它以人的思想行为形成变化的规律，以及实施思想政治教育的规律作为自己的研究对象。其中人的思想、观点和立场的转变以及人生观、世界观的形成规律是研究的重点。思想政治教育学是一个复杂的网络系统，它的研究对象包括人的生理、心理因素，研究"需要—动机—行为"的发展过程，揭示人的自身思想、行为的发展规律；研究普遍联系、错综复杂的社会因素与教育对象的人生观、世界观的形成发展的关系；研究人的思想行为活动的规律；研究实施思想政治教育的规律；研究思想政治教育的管理体系和领导职能。

思想政治教育对象的生理和心理因素，包括其思想行为的客观规律，均和数学有些密不可分的关系。函数，既是对客观世界由静态到动态、由个别到趋势的反映，又告诉教育对象如何通过公式理解因果关系；向量代数，告诉教育对象"方向比努力更加重要"；微分，使得教育对象学会如何从宏观变化了解微观趋势，同时理解人生"奇点"和"连续性"的真正含义；积分，教会教育对象如何从微观趋势了解宏观变化；伯努利试验教诲教育对象如何理解随机性；高斯分布反映了大概率事件的深刻意味；古德—图灵折扣估计告诉教育对象"黑天鹅"事件是否可以防范；零和博弈让教育对象找到竞争双方的平衡点；纳什均衡教会教育对象共赢的大局观。

思想政治教育关系到教育对象的世界观培养，而哲学是关于世界观的理论体系。当今世界上完善自洽的哲学体系，多数是因为受到了数学思维的启发：如笛卡尔的科学方法论和理性主义哲学思想；莱布尼茨的因果时空观和对离散世界的理解，等等。其实都是借鉴了数学中建立公理化体系的方法，建构了自己的哲学体系。而这些数学方法，一旦上升到哲学层面，就成为认知上通用的方法，并对后续更多哲学体系的形成造就了更大的影响力。马克思和恩格斯为了无产阶级解放这一崇高目的，在创建马克思主义理论的过程中，刻苦钻研数学，通过对微分和积分等数学知识的运用，深刻地揭示了资本主义经济规律，写出了《资本论》等辉煌巨著。他们在研究社会科学时，还探讨了数学本质，写出了富于创见的《数学手稿》等数学论著。马克思主义和数学相得益彰，是哲学、政治经济学理论与数学有机结合的光辉范例。

此外，对思想政治教育个体良好行为方式和思维习惯的养成教育，通常教会教育对象在完成复杂工作时，要想缩短工作时间，提高工作效率，需要缩短在关键路径上花费的时间，这便是利用了图论、线性代数等数学工具，从整体上改观现有系统效率的运筹学思维。又如研究思想政治教育管理体系的过程中，建立的愿景和使命、价值观和文化这三大"管理学公理"，决定了教育管理体系中的可为和不可为。这三个管理学准则正如几何学中的公理，在此基础上衍生出的其他管理学理论，都可视作对定理的推论。再如对中共党史的研究，也需用到数学的思路，即归纳和演绎的方法，构建出逻辑自洽的知识体系，从而对教育对象进行思想灌输和唯物主义历史观教育。

（四）"人工智能+"对思想政治教育的赋能

人工智能与物联网、虚拟现实、云计算、区块链、大数据、脑机接口、6G、量子计算等技术的深度融合，是支撑思想政治教育"大厦"的硬核智能技术，将推动思想政治教育在更深层次上转型，助力思政教育环境智慧化，思想政治理论教学虚拟场景逼真化，思政教育资源共享化，思政教育数据处理智能化，思政教育评价系统精准化，思政教育程度深透化，思政教育效率高能化和思政教育进程迅捷化。"人工智能+"技术的落地应用，将加快推动思想政治教育均衡发展，创新人才培养模式，改革思政教学方法，提高教育质量，提升教育治理能力，促进教育公平。

1. "人工智能+"物联网助力思想政治教育环境智慧化

物联网（Internet of Things，IoT）是通过信息传感设备与互联网连接起来，把所有物品进行信息交换，即物物相息，以实现智能化高级服务。[1]"人工智能+"IoT 在思想政治教育中具有巨大的应用潜力，主要体

---

[1] 吴明娟、陈书义、邢涛等：《物联网与区块链融合技术研究综述》，《物联网技术》2018年第8期。

现在五方面生态环境的应用。一是课堂思政教育教学环境。能够促进课堂思政教学，改善现有的学习方式和学习环境，实现生与生之间、生与机之间的交互，为思政教育教学提供智能化课堂思政教学环境；二是课外学习环境。用于课外学习，打破现有的地域框架和时间限制，并随时调整思政教育教学结构，并支持学习者移动学习、学生个性化学习和课外研究泛化学习等，学习者能够按照自己兴趣与爱好、价值观等选择适合的学习方式、学习内容，满足学习者个性化、多样化的需求和发展，促进学生能力提升；三是思政教育教学生态数据采集。运用传感器+定位技术，实时捕获学生的学习动态信息（包括时间、地点、内容、状态、环境等），可以及时推送适应性学习资源、实验、工具和服务；四是体质健康监测。体质监测传感器可以获取学生生命体征（体温、脉搏、血压、心率等）的动态数据，以构建区域性的乃至全国性的大学生体质健康数据库；五是思政教育管理环境。将使得供给侧的"资源竞争"转变为"协同合作"，使得中心组织由直线垂直型管理，转向为"去中心化"和"泛化"管理。

IoT 的基础功能是采集信息。信息采集是利用"传感器+电子标签"等方式完成，采集点的环境参数由传感器来感知，感知的信息由电子标签来标识，标识后的信息经 5G 上传至网络信息中心存储，再用智能技术对感知数据分析处理，最后实现智能控制。"人工智能+"IoT 融合于思想政治教育，将使得 IoT 的功能游刃有余，其与教室互联应用结合，增强学习和思政教育教学场景体验，助力思政教师减轻繁杂工作压力，转换课堂角色，集中精力专注于学科和专业的发展，提升创新思维和智慧思维能力。[①] 另外，对以下部门管理提供智能服务：教室设备、仪器设备、实验器材、图书馆、保卫安全、出勤考核等。将颠覆传统管理服务模式，助力效率和质量的全方位提升，有力推动思想政治教育迈向"万物互联"的智能化时代、实现智能管理的智慧化校园。

"人工智能+"IoT 在智慧党建中具有巨大的应用潜力，主要体现在三方面：一是改善党的理论知识传递的客观教育环境。如在校园基层党支部学习型组织建设中，通过纳米技术和智能技术，改善党建理论知识传统的教育方式和教育环境，实现党建教育对象之间、人与机之间的交互，结合

---

① 张海燕、周海涛：《人工智能与思政教学的交集：历程检视与路向选择》，《当代教育科学》2020 年第 5 期。

增强学习和知识场景体验，提升创新思维能力，助力党的理论知识传授者减轻工作压力，为党的理论知识的教育普及提供智能化空间。二是优化虚拟空间的党建知识学习环境。利用传感器技术和无限射频识别技术等元素，构建智慧党建虚拟学习平台，打破现有的地域框架和时间限制，随时调整党建知识结构，支持党员移动学习、个性化学习和泛在化学习等，党员能够根据个体之间差异性的求知欲和学习习惯选择适合自己的党建知识和其习得方式，满足党员个体对党的理论知识、政策方针、形势时局等个性化、多样化的信息需求和发展。三是完善党建过程中的管理环境。将基层党组织中的直线垂直型管理，转向为"扁平化"和"泛化"管理。如利用人脸识别技术实现"口袋党员"的组织回归，利用传感器技术实现党员历史档案的数字化追踪等，颠覆传统的管理服务模式，助力党建效率和质量的全方位提升。智慧党建将在"人工智能+IoT"的环境中，走向万物互联的新时代。

2. "人工智能+"虚拟现实实现思想政治教育内容场景虚拟化

虚拟现实（Virtual Reality，VR）是用计算机生成逼真的三维视听，通过适当装置使人自然地对虚拟世界进行体验和交互。VR 是模拟的虚拟场景，把人的视觉和意识带入一个虚拟的世界，人所看到的一切全是假象，本质上是一种创建和体验虚拟世界的计算机仿真系统。[①] "人工智能+VR/AR/MR（虚拟现实/增强现实/混合现实）"在思想政治教育领域运用中，VR 技术将提供传统思政教育教学难以达到的场景，模拟不受时空限制的实验操作，使受教育者零距离反复获得真实体验感知。增强现实（Augmented Reality，AR）在真实环境上叠加虚拟世界（虚实结合技术），是数字化信息和真实世界的融合，但能区分虚拟和真实的物体。AR 技术通过移动云教室结合 VR/MR，建立一种合作学习的新方式。混合现实（Mix Reality，MR）是无缝对接虚拟现实而产生的新可视化环境，在新环境内物理和数字对象共存并实时互动，合并后的虚拟和真实物体很难被肉眼区分，显示的虚拟和真实物体效果可使虚拟场景更加逼真且不容易被辨别，但其单独不能增强学习体验，须与 AR 结合。AR/MR 能使情境化学

[①] Wynn G, Lykoudis P, Berlingieri P: *Development and Implementation of a Virtual Reality Laparoscopi-c Colorectal Training Curriculum*, *The American Journal of Surgery* 2017 年第 11 期。

习变得无处不在，亦具有了解学生特殊需求的能力，并不断为其提供所需信息，还具有助力教师获取和反馈每个学生的数据信息，彰显了它在思想政治教育领域的实用价值。

VR/AR/MR 具有"体验与训练""创作与交流""探究与矫正""游戏"等多项教育功能。将充满乐趣的技术融于思政课教学环节中，提高学生的学习兴趣和学习效果。[①] 当前 4G 的低带宽、高延迟使得思政课教学资源图像处理与传播受限于二维的图像、文本、动画、声音、视频等形式，给学生带来不佳的体验。有些学生面对较昂贵的流量费，不得不离开 Wi-Fi 环境舍弃了部分思政课教学资源，个性化、差异性学习的需求不能被充分满足。5G 技术高于 4G 十倍以上的传输速度，改善了 4G 网络 VR/AR/MR 场景中的卡顿，长时间使用头盔显示器使用者头晕的问题，能够使学习者具有身临其境、与世界零距离的真实感知体验。[②] "人工智能+"VR 技术运用，大大缩短高带宽视频下载的时间，实现低延迟与 VR/AR/MR 运用中的高吞吐量。扩大思政课教学视频的容量，使虚拟现实真正成为课堂上的有效工具，让学习者体验到仿佛与远程学友同坐在一个教室共同学习，为偏远地域的学生提供远程教育服务。

"人工智能+"虚拟现实在思政教育领域的具体运用中，VR 技术将提供传统教育难以达到的场景，模拟不受时空限制的操作，使受教育者零距离反复获得真实体验感知，AR 技术通过移动云教室结合 VR/MR，建立一种合作学习的新方式，MR 显示效果可使虚拟场景更加逼真且不容易被辨别，但其单独不能增强学习体验，须与 AR 结合。5G 是低时延的原生平台，高于 4G 十倍以上的传输速度，改善了 4G 网络 VR/AR/MR 场景中的卡顿，可有效解决学习者使用可穿戴设备时产生的晕眩感受，能够使党员群众在学习党史或党的理论知识时获得身临其境、与世界零距离的真实感知体验。如在对党员进行嘉兴南湖的"红船精神"教育中，虚拟现实技术可在党史学习者的面前再现 1921 年在嘉兴南湖的一条画舫船上通过中国共产党的第一个纲领和决议时的历史场景。用情境再现的视觉表达方式使得学习者对这段历史产生感同身受的体验和无法磨灭的记忆。此外

[①] Kim T J, Huh J H, Kim J M: *Bi-directional Education Contents using VR Equipme-nts and Au-gmented Reality*, *Multimedia Tools and Applications*, 2018.

[②] Ladwig P, Geiger C: *A Literature Review on Collaboration in Mixed Reality*, *International Conference on Remote Engineering and Virtual Instrumentation*（REV），2018.

"5G+人工智能+"赋能的虚拟现实技术，亦具有了解党员学习者特殊需求的能力，并不断为其提供所需信息，还具有助力党的知识传授者获取和反馈每个学习者的数据信息的功能。

3. "人工智能+"云计算促进思想政治教育资源共享化

云计算（Cloud Computing，CC）是互联网以服务方式提供的应用程序，是数据服务中心硬软件计算资源的共享池，是一种分布式计算范式。它具有快捷地访问各类计算机，并开发、存储应用程序的虚拟化资源的功能。不仅让用户共享资源，也能随着用户资源需求变化重新匹配和存储。[①] 移动云计算（MCC）的"高移动性、高数据速率、高集中化管理服务"的性能将是 5G 网络架构的重要支撑。MCC 的快速发展，为移动学习提供了更多服务。5G 容量的大幅扩大，为移动学习的广泛应用提供新契机，解决了移动终端储容量小、分辨率低、计算处理能力有限的难题，提升了 MCC 服务的功能。《教育信息化规划》提出了"采用云计算技术，建设教育云服务平台，整合优质资源，实现教育云信息资源的共建共享"。[②] 教育云平台将为师生思政教育教学互动、学校管理、家长监督等提供无缝的教育云服务。

"人工智能+"CC 应用于思想政治教育领域，使有限移动终端的资源大幅提升，将为师生提供资源共享和个性化的四个方面服务。第一，提供数字化学习服务。为计算机密集型任务或以网络大规模（MOOC 在线平台）的数字化学习提供服务，亦能提供各种网络应用程序用于支持各种学习场景，是一个为师生学习布置实验室或提供其他思政课教学场地的智能计算资源；第二，为教育发展动向和热点的变化提供服务。对思政教育教学数据进行收集整理、分析汇总，快捷地捕捉师生个人兴趣走向，宏观分析教育领域及相关领域学术前沿信息和发展方向，及时更新云平台的信息资源，保证学习者所需知识的实时性和前沿性；第三，提供精准个性化服务。由"以资源为核心"向"以师生为核心"的服务转变，针对不同师生需求，跟踪服务、精准服务、知识关联服务，提供不同的个性化服

[①] 祝智庭、魏非：《教育信息化 2.0：智能教育启程，智慧教育领航》，《电化教育研究》2018 年第 9 期。

[②] 杨现民、余胜泉：《智慧教育体系架构与关键支撑技术》，《中国电化教育》2015 年第 1 期。

务；第四，提供云平台智能管理能力。云计算与大数据交互，整合数据资产，形成易更新管控、分析型的数据管理平台，实现师生自服务、多元化开发应用支的松耦合、可异构的基础数据和应用数据两级管理层次。[①] 教师通过云计算将教育资源存储于云端服务器，统一管理与共享教育资源，学生通过网上终端设备，便可获取所需的教育资源，也能与他人分享资源，实现教育资源的开放、共享与统一管理。

"人工智能+"CC应用于党建领域，将能为计算密集型任务或以网络大规模的数字化应用提供服务，从而使得党群互动更加高效化。利用"人工智能+"云计算的强大能力，计算和措置收集到的党务信息，以党务报告的形式精准地提供计算处理后的有效信息，提供参考依据供上级党组织进行重大决策。使得上级党组织对基层党组织进行监督管理、具体指示，对重要党建工作做出精准有力的决策部署；群众对党代表提案提议进行信息的网上获取和审阅、办理进程的网上监督，群众通过网络平台参与社会调查、评议评断、舆情集取、意见反馈、献计献策等多种多样的网络问政活动，均可通过"人工智能+"云计算进行计算处理，从而使党群上下之间的沟通互动变得更加便捷和高效。

4. "人工智能+"区块链推动思想政治教育数据处理智能化

区块链技术（Block Chain Terminal，BCT）是指按时间顺序排列的数据块式结构，是一种硬件设备和服务的生态系统。具有"可靠性""分散性""安全性""数据共享"等功能。BCT技术将激发"人工智能+"在思想政治教育应用的潜能。将在学生学籍管理、学生信息账本使用、智能合同方面发挥效能。一是学生学籍管理。在学生学籍（成绩单、各种证书、身份管理、智能合同）与MOOC平台方面运用该技术，为教育评估、学生学位信息存储和管理提供服务。二是学生信息账本。将所有学生在校受教育信息与本人身份ID匹配，每位学生的宏观教育背景、微观学术行为、课堂学习考勤、阶段学习成绩、知识技能、兴趣爱好、个性特长等各方面资料数据都将被集成到区块链的分类账中。[②] 三是网络智能合同。网络智能合同实质是模拟真实合同的计算机协议，基于区块链的智能合同，

---

① 邢丘丹、焦晶、杜占河：《基于云计算和大数据的在线教育交互应用研究》，《现代教育技术》2014年第4期。

② Lewis J A：*How 5G will Shape Innovation and Security：A Primer*，CSIS 2018年版。

可以简化合同条款，促进谈判进程，履行和验证合同执行的状态。① 与传统合同比较，其极大提高了合同公平性和执行力。

"人工智能+"BCT融合于思想政治教育，将极大提升学生动态性学习行为变化的数据处理能力，依据大数据的储存、计算分析，实现智能化思政课教学评价、智能学生管理、智能合同运用，减少教育应用中的资金耗费，打造新兴技术赋能的智能教育。基于5G赋能的智能技术，正在架构一个全新的智能思想政治教育生态环境系统："智能教育平台"的基础设施。促进物理与数字两个世界的融合，为思想政治教育人才培养和数字治理构建一个融合智能技术数字化教育生态环境；师生信息存储平台（Learning Recording Store，LRS）。② 基于学习存储平台的记录，助力师生设计思政课教学内容和模式，分析师生的学习风格、行为模式，以实现个性化的应用学习；区块链成绩单。该成绩单能够展示学生做过什么、有什么兴趣爱好和技能特长，所学课程的性质和内容、考试类型、完成的作业量、独立或团队完成的项目，有助于用人单位在技术赋能环境下，从众多不同的思政课教学机构中，精准选择对口人才；教育资产和成果的保护。区块链上的安全性与可靠性功能，将安全保护教育资产与科研成果的版权，从源头上解决知识产权失窃问题。③ 另外，可以将学生考试成绩单、学历证书等存放于区块链，防止个人档案重要信息丢失或被恶意篡改，构建安全可信的学生信息资源体系。

5. "人工智能+"大数据增进思想政治教育评价分析精准化

大数据（Big Data）是一种源于互联网，对大量多样化资料在一定时间内进行处理分析，筛选出有实际价值的信息数据集合。大数据具有为我国思想政治教育创新提供参考依据的功能。"人工智能+"大数据会实现互促发展和引领作用。具体效能为：一是总体样本分析。大数据在统计学中称总体样本，智能分析借助于大数据将对所有学习者运行轨迹进行全挖

---

① 吴邱涵、胡卫：《基于SM2算法和区块链的移动端身份认证协议设计》，《网络与信息安全学报》2018年第9期。
② 杨现民、李新、吴焕庆等：《区块链技术在教育领域的应用模式与现实挑战》，《现代远程教育研究》2017年第2期。
③ 胡卫、吴邱涵、刘胜利等：《基于国密算法和区块链的移动端安全eID及认证协议设计》，《信息网络安全》2018年第7期。

掘、全记录，使学习者个体细节和个性具体特征清晰可见，智能生成学习者的全样本风貌；二是差异化描述。大数据不仅能记录学习者的整体信息，而且对个体的行为数据精准记录与分析，促进人机协同，智能强大的筛选功能，将分层分类进行学习者的数据呈现，把握个体差异，对个体特征精准画像；[1] 三是预测性分析。基于数据挖掘，建立数据关联，建构数据模型，科学研判事件的发展态势，把握行为的发展方向，掌握教育规律，提升思想政治教育的前瞻性、预测力、预判力。

"人工智能+"大数据协同作战，将会实现师生互动和数据化评价。大数据平台上具备了"学习、答疑、测评、互动"四位一体的学习功能。学生登录平台可享受"自主学习、课程复习、在线交互和自主测评"的智能服务。[2] 大数据将记录和跟踪学生学习的全过程，教师能实时了解学生的学习方式和兴趣爱好，对学生的行为和学习智能记录分析，为学生量身制定个性化学习方案。智能化思政课教学评价，思想政治教育一直倡导开展的形成性思政课教学评价，其主要依据是要不断获取反馈信息，依据信息数据不断改进思政课教学，然而这种评价对思政课教学每个细节的追踪较难，影响评价结果的精准性，大数据融合区块链技术将有效解决形成性评价这一最棘手的问题。5G 在云端和终端间衔接、配合和互补，为人工智能提供通信基础设施支撑，运用大数据将跨界融合源头多样、内容丰富、结构复杂的海量思政课教学信息，再转化为直观可视的数据，精确的量化分析、直观的数据呈现是智能评价思想政治教育的保障。

"人工智能+"大数据会实现党建工作分析的精准化。具体效能为：总体样本分析。大数据在统计学中称总体样本，智能分析借助于大数据将对所有党员的行动轨迹进行全挖掘、全记录，使党员群体的共性细节和共性特征清晰可见，智能生成党员日常生活中的全样本风貌；差异化描述。大数据不仅能记录党员群体的整体信息，而且能够对每个党员存在的个体差异的行为数据精准记录与分析，促进人机协同，智能强大的筛选功能，将分层分类进行党员个体在特定坏境特定行为的数据呈现，把握个体差异，对个体特征精准"画像"；预测性分析。基于数据挖掘，建立数据关

---

[1] 张学军、董晓辉：《人机共生：人工智能时代及其教育的发展趋势》，《电化教育研究》2020 年第 4 期。

[2] 胡国良、黄美初：《"5G+AI"视域下智慧学习空间的构建研究——基于开放大学的实践探索》，《远程教育杂志》2020 年第 3 期。

联、建构数据模型，将科学研判社会事件的发展态势，把握社会群体性行为的发展方向，掌握党员群体行为的宏观规律，提升党建的前瞻性、预测力、预判力；可视化分析。"人工智能+大数据"协同作战，5G在云端和终端间衔接、配合和互补，为人工智能提供通信基础设施支撑，运用大数据跨界融合党员学习教育、党员管理、党员服务等源头多样、内容丰富、结构复杂的海量信息，转化为直观可视的数据，为新时代的党建工作提供精确的量化分析、直观的数据呈现。

6. "人工智能+"脑机接口促成思想政治教育程度深透化

脑机接口是在人脑与计算机或其他电子设备之间建立的直接的交流和控制通道，通过这种通道，人就可以直接通过脑来表达想法或操纵设备，而不需要语言或动作。它是一种全新的技术，囊括了脑科学、神经科学、材料科学、心理学和计算机科学等多个学科的研究，高度依赖这些学科的协同进化。脑机接口技术，使得人和机器之间的关系，由"人机协同"更进一步，发展为"人机融合"，真正将机器当作人脑的外延部分，可使人类绕过语言，建立一个能让大脑和外界直接沟通的全新界面。实现人的意识和客观世界的有效连接和控制。比如：用意识操控机器、移植记忆、用机械骨骼代替人体以及全面提升大脑的算力等。目前，这一技术正在深入地发展。"人工智能+"时代，它将借助于5G网络的快捷化和人工智能技术的精准化，在思想政治教育领域得到有效应用，使思想政治教育的程度更加深透。

（1）改善：改变思想政治教育个体的精神状态

思想政治教育的过程，常常要求教育主客体之间都能够拥有一个积极投入的心理状态。教育者全情投入，才能更好地将知识传递给受教育者；而受教育者精力集中，才能够更有效地接受来自教育者或者智能机器的大量的信息和知识。这些，都涉及注意力的分配问题。但经科学研究，注意力的集中需要更强的意志力和大脑的能量维持，所以，思想政治教育的过程中，常常会出现，教育个体因为需要长时间传授或者学习知识经验，而出现精力供给短缺，身体能量下降而造成的过于疲惫的现象。而脑机接口技术，可以迅速改善教育个体的精神状态，帮助他们集中精力，达到心流体验。人在放松的状态时，大脑处在 α 波，而人在轻度睡眠时，大脑会释放低频和缓的 θ 波，而如能探测到大脑恰好处在 α 波跟 θ 波的边缘，被试就能够进入心流状态了，即获得心流体验，这是创造力迸发的时刻。而脑机接口技术可以用来辅助"心流体验"状态的形成。其实最早这种辅助是"被动"的，脑机接口一般用来采集脑电波、分析频率，判断你的大脑是不是处于心流状态，却没有指导大脑该怎么活动，怎么进入心流状态。所以有了辅助的脑机接口，还是需要经过注意力训练，包括冥想或其他方法，才可以涌现心流。近几年，科学家在找寻"主动"激发心流的方法，即通过反复刺激的方式刺激普通人达到心流状态，普通人也可以像长时间的修行者那样，熟练地进入到心流的状态了。脑机接口技术通过采集脑电信号，分析大脑状态，可以监测受教育者的大脑。而最新的研究表明其已经可以通过刺激大脑，使教育个体进入专注度非常高的心流状态。这一技术应用于思想政治教育过程中，可以有效改善教育主客体双方在教育过程中的注意力问题，使其能够有一个积极的充满能量感的精神状态。

（2）增强：提升思想政治教育个体的大脑算力

思想政治教育学科，以马克思主义为理论基础，有着对教育学、心理学、管理学等多个学科门类的理论借鉴。思想政治教育的内容，包括诸如世界观教育、政治观教育、人生观教育、法治观教育、道德观教育等多个方向。如此宏大的教育体系，对教育个体的大脑吸收和运转能力提出了较高标准的要求，毋庸置疑，大脑算力较差，从事和接受思想政治教育的效果就会受到一定程度的影响。而未来脑机接口技术，将会提升思想政治教育个体的大脑算力。

其一，可以利用人工智能芯片实现对海马体的复制，即可以将记忆备份。人脑中的海马体负责记忆功能。人要长久记住一件事，一定要靠海马体把短期记忆转化为长期记忆才行。所以海马体更像是大脑里的记忆程序员。每当一条短期记忆要被转化为长期记忆的时候，它会对这些短期记忆进行编码，然后输出一条长期记忆密码给大脑，大脑一看到这个密码，记忆就被长期保存下来了。而随着人工智能技术的飞速发展，更多的科学家开始尝试着用脑机接口技术来实现记忆复制，甚至未来增强人类的记忆。这些实验让更多思想政治教育的从业者设想，如果记忆都可以用芯片的方式备份和储存，那人类的意识、情感如果也和记忆一样能够被转化为电子信息，储存在芯片中或者上传到云端，那么，是否意味着，思想政治教育界的先驱和做出过卓越贡献的政治家和教育家等老前辈，是否就可以在数字世界实现永生了呢？另外，我们是否就能够从这些专家的记忆芯片中获得更多认知世界的间接经验，甚至更直接地体验到他们思想认知提升过程中的各种内心情感体验，无疑这将对思想政治教育个体的专业学习带来很大裨益。

其二，脑机接口可以给人类进化出"数字化第三层"，使人类可以拥有人工智能的存储能力和运算速度，随时调取存储在计算机和云端的庞大知识信息。"数字化第三层"的概念是对照大脑目前的两层结构提出的。最早大脑只进化出边缘系统，掌管着欲望，这是第一层。后来大脑慢慢进化出大脑皮层，掌管着理性，这是第二层。而借助脑机接口技术，可以在人类物理大脑的基础上，衍生出数字化的第三层大脑。"数字化第三层"，集中体现了人类和机器智能的深度融合，即将现阶段的手机、电脑等增长人类智能的数字设备，直接与人类的大脑连接在一起，使其成为新进化出的大脑结构，掌管数字智能。对于思想政治教育而言，"数字化第三层"的实现，可以使任何一个教育个体随时随地通过5G网络与人工智能机器相互连接，获得只有机器中才能海量存储的大体量教育知识讯息，尤其是对中国共产党历史和"四史"知识的海量迁移，可以加深学习个体对党的光辉历史的深刻理解，增加对中国共产党的拥护，凝心聚力，更有助于形成团结的力量；每个教育个体都能成为博古通今的专家学者，推进思想政治科研工作的纵深发展。

（3）沟通：实现思想政治教育个体的"脑脑交互"

传统思想政治教育过程中，诸如国家的大政方针、习近平新时代中国特色社会主义思想、马克思主义哲学等，更多的是由上至下的"灌输式"教育和传播；而到了"人工智能"时代，思想传播更多地体现出去中心化、碎片化和平面化的趋势。但这两种教育传播方式，因为都要诉诸语言的传播，都不可避免地存在着因为传播者对思想讯息的理解差异而出现的信息传播的损耗和误差现象。而后"人工智能"时代，借助脑机接口技术，将可以实现思想传播的"脑脑交互"，极大程度避免思想传播的信息损耗。

"脑脑交互"可以使教育个体之间的信息传播不再借助语言，而是在人脑之间通过大脑中接入的智能芯片互相传递信息，实现"你一想，我就懂"的过程。语言的带宽非常低，计算机宽带的传播速度大概是语言的20多万倍。也就说，如果你想传输一个大小是2个G的文件，用说话的方式，要把这个文件的所有信息说给另一个人听，可能要几十天，但通过计算机传输，几秒就能完成。所以，人类使用的语言和机器使用的代码是完全不同的沟通方式。作为非常不同的沟通界面，"脑脑交互"的确可以有显而易见的好处。脑机接口能大大提升人们之间交流的速度和信息量，这是效率的提升。加上能消除误解，人与人之间无法理解的情况也会大大降低。而最关键的是，"脑脑交互"不仅改变了沟通低效和高误会的问题，还给人类协作方式也带来了根本性的改变。

思想政治教育可以尝试借助脑机接口技术来实现"脑脑交互"，在教室里上课和在会议室里开会的场面将被取代。因为所有人的信息都可以快速交换，你能快速向很多人发送你的想法，也同时能接收来自很多人的各种想法，其中包括国家的基本国情、党的基本理论等，教育个体的大脑可以快速理解、反馈，真正地实现了信息的无障碍共享，完全的智能协同。这样，教育个体可以更全面深入和准确地理解党和国家的政策路线，更有利于其世界观、人生观、政治观、法治观和道德观的形成。同时，在不同教育个体思想信息的迅速交互传播中，还可能出现"1+1>3"的信息涌现效应，有助于人类崭新智慧的形成和出现，推进思想政治教育学理论和实践的崭新发展。

7. "人工智能+"6G 促使思想政治教育效率高能化

我国继率先研发出领先全球的 5G 网络技术后，又"百尺竿头，更进一步"，正在和美国竞相研发 6G 网络技术。要实现 6G 网络技术，需要全新的天线技术、信号增强技术、频谱共享技术，同时也需要使用人工智能技术来识别网络，实时调整通信方式。在基站和通信枢纽上，计算量也会非常大。毋庸置疑，6G 网络技术环境下，思想政治教育也将更加高效。

6G 技术能够支持更多维度的虚拟现实。多维度的虚拟现实，不仅能够看 3D 图像，而且能够实现更多维度感官信息的传输，如嗅觉、味觉、触觉信息的传输。未来的思想政治教育课堂，当教师在讲授新民主主义革命历史的时候，学生甚至可以通过虚拟现实技术，体会到延安窑洞的冷暖，体会到红军长征时吃草根时的艰涩，还可以闻到解放战争时战场上的火药味道，等等。这种多维信息环境的营造，可以使学生获得多感官投入的沉浸式学习体验，从而使其对知识获得更佳的理解和记忆效果。

6G 技术能够实现端到端的人工智能技术。5G 环境下的智能手机技术，仅停留在人脸识别、修图，而涉及语音识别技术，需要把语音上传到服务器端去完成。而 6G 场域中，端到端的人工智能就是要更多地摆脱对远程服务器的依赖。体现在几个方面：一方面，能够实现实时准确的机器翻译。人工智能技术可以在移动通信过程中实现中国人和美国人之间打电话，我们讲中文，电话另一端听到的是英文；他们讲英文，我们这端听到的是中文。习近平总书记在学校思想政治理论课教师座谈会上的讲话要求思想政治课教师视野要广，要有国际视野，把道理讲明白、讲清楚。当今国际社会风云变幻，面对更加复杂的外部环境，解读好中国与世界的关系，寻找当代青年个体发展与中华民族复兴之间的逻辑建构，需要我们培养具有国际视野，能够担当民族复兴重任的新时代青年。而 6G 技术场境下的机器翻译技术，可以更好地帮助青年人拓展和国际环境的交流沟通，对于拓展其国际视野有很大裨益。另一方面，让人工智能成为各种个人 IoT 设备的中枢，同时具有真正的学习功能。如学生回家后带上手机进入书房，一进房间灯就亮了，电脑迅速启动，并迅速切入拟学习内容，同时屋内空调随之开启，并及时调整空气干湿度。而这些，不是学习者分别设定的，而是人工智能通过学习完成的。这种人工智能是人和所有机器之间建立的接口，帮助人成为网络的一部分。

6G 技术能够保证更高层次的信息安全性。思想政治教育的过程中，无论是教育内容或是教育载体，抑或是思想政治管理的过程，还有教育个体的身份信息等内容，其安全性和保密性十分重要。6G 技术可以使教育信息在安全性上得到更有效的保证。

8. "人工智能+"量子计算推进思想政治教育进程迅捷化

量子计算是一种遵循量子力学规律调控量子信息单元进行计算的新型计算模式。对照于传统的通用计算机，其理论模型是通用图灵机；通用的量子计算机，其理论模型是用量子力学规律重新诠释的通用图灵机。从可计算的问题来看，量子计算机只能解决传统计算机所能解决的问题，但是从计算的效率上，由于量子力学叠加性的存在，某些已知的量子算法在处理问题时速度要快于传统的通用计算机。

我国的量子计算技术走在世界前列。不仅在研发功能完整的量子计算机，还在突破性地发明解决专门问题的量子计算机。比如，针对思想政治教育领域问题的复杂性和多元性，专门解决其教育问题的量子计算机就会出现。这种量子计算机可以达到上百甚至更多的量子比特。对思想政治教育而言，将辅导员繁重的事务性工作，用特定的算法，转化量子比特的形式交给量子计算机来处理完成，借助量子比特的叠加态和量子计算机极强的并行处理能力，可以使辅导员工作中多个复杂任务得到处理和完成。而量子比特的叠加态特性可以模拟处理思想政治教育工作中多重随机性和不确定性事件，使得思想政治教育工作的可控性得到更大提高。而且，量子计算机拥有比电子计算机更快速强大的计算速度，更大的信息容量和对特定问题极具针对性的算法，这可以大大提升人工智能的算力，对思想政治教育而言，无论是处理实际工作，还是解决各类问题，抑或是进行新的理论探索，都可以起到极大的促进作用，使思想政治教育的进程更快。

9. "人工智能+"元宇宙助推思想政治教育工作簇新化

党建工作是思想政治教育工作的重要内容。Sora-AIGC 带来的元宇宙进阶为党建工作的创新开展带来了前所未有的活力与机遇。这是一场科技与思想的碰撞，一次虚拟与现实的交融，为党建领域带来了新的启示与可能。

沉浸式元宇宙：开启党建活动新感知。传统的党建活动常受限于物理时空，形式略显呆板，参与者寥寥。随着元宇宙科技的兴起，党建活动凭借 Sora 与 AIGC 等创新技术之力，得以打破这些桎梏，为党员展现更为鲜活、逼真的党建活动体验。置身于元宇宙之内，党员可通过虚拟现实之装置，踏入一个全沉浸式的党建世界。无论是聆听党课、深入探讨议题，还是领略党史风采，皆能以更直观、更引人入胜的方式呈现于用户眼前。此种沉浸式感受，不仅令党员的参与热情高涨，更助其深刻领悟党的历史积淀与文化精髓。同时，元宇宙所蕴含的虚拟化特质，亦赋予无尽的创意空间。能够模拟出各式各样的历史、现实乃至未来情境，让党员沉浸其中，扮演各种角色，开展多元互动。这种虚拟体验，既增强了党员的融入感与沉浸感，又助其更为透彻地理解党的理论体系与方针政策。

Sora-AIGC 双驱动：智能个性化党建工作新篇章。在元宇宙的辽阔天地中，每位党员皆可拥有独一无二的身份与角色。而凭借 Sora 与 AIGC 等前沿科技的助力，党建工作得以依据每位党员的独特气质与需求，量身打造个性化的党建内容与互动旅程。通过 AIGC 的深邃洞察，可精准捕捉党员的兴趣火花、偏好倾向以及学习习惯的脉络。对于那些钟爱阅读的灵魂，献上党史的珍贵篇章、深邃文章或历史影像；对于寻求互动的探险家，则匠心独运，设计出一系列妙趣横生的党建游戏与挑战。Sora 的文本转视频魔法，使得党建知识以更为鲜活、直观之姿展现在党员眼前。党课的智慧被精心编织成教学影像或动画短片，让党员轻松领悟、愉快接受。同时，Sora 的音频转文字功能，犹如智慧的笔触，将铿锵有力的演讲与报告转化为永恒的文字，供党员随时品味与学习。AIGC 技术的智慧之光，更为党建活动带来了智能化的管理与深度分析。它洞察秋毫，通过剖析党员的参与热情与宝贵反馈，助力不断优化、精进党建活动的每一个细节。而 AIGC 对党员学习成效的精准评估与反馈，则如同明灯照亮党员学习知识的道路，助力他们在智慧的书海中遨游。

虚拟世界的连接纽带：强化党员间的凝聚力。在元宇宙的广阔天地中，党员可以亲手打造虚拟的党组织与社群，实现无障碍的在线交流与互动。这种新颖的虚拟沟通模式，巧妙地消除了地域与时间的隔阂，使得党员间的对话与互动愈发便捷、频繁。元宇宙的虚拟特质，能为党员构筑一个安全、宜人的思想交流平台。在这片自由的天地里，党员们可以畅所欲言，无拘无束地表达内心的观点与洞见，与志同道合者进行深刻的对话与探讨。此种自由的交流氛围，必将滋养党员的归属感与凝聚力，孕育出与新时代同频共振的思想火花与灵感的碰撞。元宇宙的互动性更为党员提供了无限创意空间。在创意空间内可以策划一系列别开生面的互动环节，如线上党建知识竞技、辩论对决等，让党员在轻松愉悦的氛围中汲取知识、交流思想。这种寓教于乐的互动方式，必将激发党员的参与热情与兴趣，同时深化他们对党的理论与方针政策的领悟。元宇宙的开放性质，将党建活动的触角延伸至更广袤的领域与群体。例如，携手高校、社区等多元组织，共同策划线上党建活动或志愿服务项目。这种跨界合作模式，不仅将拓展党建活动的影响力与覆盖面，更将促进各领域间的交流与协同，共同书写更加绚烂的党建工作新篇章。

科技创新引领：党建工作迈向新境界。Sora 与 AIGC 等科技的革新，不仅为党建工作带来了更为丰富的手段和工具，更为党建工作开辟了新的党建活动形式与教育方式的探索之路。借助"Sora+AIGC"先进技术可以开展线上党建活动、虚拟党课等别具一格的新型活动。这些新型活动如同穿越时空的隧道，打破了时空的束缚，使得更多人能够轻松地参与到党建活动中来。同时，它们又以更为生动直观的形式呈现在党员面前，吸引着他们的目光，激发他们的参与热情。这些先进智能技术也为开展个性化的党建工作提供了可能。每位党员的独特之处和需求，"Sora+AIGC"技术为他们量身打造个性化的学习计划，提供符合他们需求的学习资源。这种个性化的学习方式，不仅提高了党员的学习效果和参与度，更增强了他们对党的认同感和归属感。AIGC技术的智能化管理和优化功能，还可助力提升党建工作的效率和水平。利用"Sora+AIGC"等技术进行深入的数据分析和挖掘、分析党员的参与情况和分析党员反馈意见等信息，帮助了解党员对党建活动的需求和期望。

（五）"人工智能+"思想政治教育面临的挑战

伴随着宏观和微观环境的迁变，"人工智能+"思想政治教育不可避免地面临着新的挑战，亟待思想政治教育从业者积极应对。

1. 人工智能会引发思想政治教育主体间的数据遮蔽

智能科技的核心能力，是以高度可计算的量化工具优势为人们的日常生活精确描绘思维导图，同时又以算法、算力工具对既定的信息加以分析，从而为人们精确设定人生目标、精确开展社会实践，提供了行动指南。与此同时，它会让"我们产生某种对数字的执迷，因而只是出于收集数据而收集数据，或是交给数字完全无权获得的信任"。当互联网引导了现代人向着未来方向行为和思维之时，我们也势必在互联网这一未来趋向的推动下对大数据产生了依赖性，反过来互联网的意向性又必然地统摄了人的思维与行为，而作为主体的人们很可能成为互联网达到自己目的的手段，这就极易形成人们遮蔽自我的风险，从而使得人的独立性、自主性、行为自由性都被互联网所左右。具体到人工智能思想教育领域，也有类似的情况出现：首先，通过人工智能，教育者能够更有效掌握关于被教育者的大数据信息，从而为其正确选择和准确施教创造了机会，但机会并不等于现实。无论人工智能如何进步，传授给被教育者个体的知识却并不是一成不变的，对于某个能动的独特的个人而言，其思维、心智、情感、动作等方面将由于外在条件的变化而发生变化。从这种意义上来说，由于计算机所获取和挖掘的被教育者数据仅仅是此时的而不是彼时的，在大多数情形下时间之差是很难进行统计的，除非不定期地进行更新数据。但是，对处在静态决策中的科学理论工作者来说，很难进行对数据信息进行及时处理。其次，在思想政治教育中教育者做决定时所表征给被教育者的数据或许并不仅是"原始"数据，因为其中已被教育数据系统所记录的数据在被提供给教师让其做出决定之时，教育数据系数统就已经对其进行了记录、编辑、储存、处理与解释，同时这些已被处理和解析的数据也必然烙印着信息处理与解析者的主体意识和思维渗透，所以这种数据品质就很有可能不佳，从而影响到教育工作者的决定、评价与施教。最后，受教育者本身信息的空间错位和对分析处理者心理的主观渗透，不免都会影响教育者的有效判断和心理分析的有效进行，而这时候如果被教育者被信息所蒙蔽，很可能会导致主体之间的信任联系遭到破坏，情感交流、行为影响、评价导向等都可能受到干扰。从这种意义上来说，科学技术无论是如何进步，人在科学技术中的主体地位是独立的、自主的，不能被遮蔽，更何况思想政治教育本应是在人和人之间的沟通互动中的，人与人灵魂相连、心灵相随中的。

2. 人工智能将触使思想政治教育主体道德权威面临考验

伴随教育人工智能在道德教育的融合运用，受教育者获取知识信息渠道变得多元化、扁平化，思政教师已不再是获取新知识的优先者，单向垂直教学已不再是唯一传授知识、传播真理的"权威"。师生关系由主客体范畴转向主体间性理论范畴，教育活动中的教师主体、学生客体的关系，转向为人类教师、机器老师、学生主体的三师关系。撼动着人类教师作为教育主体唯一的地位，思政教师道德权威所具有的角色感召力、情感魅力、话语感染力、话语语境空间受到冲击，视道德指令奉为圭臬的教师道德权威的崇高性与神圣性受到挑战。

Chat GPT消解教师道德权威的感召力。感召力是基于教师个人的人格、德行而产生的教师对学生的影响力。传统师生关系中，教师是言传身教的道德代言人，高尊者角色优势赋予教师极高的道德权威性，至高无上的角色定位使得教师在思政道德教育中拥有较强的感召力。然而，道德文化传播的多样性在数字化转型期削弱了教师的感召力。一方面，Chat GPT的问世让思政教师叹服。Chat GPT机器人可以与人聊天，谋篇布局论文写作，创作诗歌、编写代码等功能。具有道德文化传播的内容丰富性、便捷性、多样新奇性等优势，① 导致学生对网络道德文化（微信、微博、抖音、朋友圈、公众号平台）传递方式的依赖。智能技术冲破了学校道德文化生态环境封闭围墙，跨域穿墙的根据学生的兴趣，智能和精准地推送道德文化知识，碎片化的社会道德事件吸引学生的眼球，多元的、相互冲突的文化道德体系价值，加剧了受教育者对思政教师主流文化道德价值观的权威角色感召力的消解。另一方面，人类教师在道德教学中过度依赖智能技术，教学能力会逐渐弱化，人类教师的权威教学魅力被遮蔽，且在教学中权威的主导地位将受到质疑。

万物互联降解教师道德权威情感魅力。道德权威也体现在思政教师道德教育具有的情感魅力。"依情优教"是教育界公认的教学理念。情感作为人类生存的必要条件，主宰着受教育者的精神生活，是其学好各种知识的催化剂。师生间良好的情感基础是教师情感魅力赋能道德权威教育的前提。用激情、用情感进行教育，通过教师的情感激发教育者心灵，在德育中突出情感的作用是树立思政教师道德号召力的重要手段。远程、开放、虚拟、仿真、智能、协作、自动生成等智能技术与思政道德教育的不断融合，虽能共生出新型的、增强灵魂共鸣的道德情感教育模式，但也加剧了思政教师道德情感魅力的窘况。在仿真化、数字化的教育生态平台上，师生之间道德情感交流已成为了新常态。智能技术赋能受教育者交往便捷性的同时，虚拟化教学场景也减弱了师生之间的情感交流，作为第三方的机器人介入师生间情感交互的过程中，课堂由原来"师—生"模式转换为"师—机—生"模式。无温度的计算机编码符号集合，在师生之间实现准确的双向道德情感传递中树立壁垒，学生的情绪、感受被智能技术系统所遮挡，教学活动中的表情和内心变化被掩盖，师生间的道德情感交互和传递受到影响，教师道德情感魅力下降。Chat GPT 语言大模型将成为支持教师教学和学生学习的有效工具，然而，它改变了受教育者对思政教师的情感依恋，也可能成为影响学生注意力、学习创造力或教育公平的一个令人不安的因素。②

智能工具减弱教师道德权威话语感染力。感染力是教师用自己内在精神力量对受教育者产生的吸引力。教师道德权威的话语感染力是教师话语

---

① 夏立新：《Chat GPT 对教育的多重变》，《国家教育行政学院学报》2023 年第 3 期。
② 夏立新：《Chat GPT 对教育的多重变》，《国家教育行政学院学报》2023 年第 3 期。

对学生表达特定意图而生成的话语效力。夸美纽斯《大教学论》提到"教师道德权威话语感染力就是通过话语范式的'情感转向',引起话语言说对象情绪的波动、情感的震撼、感受的共振等情感体验的话语效力"。① 教育者道德权威话语感染力,是任何规章、教学大纲、权威机构都不可能代替的。传统道德教育中,教师超前接触信息和认知能力,在道德教育权威话语方面具备较强的感染力。人工智能应用于教育领域后,思政道德教育在一定程度上依赖智能机器,一是翻转课堂、慕课、微课等教育手段的广泛发展,多媒体互联网终端的受教育者,利用智能工具平台,多种渠道及时获取知识信息,打破了思政教师对道德教育知识话语的权威垄断。二是人工智能三大基石(深度学习、大数据、算法)远超了思政教师贮备的知识量。语音交互、语义交互、自然语言处理、Chat GPT 聊天大言模型等智能技术融入思政道德教育课堂,提高了受教育者多渠道获取知识的快捷度,视工具和技术至上的隐性意识形态导致受教育者对工具理性的过度崇拜和对道德价值理性的漠视,导致思政教师道德权威话语感染力逐渐下降。

元宇宙、VR 技术压缩教师道德权威话语语境。教师道德权威话语语境是在物理空间和精神空间时空内对德育活动产生意识形态影响的一切外在因素之和。② 思政教师的每一句有穿透力的话语都与课堂的语境密不可分。道德权威"话语空间"是教师道德教育依存的环境,离开了具体的环境则会削弱教育本身的教育意义。进入数字化转型时代,道德权威话语空间所依存的物理空间被压缩,去话语语境化的趋势遮蔽了道德权威话语在精神空间的合理性,导致思政教师话语空间的缺失。一方面,智能技术已悄然大规模入侵教育领域。数据流量、算法编程、机器操作占据了受教育者大量的时间和空间,取代了他们参与社会实践和解决问题的能力。教师对受教育者道德生活空间掌控力下降,影响了德育话语的实效性。另一方面,元宇宙、VR 技术重构一个与真实世界同在同步的数字化世界,加剧了道德权威话语空间的断裂,③ 虚拟空间的"原住民"脱离了真实的生

---

① 房聪:《去圣还人:新型教师的道德权威》,《课程教学研究》2019 年第 12 期。
② 李建国、杨莉莉:《从掌握"话语权"到提升"话语力"——高校思政课教学话语创新探析》,《民族教育研究》2021 年第 5 期。
③ 申晓腾、崔金奇:《人工智能时代思想政治教育文化的传承与更始》,《中国教育信息化》2021 年第 19 期。

活空间，受教育者热衷于碎片化的微信学习、抖音视频、图片拼接式阅读和片面性理解，缺失对现实社会德育事件关注和"意义链接"，压缩了思政教师道德权威话语内在的自愿遵从。

3. 人工智能易引起思想政治教育个体的情感弱化

思想政治教育应该在实践过程中动之以情、晓之以理。而人工智能技术虽在表面上能够对人的话语做出反射，却难以理解话语背后的"弦外之音"，更不能产生实际情感和具身认知，难以做到对教育对象富有温度的情感体悟，极易诱发思想政治教育实践过程中的情感弱化现象。其一，人工智能存在情感盲区。弱人工智能时代，人与计算机的交互多是通过冰冷的数据、特定的算法和标准化的进程来进行，虽然也存在着深度学习、人脸识别和数据画像等技术来监测人的表情和动作细节，但对于人类内心情绪状态和思想波动的差异性变化，却难以精准的判别和分析，一定程度上造成了机器认知上的情感盲区和遮蔽。对思想政治教育实践中注重情感体验的特征存在弱化现象，掣肘了教育者与被教育者之间的情感体验和联结。其二，人工智能会诱发情感紊乱。人工智能的所谓"人工情感"，是通过技术方法学习、模拟和拓展以人为对象的情感表征数据，使机器具有判别、生成和表达各种人类情感表征的数字信息，从而使其对人类的情感变化做出适应性反馈。当人工智能进入了"强"或"超"时代，"人工情感"技术也会逐渐发展创新甚至突破。一旦智能机器在识别、生成和表达情感方面与人类做到无缝对接，便极有可能产生"人机共情"等偏误现象，导致思想政治教育个体被机器制造出的"情感幻觉"所误导和迷惑，如沉溺其中更易导致情感迷失和紊乱，从而造成教育个体躲避真实世界的情感交往，对其自身心理情感的培育以及社会情感认知能力的提升带来影响，与思想政治教育促进人的全面发展的目的背道而驰。

4. 人工智能赋能的思想政治教育存在刻板效应

如果计算机越来越智能，对学习者思维活动的评估也越来越精确，就会反过来产生一个刻板效应：纯粹按照过去的经验数据来预测教学对象，而忽略了教学对象发生变化的可能性。"刻板效应"忽略了教育功能的发挥，纯粹依靠过去的教育数据来确定未来生成，而称之为"个人定制"，实则就是过往的"自身延伸"而忽略"未来发展可能性"，势必造成一些人沦为人工智能的牺牲品，而不是受益人。其一，在人工智能赋能的思想政治教育实践中，经常会遇到对过往数据的永久留存，以及可能不公正决定教育个体命运并剥夺其未来的概率预测。依靠评估过去信息数据来看待学生现在的社会文化与政治素质之间的关系，将产生人工智能对教育个体思想政治状态评估不够精准和客观的问题，对教育个体的自由发展造成深远的影响。其二，人工智能技术在思想政治教育中的使用，如果不能严格限制其边界，同样会产生"技术过当"的问题，比如教育者一味使用人工智能作为记录学生的行为习惯、了解学生整个受教育周期活动轨迹和信息的工具，那么将会导致学生出现为迎合智能监控工具而出现的表演型性格。仅仅依靠人工智能搭建思想政治教育评估体系，势必无法超越其协同思想政治教育工作者生活观察、谈心交流等方式的共同教育。忽略思想政治教育工作者在学校教育、评估过程中的主体性角色，一味依赖人工智能技术，是断然不可取的。

5. 人工智能易导致思想政治教育个体的自我失衡

"人工智能+"虚拟现实技术虽可给思想政治教育创设虚拟仿真立体环境，给受教育者带来课程的沉浸式体验，但如过度使用，也会给受教育者带来虚拟和现实空间的"穿梭效应"，即在真实和虚幻中不断被动切换，强烈的虚实反差会引起自我的失衡和紊乱。其一，虚实场域的融合会导致思想政治教育个体自我的多样性。符号世界对真实世界的反映，实质上是一种主观再创造的过程，其结果必然会诱发符号世界和实体世界的偏离，从而使虚幻的程度进一步加大。教育个体如不断在风格迥异的虚拟和现实空间中穿梭，会陷入虚拟体验和真实体验两种不同的心理和认知状态，在虚实之间频繁创设出不同的人设、身份，甚至语言和表情风格，使自我被剥离成不同的样态和特征，易诱发自我意识上的紊乱和失调，更进一步易导致自我认同感的虚无化和不确定化，冲击了自我行为、自我认知、自我意识的创设、生成和稳定过程。其二，虚实场景切换易诱发思想政治教育个体的自我矛盾。就虚拟和现实情境的不同实践进行对比可以看出，虚拟情境为教育个体创设出高度自主感、沉浸感、顺畅感和确定感，而现实世界却是充满挑战、曲折和不确定性的。在虚拟空间的长期驻足会给教育个体带来虚假体验，对注意力高度吸引的同时会导致现实世界中精神和能量分布的匮乏感。换个角度审视，即虚实空间场景特征对比的差异性带来思想政治教育个体精神、心理和情感的资源争夺，加剧了教育个体的自我矛盾。

6. 人工智能给思想政治教育带来伦理风险

马克思指出，现代科学技术有时也"体现为异己的、敌对的和统治的权利"。在人工智能时代，"人工智能+"思想政治教育的开展在促进传统思想政治教育智能化发展的同时，也可能暗藏着各类危机，可能带来法制与道德方面的难题。其一，由于隐私数据暴露而带来的隐私保护难题。在智能思想政治教育教学过程中，教师和被教育者个人的资料往往随手可得，而个人的生命数据、行为轨迹、社会关注信息、个人健康情况、家庭住址信息也极易被掌握和采集，由于各种资料采集器、数据采集器和应用软件的无序、失序和疏于管理，个人的敏感数据、隐私话题的泄漏，往往就在瞬时之间。保护个人隐私、确保安全成为了"人工智能+"思想政治教育实践中重大的社会伦理问题。其二，数字鸿沟问题。人工智能技术在思想政治教育实践中的运用，很有可能造成在教育主客体之间或不同教育主体间，甚至相同教育主体间因技术使用技能不同形成的数字鸿沟，由于技能掌握与使用方法不同而形成的数字鸿沟非但无法使思想政治教育提质增效，反而会形成信息隔阂，从而妨碍了教育主客体之间的信息交换与信息沟通。同理，教育工作者抑或受教育者间的技能运用不同也会导致思想政治教育公平性的下降，导致一些技术应用水平不高的教育工作者或受教育者更容易出现受挫感，从而逐渐成为沉默的一族，并逐步被社会边缘化，这也阻碍了思想政治教育传播的普及性。其三，思想引导方面。运用人工智能技术进行教学也成为智能思政培养的主要方式。在人工智能时代，智能手机等移动智能设备已经越来越成为现代人的主要阅读载体。智能手机等移动智能设备背后的人数据运营商仍然坚持了"流量为土"的模式，希望获取所谓"点击量"，其数据传递过程通常倾向于消费者的趣味与喜好，而一旦消费者没有数据鉴别力、判断力，就很容易被质量良莠不齐的大数据所误导。而且，教育个体在智慧学习中所获取的价值信息即使是正面的信息，也会因为智能技术所传播的非线性、碎片化和即时性特征，使教育主体思想离散、信息离散，进而导致教育主体意识形态的空心化、主流意识形态的虚无化，这就必然会背离思想政治教育的本意，从而导致智能思想政治教育成效大打折扣。

7. 人工智能技术的不确定性一定程度上限制思想政治教育实效

从人的认识发展来说，追求确定性是人认识发展的基本目标。不管是对自然学科的认识，或是对现代社会科学的认识，人类的有限活动状态都预示了其知识发展的有限性与确定性。从人工智能发展过程来说，人工智能决策依赖的基础算法往往是具有不确定性的，而算法的研究、计算往往取决于对各种数据资源的发掘。各种数据资源预设状态的不可预见性和各种数据资源的离散性将影响着算法的选择与推导。因为人是客观环境的存在物，自然环境的不确定性造成了人的不确定性，在人和人工智能的环境交互中，人同样也会将自己的不确定性在环境交互中传递给人工智能，如此便提高了人工智能的不确定性。因此，人工智能若要实现其功能，将不可避免地在与人的交互中由于各种前提和偏见产生信号辨别、分析与传递上的不确定性。如此来看，特定条件下的人工智能将很难得到如自然科学一般确定性的认知，而科技背后的主观性、价值导向的风险也将无法消除。在"人工智能+"思想政治教育过程中，人工智能所带给思想政治教育的大数据因人工智能发展的不确定性，必将会干扰到思想政治教育工作者的准确诊断、正确理解和准确施教。从中我们发现，当运用人工智能科技促进科学政治文化发展之际，人们不能忘却科技再如何进步也毕竟只是人的进步，终究代替不了人的智能，科技仅仅是人的一部分能力的扩展与延伸，而科技在面对人们的智能时，无非是成为一个工具而已，其不确定性掩饰的是科技背后人与世界的不确定性。这也提醒了人们，"人工智能+"思想政治教育的开展以及实效性的提高在一定程度上不可忽略技术背后教育者和被教育者主体的作用，但实际上促进思想政治教育提质增效是其在活动场域内主体教育能力的实现，而技术手段则仅仅在某个领域内扮演着工具的作用。

8. 人工智能或触发思想政治教育工作掣肘

在数字化的洪流中，"Sora+AIGC+元宇宙+"等尖端科技逐渐渗透到党建工作的每个角落，为党的组织生活、宣传教育以及思想交流等领域注入了前所未有的创新气息。任何事物都有两面性，科技的突飞猛进也为党建工作带来了一系列前所未有的挑战。尖端技术纷繁复杂的实践操作，数据与信息的安全隐患，均是党员、党建工作者在新技术界面的适应难题，乃至在内容质量上把控的困境，每一个智能技术操作环节都将是一道道难以逾越的鸿沟。智能技术知识的普及之路困难重重，规范框架的构建亦充满挑战，多平台之间的互通也存在阻隔。这些难题宛如沉重的枷锁，束缚了党建工作与科技融合的步伐。

（1）技术交融的实操困局

Sora 等智能技术与党建工作的交融，非单纯的技术简单对接，更需在保持党建工作本真的基础上，实现效率之提升与流程之精进。如何寻觅技术与党建工作的完美契合点，确保技术之应用能切实为党建工作助力，而非形成割裂或冲突之态势，乃是亟待攻克之关键。在引入智能技术的过程中，必须确保党建工作的政治性、思想性和组织性不受侵扰。尖端智能技术之应用，应服务于党建工作的核心使命，强化党员的思想教育、组织管理及服务群众之能力。因此，如何在智能技术与党建工作交融中恪守党建工作的本质属性，防范智能技术过度渗透而致使党建工作扭曲或偏离正道，乃是党建工作者须重点关注之问题。

Sora 等智能技术以及 AIGC 技术的运用常需特定的软硬件支撑。如何得到这些软硬件等尖端设备并确保党建工作顺畅运作，对于一些基层或资源有限的党组织而言实为一大现实问题。设备的采购、安置、维护及更新换代，均需相应的资金投入与技术扶持。故而如何在有限的资源条件下，实现技术的有效运用是这些党组织所面临的实际困扰。

智能技术的引入或许会对现有的党建工作流程与人员配置产生影响。如何调整人员角色，提升党员干部的智能技术应用能力，并实现人与先进技术的和谐共生是智能技术融合过程中党建工作者需深思熟虑之重要议题。

（2）数据与信息的安保风险

在元宇宙的广袤天地中开展党建活动，如同在数字海洋里航行，敏感信息的传输与存储则是这航行中的重要货物。如何守护这些宝贵货物的安全，防止其泄露或被恶意之手利用，成为党建工作必须面对的题中之义。

任何技术系统都如同城堡般存在潜在的漏洞。元宇宙平台、Sora 以及生成式 AI 系统亦不例外。这些漏洞如同城堡的暗门，一旦被黑客攻破，敏感信息便将暴露无遗。比如，在元宇宙环境中进行党建活动时，大量的敏感信息似星辰闪耀吸引着不法之徒的觊觎。这些裸露的信息一旦落入恶人之手或被恶意篡改，便可能对个人隐私和国家安全造成难以估量的威胁。

  Sora 等智能助手与 AIGC 技术助力处理繁杂的信息背后隐藏着数据安全的隐患。在数据的收集、存储和处理过程中，稍有不慎便可能导致信息的泄露或被非法利用。除了技术层面的风险外，外部人员的操作与管理也是信息安全的重要环节。未经授权的人员可能会潜入操作系统，非法访问敏感信息；内部人员也可能因疏忽或恶意而泄露信息。因此，需要为这些智能技术强门上加上一把牢固的锁，以加密措施守护信息的安全，确保这些信息在元宇宙的航行中安然无恙。

  （3）党员对新界面的适应壁垒

  在推进智能技术与党建工作的交融之旅中，党建工作者发现党员对诸如元宇宙等新兴技术的接纳态度迥异。年轻党员们如同新时代的弄潮儿，对新技术的涌现欣然接受，并迅速融入其中；而部分老党员，或对技术不甚了解的同志们，则如同面对新大陆的初探者，感到迷茫甚至有所排斥。这种对智能技术接纳度的落差，使党建工作者在党建工作中推广元宇宙等技术时，需深思熟虑如何弥合不同党员群体的认知鸿沟。

  对于那些对元宇宙等技术尚感陌生的党员，一个直观且易用的操作界面便如同贴心的向导，能够引领他们逐步熟悉这片新技术的疆域。倘若界面纷繁复杂，操作如同迷宫，那么他们探索的步伐或将受阻，甚至可能因此对技术产生更深的疏离感。故而，党建工作者需依据党员们的实际需求与操作习性，精心设计一个清晰明了、易于触达的用户界面，以此作为提升党员体验与接纳度的关键一环。

  （4）内容生态的品质把控问题

  Sora 与 AIGC 能自动生成丰富多彩的内容。在其极大地提升了内容生产的效率同时，它们也如同双刃剑，带来了质量控制的难题。如何确保这些机器生成的内容既准确又符合党性要求，成为迫切需要解决的问题。毕竟任何误导或错误的信息都可能对党建工作的严肃性和权威性造成损害。

  在元宇宙的广阔天地中，信息的传播迅速，覆盖之广。但这也为虚假信息的滋生提供了温床。元宇宙的信息传播，既有匿名之便，又有速度之快，这使得不良信息一旦冒出，便可能如野火燎原。因此，建立一套行之有效的机制来遏制其蔓延，维护元宇宙的信息环境纯净与安全，已成为党建工作不可或缺的一环。

  当然，在追求内容质量与信息控制的同时，如何巧妙地平衡监管与自律的关系,既让信息自由流淌,又能守护信息的秩序与党性原则,这是在技术融合的大潮中需要深思熟虑的问题。过度的监管可能束缚信息的多样性与创新性,而监管的缺失又可能导致信息的混乱。

(5) 技术知识的普及障碍

元宇宙这一新兴且复杂的技术瑰宝,对于众多党员而言,犹如一座高山,需要他们勇攀技术之巅。要让党员在这片广阔的虚拟世界中熟练驾驭党建工作,首要之务便是跨越这技术的鸿沟。跨越技术鸿沟并非易事,需要党员倾注大量时光与心血,去深入探索、领悟并掌握其中的奥秘。

在元宇宙与党建工作的交融中,智能技术培训与普及所面临的挑战重重。资源的有限性,如同束缚手脚的锁链,使得技术培训之路充满挑战。专业的培训师、完备的培训材料、适当的培训场所及必要的技术设备,这些都是不可或缺的要素。然而,如何在这资源有限的舞台上,巧妙调配、高效利用,确保每一分投入都能换来党员技术能力的显著提升,这无疑是一项艰巨的任务。

设计一份卓有成效的技术培训计划,更是一项考验智慧与洞察力的挑战。它要求党建工作者深入洞察党员的技术根基与学习渴望,同时紧密结合党建工作的实际需求。课程内容既要贴合党员的实际情况,又要能够引领他们迈向预期的培训目标。此外,培训的时间规划、进度把控以及效果的衡量,都需要精打细算、周密安排。

培训效果的评估,更是如同对党员技术能力提升的一次大考。这需要构建起一套科学严谨的评估体系,通过多种方式全面检验党员的学习成果。每一次的评估,都是对培训计划的反思与调整,也是不断优化和完善培训内容与方式的契机。

(6) 规范框架的构筑挑战

元宇宙这一新兴的虚拟疆域,以其独特的形态和规则,对传统的党建工作提出了前所未有的挑战。在这片数字化的土地上,旧有的制度和规范已然难以适用,亟须构建一套全新的治理体系来引领党建工作在元宇宙中的探索与前行。

这套新体系需涵盖党员的行为指南、组织的运作方式,乃至信息的安保措施等诸多方面,以确保党建工作的有序与高效。然而,挑战在于如何巧妙地融合新体系与既有的党建工作框架,避免冲突,实现和谐共生。这要求制定者不仅深谙现有体系的精髓,更需对新体系进行匠心独运的设计，以实现两者的互补与统一。

如何确保这些精心制定的制度和规范能够得到切实执行是一项更为棘手的工作。宣传、培训、监督、考核，每一环节都至关重要，缺一不可。而建立一套灵敏高效的反馈机制，则能及时发现并修正执行过程中的偏差。

元宇宙作为一个日新月异的技术领域，其形态和规则的快速演变也给党建工作带来了新的挑战。新体系不仅需要具备足够的适应性，更要拥有与时俱进的灵活性，以应对元宇宙发展中的种种变数。规范的体系框架中，法律和伦理问题也不容忽视。保护个人隐私、确保数据安全、防范非法活动，这些都是必须明确回应的重要议题。

构建元宇宙中的党建工作制度和规范体系，不仅是一项长期而复杂的任务，更是一场对智慧与勇气的考验。

（7）多平台互通的阻隔窘境

元宇宙，一个由众多平台和系统共同构建的数字宇宙，面临着跨平台整合与互通性的重大挑战。这些平台各自采用不同的技术标准，如同不同的星系使用着各自独特的语言，使得信息的流通变得复杂而困难。

为了实现信息的无缝对接与共享，制定者需要探寻一种统一的技术标准与通信协议，以打通这些星系之间的壁垒，让信息在元宇宙中自由穿梭。不言而喻这并非易事，不同的数据格式、接口兼容性、用户身份认证，以及信息安全与隐私保护等问题，都如同一个个待解的谜团，摆在面前。

在元宇宙的广阔天地中，如何确保党员能够无障碍地穿梭于各个平台之间？又如何保障他们的信息安全与隐私？这些都是必须面对的挑战。为了实现跨平台的顺畅体验，制定者需要对各个平台的性能进行精细调优，并合理分配网络资源，确保党员在任何平台都能享受到流畅的服务。

（8）创新与传统的调和难点

党建工作乃是筑牢党员思想之魂、锻造组织之力和磨砺作风之骨的圣火。当新技术如春风吹拂而来，人们欣喜于其可能带来的变革，却更需审慎地确保其不损及党建工作的本真。智能新技术应是助燃圣火的东风，而非改变其本质的外力。

历经岁月沉淀，党建工作已积累了诸多瑰宝般的经验与方法。那些面对面的思想交融、组织生活的温馨瞬间以及民主评议的庄重场合，都是无法割舍的传统。在技术的浪潮中前行，党建工作者需思考如何巧妙地将这些传统珍宝与现代科技相融合，让它们在新的时代背景下熠熠生辉。技术的介入绝不应替代人与人之间那份真挚的交流与互动。党建工作中的倾心交谈、思想汇报等环节，都蕴含着深厚的情感交流。因此，在拥抱技术的同时，需警惕其可能带来的冷漠与去人性化。

创新是推动党建工作发展的不竭动力，但若过度追求创新而忽视传统，则可能动摇党建工作的根基。需在这两者之间找到一种微妙的平衡，既让新技术为党建工作插上翅膀，又让优良传统得以传承与弘扬。面对新技术的引入，党建工作者还需关注党员的技术接受度。对于那些对新技术感到陌生或抵触的老党员，应通过悉心的培训与指导，帮助他们跨越技术的鸿沟，确保新技术能真正服务于党建工作。

创新与传统相结合的挑战，在于如何在保持党建工作核心价值的同时，党建工作利用新技术提升工作效率与效果。

本章小结

本章重点阐述了"人工智能+"思想政治教育所面临和正值的现实境遇。首先从宏观、中观、微观视角阐述了"人工智能+"思想政治教育所面临和正值的现实境遇，继而从"人工智能+"技术的角度展现了其对思想政治教育的赋能，进而又提出了"人工智能+"思想政治教育正在面临的挑战。为"人工智能+"思想政治教育理论和实践的推进和延展提供了现实可能性和客观基础。

分为五个部分，分别是宏观、中观、微观环境的转变，"人工智能+"对思想政治教育的赋能以及挑战。从宏观环境来看，世界充满不确定性，中国迈入网络化、数字化、信息化发展快车道；从中观环境来看，新一代移动通信技术的发展使得信息论在人工智能时代对思想政治教育显得尤为重要；而从微观环境着眼，人工智能时代的思想政治教育开始出现崭新情势，诸如：教育归因的复杂性、意识形态领域的新形势、未来发展出现新走向、对教育者提出新要求以及思想政治教育的底层逻辑中数学的重要作用也开始凸显出来；"人工智能+"物联网、虚拟现实、云计算、区块链、大数据、脑机接口、6G、量子计算等技术对思想政治教育进行赋能；"人工智能+"物联网助力思想政治教育环境智慧化、"人工智能+"虚拟现实实现思想政治教育内容场景虚拟化、"人工智能+"云计算促进思想政治教育资源共享化、"人工智能+"区块链推动思想政治教育数据处理智能化、"人工智能+"大数据增进思想政治教育评价分析精准化、"人工智能+"脑机接口促成思想政治教育程度深透化、"人工智能+"6G促使思想政治教育效率高能化、"人工智能+"量子计算推进思想政治教育进程迅捷化；"人工智能+"元宇宙助推思想政治教育工作簇新化。"人工智能+"思想政治教育也面临着七个挑战：引发思想政治教育主体间的数据遮蔽、存在刻板效应、易引起思想政治教育个体的情感弱化、给思想政治教育带来伦理风险、易导致思想政治教育个体的自我失衡、技术的不确定性限制思想政治教育实效、人工智能或触发思想政治教育工作掣肘。

四 "人工智能+"思想政治教育的实质解析

人工智能技术与思想政治教育产生深度融合，积极推动现代信息技术在文化传递活动中的应用，全面推进构建网络化、数字化、智能化、信息化、个性化、现代化的新时代教育的崭新实践。当前关于"人工智能+"思想政治教育应用的研究如雨后春笋，但大多学者是从思想政治模式、思想政治教育策略与思想政治教育方法等方面探讨人工智能技术对教育过程和资源的优化。这些探索性研究值得褒扬，但却鲜有基于思想政治教育的一般性规律和人工智能技术特性深度融合的微观视角对其内在实质进行挖掘和思考。本研究拟从"人工智能+"思想政治教育的技术机理，人工智能促进人的思想品德和心理素质的社会化，人工智能无法取代思想政治教育中的人性，"人工智能+"思想政治教育的嬗变、立异、回归和涵养四个视角着眼，对人工智能时代思想政治教育的内在实质积极探索，着力判辨"机器智能技术+人类教育活动"深度融合的实然逻辑。

（一）"人工智能+"思想政治教育的技术机理

"人工智能+"思想政治教育的技术实质，包含了其与思想政治教育一般性规律紧密联系的技术内涵，适用于思想政治教育领域所体现出特有的技术优势，以及人工智能在思想政治教育应用中的技术局限性等内容。

1. "人工智能+"思想政治教育的技术内涵

"人工智能+"思想政治教育的技术内涵，是将人工智能中的机器学习技术和人类在思想政治教育过程中的一般性规律相结合，形成了一种基于人类思想政治教育视角的特定技术内容框架，其中包含仿生人脑神经元网络模型、"有监督式学习"训练模型参数、"任意的震动"获得最优解、"无监督式学习"评估学习进程、一般性规律防止陷入"过度拟合"、卷积网络算法组合"内在知识"、大语言模型出现"涌现效应"等前沿科技。

(1) 仿生人脑神经元网络模型

20世纪80年代，计算机科学家发现，用传统算法实现人工智能的路径很受限，故转换思路，开始关注脑科学的研究进展，对人脑的神经元网进行建模，仿生出了一种基于神经网络的算法，叫作"机器学习"，在此基础上又衍生出了各种算法。

模型是对真实世界的抽象概括。抽象的内容是逻辑，而只有建立了模型，才能进行逻辑推演。建立模型的过程，是人们通过严谨的定义和数学逻辑关系进行复杂推演，从中获得精确交流、解释、判断、设计、预测、探索和采取行动的能力的过程。

人工智能对人脑神经元网络的仿生建模，是抽象地建立一系列有关神经元的连接结构和连接强度的参数来进行模拟。在人接受思想政治教育的过程中，人脑的学习过程，本质上是训练大脑在接受社会主义主流意识形态和马克思主义科学世界观的"灌输"和引导后，其中的神经元的连接结构和强度；而相对应的机器学习就是通过与真实世界的互动，通过从中获得的数据反馈进一步调整那些参数。人脑的神经网络是分层的，所以，人工智能的机器学习中，分层的"神经网络"就是"深度学习"网络。

(2) "有监督式学习"训练模型参数

对于机器学习模型参数的训练，最有效的进路是随时提供反馈。譬如一个学生思考和解决现实问题的方式和路径出现了偏误，思想政治教师及时发现了该生思想和行为上出现的问题，及时用马克思主义的世界观和方法论对其引导和纠偏，并在课堂上着重对此错误之处进行重点讲解，并且在实践层面帮助学生逐渐进行改变。学生之后的人生道路上，再次遇到此类思想观念和行为方式的问题时，就会意识到自己的思路偏误，做到及时纠错，从而准确掌握马克思主义理论，进一步做到思想和行为实践。

这种对问题及时反馈的过程，机器学习领域，叫作"有监督式学习"(Supervised Learning)。机器中的神经网络每做一个计算，都能够收到及时的反馈。如机器做题，既能知道哪个环节出错了，又能知道正确的方向是什么，随后就在下一步明确如何对参数进行微调。实际操作中，做题相对容易，因为相关参数较少，而涉及复杂计算和学习，需要调整的参数就会很多，这就需要大体量的训练数据，但是反馈的原理是相同的。

(3)"任意的震动"获得最优解

机器在学习过程中，有些时候计算机会通过一系列的反馈迅速地锁定一个问题的最优解，但问题是，如果把一项任务作为一个全局性的系统来看，此时计算机并不能确定这个点的最优解是不是全局最优解。例如我们在搜索信息时，有时会找到一个局部的信息点，但在信息海洋的另一个角落也许会有更加精准有效的信息亟待发掘。

对于这个问题，计算机科学家的办法是给机器学习人为地加入一些随机的变量，产生一种"任意的震动"（Arbitrary Shock），[①]使得能够出现生物演化中的基因突变效果，以此增加全局最优解出现的概率。

"任意的震动"是美国经济学家蒂姆·哈福德提出的概念。他认为，当从事创造性工作的时候，不光需要专注于某一项目标任务的达成，还要善于使用没有精心布局和特定方向，随机地选择其他着眼点进行思考和切入，这样往往会带来创造性的发现，甚至可能出现比既定目标更加出色的结果。就好比一辆汽车走到了一条路的尽头，这时地面突然随机地震动一下导致汽车变向，汽车便有可能驶入另一条康庄大道。

在自我教育过程中，人脑的学习也是这样。比如思想政治教育的学术研究中有一个领域叫作网络道德研究。按照惯例，研究者都会首先结合互联网信息的传播特点剖析网民道德，但如果思维能够跳跃一下，换个视角，从伦理角度，来审视互联网技术对道德观念的趋同性和差异性，便又可以使问题得到深入探究和延展。所以，研究某个问题固然重要，但也要学会时而翻阅其他领域文献，思维时而跳跃一下，产生"任意的震动"，也许会带来学术研究中的某个闪光点。

(4)"无监督式学习"评估学习进程

机器学习中，还有一种算法叫作"无监督式学习"（Unsupervised Learning）。相对于"有监督学习"中计算机的多个外部反馈，这种"无监督式学习"的特点是机器学习时没有外部反馈，或者说如果有的话，

[①] Tim Harford. Messy: *The Power of Disorder to Transform Our Lives*, Riverhead Books Publication 2017年版，第54页。

只有一个终极结果提供的外部反馈。

正如 Deepmind 公司设计的人工智能棋手 AlphaZero，他们对于下棋方法的学习，不是跟着围棋教练学，过程中的错误由围棋教练直接反馈，而是只有下棋输赢的结果这唯一一个外部反馈。这种机器学习靠的是一种"无监督学习算法"，即机器自己给自己提供反馈。无监督学习算法就好比在机器内部分出批评者和行动者两个角色。批评者的任务是根据以往的对局经验，随时评估当前局势的胜算概率。行动者则会根据批评者的评估意见尝试下一步的走法。

思想政治教育过程中，教育者应该秉持教育与自我教育相结合的教育原则。该教育原则指在思想政治教育过程中，不仅要注重发挥教育者的主导作用，还要着重发挥教育对象的能动作用，将教育和自我教育统一起来。在自我教育过程中，人脑有时候也是这种"无监督式学习"。犹如在学习马克思主义的世界观和方法论时，教师在校园里为学生讲述理论知识后，当学生离开校园，便要自己勇敢地生活实践，用心地经历每一次人生的历练。这个过程，也许教师并未对学生的判断和做事方法给予任何直接反馈，多半是学生自己在经历了挫折后，对马克思主义世界观和方法论的理解运用有了切身的体悟，获得了正确思想问题的角度和处理问题的方法和经验，之后再次遇到类似问题时（及时）摒弃和纠正容易出现偏误的错误思维，这样历练多次，学生便可以通过自我教育习得马克思主义思想的精髓，并能够将马克思主义思想转化为实践能力。

（5）一般性规律防止陷入"过度拟合"

机器学习的模型并非参数越多就越精确。因为有时候，参数过多会让机器陷入"过度拟合"的现象。

正如在思想政治教育实践中存在的一个现象。在辅导员对自己的职业生涯规划过程中，有些辅导员为了判断某个思想政治工作领域是否可以确定为自己职业发展和提升的契机，做过长时间大量的调研，掌握了丰富的数据资料，可是他们有时会发现，对自己职业规划的决策水平反不及另一些辅导员在较短时间内的快速判断，从而错失机遇。对于这种现象背后的原因，数学家经过推演后得出结论，在思想政治教育工作实践中，如果涉及对决策判断和预测未来的能力培养时，对于工作者而言，设计模型如果过于精确和写实，最终带来的效果反而可能会出现负相关的现象，这种现象叫作"过度拟合"。①

类比我们设计的模型若要精确完备地反映已知所有数据,它对未知数据的预测能力就会大打折扣。因为所有已知数据与现实相比均存在一定程度的误差,而这种误差在不可知的情况下被所谓精确地拟合,带来的结果是数据的误差在模型处理结果中被愈加放大。拟合愈发精确,并不代表预测结果就更加精准,如果拟合过度,结果可能会与真相背道而驰。

机器学习就是要避免这种过度拟合现象的存在。在学习时,更多的是在海量数据中发掘一般性规律,避免和忽视一些不必要的特殊细节,从而在判断和处理新问题的进程中,能够尽量准确有效。

(6) 卷积网络算法组合"内在知识"

机器学习中,对于图形的识别,用到的一个技术是卷积神经网络(Convolutional Neural Network, CNN)。

图像识别过程中,卷积神经网络的方法是在最基本的像素到最终识别的物体之间加入了几个逻辑层—"卷积层"。"卷积"是一种数学操作,类似"过滤",即从细致的信号中识别尺度更大一级的结构。每一个卷积层识别一种特定规模的图形模式,后面一层只要在前面一层的基础上进行识别。

犹如人脸识别技术。技术的最开始,机器已经通过大数据学习了一个人的所有外在行为轨迹信息,对这个人有了一个整体的"原始印象"。而当要识别一个新的图像,卷积神经网络方法是把问题分解为三个卷积层。第一层,先从像素点中识别一些小尺度的线条结构。第二层,是根据第一层识别出的小尺度结构识别,如眼睛、耳朵、嘴之类的局部器官。第三层,是根据这些局部器官识别人脸。其中每一层的神经网络从前面一层获得输入,经过深度学习之后再输出到后面一层。最终将学习到的现有"人像信息"与最初通过机器学习到的"原始印象"进行比对,从而识别出目标人群(如图4-1所示)。

卷积神经网络算法的关键是它的每一个卷积层都是在上一个层学习数据的基础上,又进行组合加工,新的图形对机器来说,是已知图案的组合。

---

① Brian Christian & Tom Griffiths: *Algorithms to Live By: The Computer Science of Human Decisions*, Picador USA Publication 2016年版,第153页。

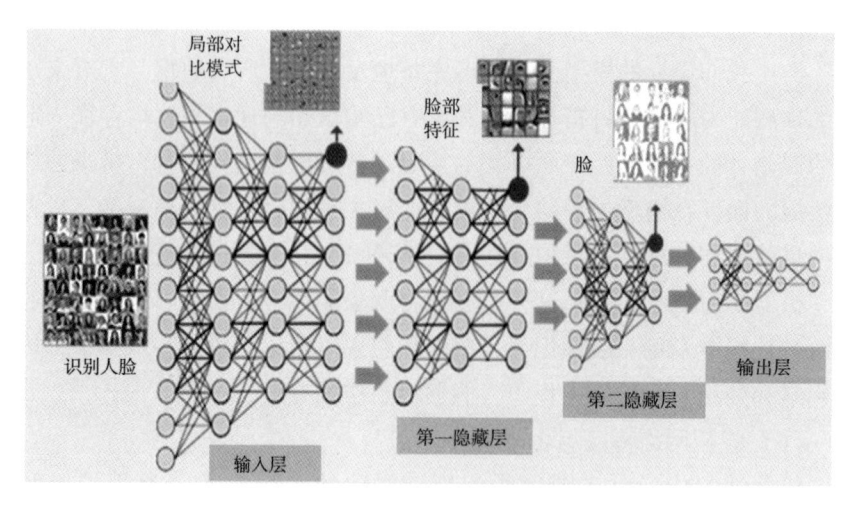

图 4-1 卷积网络技术的分层

在思想政治教育领域,伴随着教育个体的成长和阅历的丰富,其世界观、人生观和价值观的形成和发展也遵循着卷积网络的技术特质。例如当人在出生之前,基因就已经表达出了人类应该如何识别声音和光线,为此,当人们接触到不同的音频和视频信号时,才能在更高的层次去区别和判断,进而学习其中承载的信息。在学习过程中,每次学到的新知识都是旧知识的新组合,相较于每次学习的新知识,以前的已有知识都是一种已经内化在大脑中的"内在知识"。如在学校学会了尊师重教的中华民族传统道德观,在社会实践中才能进一步领悟儒家思想中"仁"和"礼"的精髓,从而最终其成为"内化于心、外化于行"的人生美德。也就是说,新知识的习得,都是在已有"内在知识"的基础上继续丰富、加工、建构和完善。

人脑是这样,机器学习也是如此。

(7) 大语言模型出现"涌现效应"

当下,人工智能步入 AIGC(生成式人工智能)技术时代,大语言模型的出现无疑是一项革命性的技术进步。这类模型,通过深度学习技术对海量的文本数据进行训练和学习,模拟出人类的语言逻辑和表达方式,从而能够理解和生成自然语言的文本。而当模型规模达到一定程度时,其性能会产生质的飞跃,表现出更加出色的语言处理能力,这就是所谓"涌现效应"。

生成式人工智能所基于的大语言模型,正是这种技术的典型代表。其实质在于，利用复杂的神经网络结构和算法，对大量的文本数据进行深度挖掘和学习，从中提取出语言的规律和特征。通过这种方式，模型能够逐渐掌握词汇、语法、语义等语言要素，进而生成符合语法规则且意义通顺的语句。这种技术的强大之处在于，它不仅仅是对语言的表面结构进行模拟，更能够深入到语义层面，理解文本背后的含义和上下文关系。

AIGC技术时代，"人工智能+"思想政治教育就是利用大语言模型等先进技术，来改进和优化传统的思想政治教育模式。首先，通过大数据分析和智能推荐，可以根据每个学生的兴趣、能力和学习进度，提供更加个性化和精准的教学内容，实现因材施教。其次，利用大语言模型的生成能力，可以创造出丰富多样的教学案例和情景模拟，让学生在互动和体验中深化对思政知识的理解。再者，人工智能技术还可以帮助教师及时收集和分析学生的学习数据，以便教师更好地调整教学策略和方法。此外，"人工智能+"思想政治教育还意味着教育方式的创新和变革。传统的思政课堂往往以讲授为主，学生处于被动接受的状态。而引入人工智能技术后，可以实现更加动态、交互的教学方式，激发学生的学习兴趣和主动性。例如，利用虚拟现实技术模拟历史事件，让学生在沉浸式的环境中学习历史，感受历史的厚重感。

总的来说，"人工智能+"思想政治教育不仅提升了教学效果，还为学生提供了更加多元、丰富的学习体验。随着大语言模型等技术的不断发展和完善，"人工智能+"将成为思想政治教育领域的重要发展方向，为培养新时代的高素质人才提供有力支持。

2. "人工智能+"思想政治教育的技术优势

"人工智能+"思想政治教育较之传统教育过程，一定程度上具有较显著的技术优势。可以避免思想政治教育认知上的偏误，实现教育实践过程的精准化。

（1）避免思想政治教育认知的偏误

思想政治教育是指教育者将一定的社会思想道德观念及其规范转化为受教育者个体思想品德的社会实践活动。马克思主义的辩证唯物主义哲学认为，实践是认识的基本来源，认识对实践具有指导作用。在教育实践中，如果对教育活动的认知发生偏误，出现了对教育过程认识的片面化和扭曲化，对于教育实践活动也会产生负面的反作用，从而影响到意识形态灌输与教化的效果。

思想政治教育实现人工智能化的最大技术优势，是可以避免思想政治教育认知中的两种统计学意义上的偏误，避免出现"伯克森悖论"（Berkson's Paradox）和"幸存者偏差"。

"伯克森悖论"的常见形式，即如果对某个社会群体的两方面特性有某一个总体的阈值要求——这两个特性即使不存在相关性，抑或原本是正相关关系——但在对总体阈值有要求的考察者设定范围内，会出现统计意义上的负相关性。

无论在思想政治教育界还是传统意义上的教育领域，通常流行着"高分低能"的说法。这就是典型的认知偏误——"伯克森悖论"。类似的，还可以用"伯克森悖论"解释很多思想政治教育领域存在的认知偏误。但关键的是，要想用这一理论避免认知错误，关键是要获得大量的被试和样本所提供的具有统计学意义的数据，然后才能形成数据画像，进而站在更加高阶的维度对数据进行观察和分析。只有这样，才能避免在教育认知上出现诸如"伯克森悖论"一样的认知偏误。对于这一点，以大数据、算法和算力为三大技术基石的人工智能技术，经与思想政治教育深度融合，便可以达到对思想政治教育实践透过现象看本质，去粗存精、去伪存真的理想效果。

"幸存者偏差"指的是当取得资讯的渠道，仅来自幸存者时，此资讯可能会与实际情况存在偏差。幸存者偏差，是由优胜劣汰之后自然选择出的一个道理：未幸存者已无法发声。人们只看到经过某种筛选而产生的结果，而没有意识到筛选的过程，因此忽略了被筛选掉的关键信息。

思想政治教育过程中，对于思想政治教育现象的认知，尤其是当多个因素导致某一结果出现时，经常会出现一些过于主观的判断。思想政治教育将提高人的思想道德素质、促进人的全面发展作为其教育的立足点，更是其教育价值的根本所在和本质体现。而现实生活中，由于各类社会思潮迸发，年轻一代的价值观出现了多元化。如现今社会出现的"拜金主义"价值观，一些人把金钱当作人生前进的根本动力和幸福源泉。大学生的教育中，经常会出现这样的偏见，如经常说"有钱就能拥有一切，有钱就能获得快乐和人生幸福"。出现这种偏见的原因是人们看到互联网或自媒体平台过度宣扬金钱的社会价值，夸大金钱的社会效用和对内心的满足和安慰作用。使得获得财富、获得金钱就能带来快乐这一现象成为了"幸存者",耀眼地出现在了人们的视线里。而事实上,还有很多人虽然获得了金钱,却失去了身体健康、时间冗余,甚至是生活自由。更有大部分群体,在过分追求金钱的道路上迷失了自我,失去了生活的意义,甚至出现了焦虑或抑郁等心理危机。这部分因金钱导致的社会现象的"代表性话语权"被剥夺了。这便是教育认知上"幸存者偏差"的典型现象。

而对于教育对象价值观引导时出现的"幸存者偏差"现象,将在人工智能时代得到更有效的规避。譬如以互联网为载体,以人工智能推荐算法为技术基础的各类手机自媒体平台,正源源不断地向广大教育对象和社会个体推送意义更宏大、内容更深刻、价值更正向的音视频讯息,使得人们可以足不出户,纵览世界,这可以有效地规避思想政治教育过程中在认知上出现的"幸存者偏差"。

如今,伴随着"人工智能+"思想政治教育化进程的迅猛发展,基于"人工智能+"崭新技术格局已经初具规模。云计算、雾计算、边缘计算等大数据分析运算技术日渐成熟,数据内容的充分性和数据体量的规模性使得对教育现象的认知出现了质性的升级和扩维。思想政治教育界开始有能力打破信息茧房,突破信息壁垒,使人们基于教育实践活动的认知水平不断提升,出现了"上帝视角""世界之眼"等更加广阔全面的认知视域,一定程度上避免了教育认知偏误的存在,从而能更好地将认识指导和反作用于教育实践。

(2)实现思想政治教育实践过程的精准化

人工智能时代的思想政治教育实践,可以实现教育效果的精准化,即精准教育。"精准教育"一词,衍生于"精准医学",精准医学强调对疾病成因精准了解并对症下药。相对应于"人工智能+"精准教育,指教育者借助人工智能、大数据等信息技术手段了解学生学业的进展情况,体会他们的心路历程,把控他们的学习状态,诊断他们学习中存在的问题,依据学生的心智差异、多样化的学习需求、目标导向差异等多元化问题"对症下药",提供量身定制的个性化的思想政治教育指导。人工智能时代,宏观的教育方法将实现规模化下的精准化,这是培养大批创新人才,进而建设创新型国家的基本保证。

思想政治教育客体存在着"学习能力""需求爱好""个性优势""知识经验"等不同的心智差异,受教育过程中,其将在行为能力和心理倾向上引发明显变化。教育人工智能将依据教育客体的心理能力,对教育内容、方式、路径乃至教育评价等进行不同的有针对性的整理设计，根据教育客体自主设定的目标，相应地开发程序化的教育进程①—②。教育人工智能的精准化还体现在满足教育客体需求的多样化，如教育客体需要人工智能提供的学习内容符合自己兴趣和口味，需要人工智能进行资讯反馈和学习评价，需要运用大数据处理、记录和分析个性化的教育信息等，人工智能均可以完成这一切。人工智能可以根据学生学习兴趣、路径与习惯的反馈进行学习内容和方式的个性化推荐，还能基于学习者的基本情况、学习过程和结果的数据进行"画像"，为学习者规划个性化的服务路径，在某种程度上可以相对精准地拓展受教育者的某方面认知领域，有针对性地提升受教育者的认知水平。

3. "人工智能+"思想政治教育的技术局限性

随着"人工智能+"在思想政治教育界的广泛应用，学界开始出现了一种"技术沙文主义"的思潮，认为教育界的一些问题都可以依靠人工智能技术来解决。这种观点存在一定的不充分性，"人工智能+"运用于思想政治教育方面存在一些理解性的偏差，而且如果思想政治教育领域过度依赖人工智能，就会出现一些偏误。

（1）人工智能不擅长处理非标准化的思想政治教育问题

计算机和人工智能擅长的领域是解决工程问题，而工程问题本质上是数学问题，即用定义良好的参数描写一个定义良好的任务。但是思想政治教育问题，广义上看是一个复杂的社会现象，这种现象恰是无法以定义良好作为前提条件的，其中有各种复杂的矛盾，是因人而异的、混乱的、动态的系统，很多时候无法标准化。以美国为例：比尔·盖茨和梅琳达基金会曾想在美国推行一个"共同核心课程"系统，类似我国的全国统一的思想政治教育大纲和标准化考试，拟将课程系统里的所有环节都通过数字化、网络化和智能化手段来实现。然而，在美国国内各地受到教师和学校的抵抗。同时，不同学区的学生，思维见解、学养程度、接受信息的能力都存在显著差异，用统一课程系统会大幅限制和削减学校思政教学的自由

---

① 邱德峰、李子建、于泽元：《人工智能背景下的课程与思政教学范式转变》，《当代教育与文化》2020年第2期。
② 全晓洁、邱德峰：《论人工智能视域下的课程新形态》，《当代教育科学》2020年第6期。

度。盖茨的这个构想，便是意欲将教育问题看作一个工程问题，然后用计算机算法形成解决所有教育问题的数字系统。但因教育方面的"症候"是个复杂的社会难点，所以，盖茨的计划，一度使美国教育系统出现了"熵增"的困境。

传统思想政治教育主客体之间存在着民主平等、主导互动、双向互动、相互转化等多重关系；在教育原则上，包含着以人为本、科学性和思想性并重、理论联系实际、一元主导和包容多样结合、知行合一、教育与自我教育结合等多重维度；在教育方法上，又有基本方法、具体路径，甚至包括借鉴其他学科的教育方法等多种途径；在教育载体上，又因为互联网技术的发展出现了多重载体的选择、运动和开发问题。总结起来，思想政治教育领域是个复杂的教育生态系统，我国应该吸取美国的教训，不能意欲以人工智能技术解决思想政治教育领域的所有问题。

（2）人工智能统计模型存在"不合理准确性"

现阶段的人工智能技术，是一种"狭义人工智能"。它的本质就是机器学习，所谓机器学习，就是用一组数据建立起了一个统计模型，用统计模型对新的数据做出预判，输入数据越广泛越精准，模型的输出预判就越准确。而统计模型本身，不可避免地存在着"不合理准确性"，即人工智能学界所称的"unreasonably effective"。譬如用统计模型预测大学生思想政治课的考试结果，抑或是研究生入学考试的政治科目考试结果，如果将学生平时成绩、摸底考试成绩、年龄、性别等数据尽可能"充分"地输入统计模型，预测结果也可能准确性较高。但是，学生考试当天是否因家庭或外界环境影响了考试时的情绪，或者考试当天因为身体原因导致应试状态出现微妙变化，这些数据无法做到"360度无死角"的全方位输入。这就会出现统计模型输出端的预判误差。现阶段的人工智能是用统计方法增加预测的准确度，人工智能就是机器学习，而机器学习归于统计模型。因此，现阶段面对着思想政治教育领域存在的复杂多变的海量数据信息和各种复杂因素，人工智能还是显得有些"不智能"。

（3）人工智能难以解决思想政治教育领域中的道德判断问题

澳大利亚哲学家彼得·辛格（Peter Singer）的学说中有这样一个对道德的论断："只要非洲还有一个儿童会因为缺少500美元而死，你就不应花500美元给自己买衣服——哪怕你是个远在中国的人。"对于这个问题，教育者该怎么判断？又该如何教育学生？这无疑是一个道德判断问题。教育主体应该意识到，人不能脱离情绪做道德判断，不能用纯粹的理性推导来进行。依据哥德尔不完备定理，用逻辑完整描述一个系统是做不到的。人类的道德判断，不存在纯粹的逻辑性，夹杂着情绪、直觉、知识迁移、群体文化、情境特征等很多心理和社会因素，一定程度上还和脑神经科学密不可分，具有多元共体性特征。回到刚才的道德判断问题，如果人工智能来回答，也就是靠算法来逻辑推演，就会在道德伦理上走向"结果主义"的阵营。考虑到人的主体性和道德判断的多元共体性，应该站在德性伦理学的角度进行回答：道德推理会达到一个单纯用推理无法证明对错的节点。这个节点上，应该把推理和直觉结合起来，才能做出更好的判断。而这些是人工智能和算法无法在教育中实现的。

（4）人工智能算法无法逾越的认知偏误

人工智能算法是人设计的，在算法设计上一味追求准确性会带来一个根本的悖论：只要用过去的经验预测未来，就一定会产生矛盾。因为产生经验的是一批人，要被预测影响的却是另一批人。这就意味着新人要为前人犯的过错承担后果。这个矛盾在思想政治教育界普遍存在，譬如在自媒体平台的用户群体中，按照内容传播的受众认知层次的不同，可以将受众进行分层"画像"，即包括低水平认知群体、中等水平认知群体和高水平认知群体。按照自媒体内容传播流量的大数据分析结果来看，低认知水平的群体拥有更多时间浏览自媒体信息，换言之，这部分群体产生的网络流量是自媒体平台网络流量的主力军。但因这部分群体的关注内容，主要集中在娱乐八卦等讯息。所以，如果依据大数据的这个分析结果，那么自媒体平台为了产生更好的经济营收，便会将制作的主要音视频讯息定位在迎合这类受众口味的低认知水平的内容。如果一味这样下去，便会出现自媒体平台内容生产制作的"内卷"化，使得亟待学习摄取更高水准层次内容的个体"嗷嗷待哺"，进而不利于社会整体认知水平的进步。而事实上，更多符合主流意识形态、主流价值观的正向信息，更高阶认知水平的内容讯息，应该突破自媒体内容传播流量的大数据分析，在社会上有效进行传播，这就更加凸显出思想政治教育内容传播的必要性和重要性。

事实上，人工智能无论如何强大，只要是基于经验和数据的，只要预测不是百分之百的完全准确，就一定会有个体或内容受到影响。所以，在思想政治教育领域，如果依据经验选择人工智能算法准确度的公平，就会给一些特定的信息内容和个体带来歧视；而选择不歧视这些特定的信息内容或个体，算法就会不准确，那就会"冤枉"另一些信息内容或个体。人工智能既然是基于对数据的深度学习算法，就无法逾越这个源于经验的认知偏误。

（二）"人工智能+"思想政治教育的功能

思想政治教育的本质是促进人的思想品德和心理素质的社会化，即将一个不适应或不完全适应社会发展需要的人，培养成为能够适应一定社会发展需要的合格社会成员。人工智能的本质是人工制造的信息处理系统和预测模型按照事先设置好的形式语言和算法规则加以运算。"人工智能+"思想政治教育的本质是在人工智能新技术手段的赋能下，全面构建教育者、技术和被教育者三者之间的和谐共生关系，并完成人的思想品德和心理素质社会化的一种特有的实践活动。其功能体现在三个方面。

1. 人工智能助力思想政治教育对象提升社会化认知水平

人工智能具有强大的数据运算和分析能力，已然超越了思想政治教育者和受教育者的人脑计算能力，并能促进思想政治教育的发展。[①] 由于算法的确定性和有效性，人工智能可以对教育活动进行自动化、精准、高效的分析与判断，从而推动教育个体社会化认知水平的提升。

在思想政治教育的过程中，教育者和教育对象常常会面临着教育世界里的各种博弈。譬如在学生思想政治管理工作领域，辅导员常常和学生形成博弈关系；再如在社会意识形态宣传领域，工作者和受教人员会形成博弈关系。

思想政治教育是一项多因素作用的复杂的社会实践。严格地说，在教育环境中，没有"纯策略性的纳什均衡"，思想政治教育领域充满了不确定性和随机性。在这种情况下，用博弈论无法解决如何才能在教育竞争中取胜的问题。通常情况下，人类受教育者在接受教育过程中不擅长使用随机性，也不太了解不确定性。因为人类在教育客观世界的博弈过程中，总

---

① 安涛：《"算计"与"解蔽"：人工智能教育应用的本质与价值批判》，《现代远程教育研究》2020年第6期。

带有误差性的归因，即"自利性偏差"和"归因谬误"，即：如果别人赢了，那肯定是运气好；如果自己胜出，那说明自己努力。

量子力学的"不确定性原理"告诉人们，"既在这里又在那里"的粒子，在物理世界是真实存在的。那么，面对这样一个充满博弈的不确定的教育世界，教育个体难道只能无所适从吗？人工智能的出现，让人们可以尽可能地根据概率判断和做出决策，最大限度地控制"命运的骰子"。

人工智能应用于思想政治教育领域，可以更多地帮助人类教育个体从充满不确定性和随机性的世界中，根据机器计算的统计学概率最大限度地把控得失，做出相对精准决策，减少教育微观世界中的个体性失败。

基于大数据的广泛性和算法的精准性特征，人工智能可以为教育对象提供更为广域或更微观的知识讯息，内容可涵盖哲学、社会学、心理学、政治学、伦理学、人格学、行为科学等多领域知识，并且可以按照受教育者对知识讯息的习得能力大小、心理能力强弱、好恶取向等个性特征进行精准推送，帮助教育对象完善自我意识、拓展认知视域、提升认知水平，同时，对教育者宏观和微观知识讯息的推送，也可协助人类完成思想政治教育基本机制中的说服、激励和调节机制，对教育对象人格特征的塑造、人格动力的强化、思想意识的转化具有重要作用。

2. 人工智能协同思想政治教育者推进教育进程

人工智能时代，人类思想政治教育者和机器人教师将出现一种人机协同的工作局面，实现教育实践活动中人机共生的效果。人工智能的算力和"体力"远超人类教育者，而人类思想政治教育者借助智能技术的精确分析，能对教育进行更全面和更科学的把握。[1] 同时，人类思想政治教育者的工作结构也会产生变革，有些工作人类思想政治教育者的角色感不能被轻易替代，但有些思想政治教育任务将由机器代替和辅助。教育人机协同，将起到进一步强化教育效果的强大作用。

人工智能时代，人工智能将与人类思想政治教育者深度协同，迅速推进受教育者思想品德和心理素质的社会化的形成过程。就狭义的教育环境而言，人工智能具有极强的思想政治教育适应性，能对学生和教师数据进

---

[1] 安涛：《"算计"与"解蔽"：人工智能教育应用的本质与价值批判》，《现代远程教育研究》2020年第6期。

行收集、分析、组织和动态调整；具有高效的问题解决能力，具有关键技术以及跨领域、跨学科的知识融合能力，为教师决策行为提供认知依据；具有精细化的思想政治教育行为，为人类教师思想政治教育路径提供反馈；具有个性化的思想政治教育服务，不仅是课堂知识的传授者和协助者，还能帮助人类教师发展学生自我认同感，培养学生创造力。[1]

无论是基于计算机视觉的课堂思想政治教育行为分析，还是思想政治教育中的情感分析与计算，抑或是聚合碎片化知识的思想政治教育知识图谱，更或是自然语言处理技术在思想政治学术写作中评估和提升中的应用，人工智能正在和思想政治教育者的角色和行为发生着深度的融合，将会更全面有效地协助人类思想政治教育者开展教育与自我教育的实践。由于人工智能的赋能，思想政治教育者的效能感会极大提升，对包括世界观、政治观、人生观、道德观的思想政治教育内容的路径更有抓手，更有利于塑造教育对象社会主义理想人格，培养社会主义思想品德进而引导其产生积极的行为，进而推动教育进程。

3. 人工智能促新思想政治教育的大众传播和社交环境

人工智能时代的思想政治教育作为网络思想政治教育发展的第四个阶段，依据自身实力雄厚的软硬件基础和人类无法比拟的强大算力，借助5G互联网这一传播介质宽带宽、高速率、低时延的技术特点，正衍生出诸如抖音APP、元宇宙等崭新的大众传播和社交的虚拟环境，使教育个体之间通过虚拟和现实相结合的方式沟通交流，形成了新的网络亚文化网络社会观，并使教育个体达到在虚拟空间和现实世界之间的和谐生存。这种虚实结合的大众传播和社交环境，同样具备思想政治教育广泛性、直观性、动态性、渗透性、特定性和部分可创性的环境特征，对教育个体思想品德和心理发展产生了巨大的推动力、感染力和约束力。

"人工智能+"思想政治教育的发展变革是网络思想政治教育发展的迭代升级。网络技术重塑着社会结构，随之产生在空间上对于思想政治教育外部结构的深度介入，体现的是思想政治教育工作者在实施教育过程中教育要素的形式转向、教育载体的介质转向以及教育受众的多元转向。而

---

[1] 顾小清、李世瑾：《人工智能教育大脑：以数据驱动教育治理与教学创新的技术框架》，《中国电化教育》2021年第1期。

这种崭新的大众传播和社交环境所带来的是对思想政治教育范式的全新塑造，不仅是智能技术融合的产物，更加凸显的是教育对象的体验转向。全息化、可视化的思想政治教育流程，为教育对象提供了沉浸式、交互式的学习体验，这是"人工智能+思想政治教育"的结构性转向，其所引发的影响必定是深刻和深远的。思想政治教育传播环境的发展变革主要体现在以下几个方面：大数据、人工智能、云计算等技术的发展，拓展了思想政治教育的空间。因此，从学科层面思考和把握沉浸传播对思想政治教育的影响，是思想政治教育适应智能技术发展的逻辑必然。人工智能时代思想政治教育需要在把握所面临的现实挑战的基础上，充分利用虚拟现实技术的赋权，不断优化沉浸式传播给思想政治教育带来的实际效果。从路径层面检阅和优化思想政治教育的大众传播和社交环境，是立足时代发展变化实际推动思想政治教育创新发展，为民族复兴培养时代新人的必然需求。[1]

（三）"人工智能+"思想政治教育的根本特性

人性，传统意义上，区别于兽性，即人兽之分；而人工智能时代，强调人性是为了在人与机器之间划出"楚河汉界"。智能时代，思想政治教育的回归恰恰是使人类保持人性，尤其是有别于机器的人之为人的特性。

1. 思想政治教育个体拥有人工智能无法超越的学习能力

人工智能图像识别能力虽然很强，这只是人脑一个非常表象化的功能。人脑看见一张图片并寻找到其中的某个任务并把它归类，这些思维过程仅需几十分之一秒，且都是在无意识的情况下发生的。人工智能虽然能够下棋，但本质上就是模式识别技术在起作用，只是计算速度更快、信息存储量更大而已。模式识别技术使人工智能非常"专家化"，实则不然。凡是我们有意识的思维，如逻辑推理和抽象概括这种所谓"慢化"的思维方式，人工智能均无法企及。

---

[1] 王寅申、朱忆天：《沉浸传播时代思想政治教育的发展变革与价值澄明》，《思想理论教育》2021年第4期。

从"学习"的角度看，机器学习对人脑的仿生仅限于表层。人脑相对于机器学习有五个显著优势。这对于人类来说很简单，可人工智能却难以操作它。

其一，思想政治教育个体对概念的抽象提取能力是人工智能做不到的。比如在思想政治教育工作中，辅导员经常要与学生谈心谈话。谈话过程中观察学生的举手投足和表情仪态，从中觉察学生的情绪变化。如懊恼这一情绪是学生经常会存在的一种情绪特征。对于辅导员而言，无论谈话对象的表情举止如何因人而异，无论谈话对象的性格如何迥别，如果学生有懊恼情绪的出现，有经验的辅导员定会从不同学生懊恼情绪的不同表现形式中及时准确地判断出学生存在这一情绪特点，并将这些因人而异的情绪表征清晰地判定为"懊恼"这一情绪内涵。相比较而言，人工智能则是需要通过人脸识别系统将不同人的情绪表征和后台人脸大数据信息进行比对，通过深度学习技术识别每个同学差异性的"懊恼"表现。所以，人对概念的抽象提取能力是人工智能无法比拟的。

其二，思想政治教育个体的学习速度非常之迅速，而训练人工智能则需要海量数据。AlphaZero固然可以做到任何游戏都比人类打得强，但是，它在初期的学习速度却比人类慢很多。人工智能是靠不断地学习、试错、反馈过程，经过数以亿计的学习过程后，才能开始打游戏。而人类只需要给他介绍一下大概的游戏规则，就能在初始阶段将游戏打得很有章法。再如对于思想政治教育学科专业的学习，一个新接触这个专业领域的大学生可以通过如下三个步骤在短时间迅速做到对专业的熟悉和了解：一是掌握思政专业的一些常用专有名词；二是阅读思想政治教育专业领域有代表性的几本专业书籍和论文著作；三是和所在学校思想政治教育专业的几位专家探讨几次学术问题。如此，便可以做到对思想政治专业知识领域快速地入门和熟悉。而换成人工智能，仅粗略地掌握一门专业知识技能，却需要比人类多几十倍的训练量才能做到差强人意。

其三，思想政治教育个体传递知识的效率比人工智能高很多倍。如某思想政治教育专业的博士生导师教学生科研方法，有的时候几个关键句，甚至是一个眼神就能够让学生心领神会。而人工智能没有这个能力。机器学习的所有知识都体现在神经网络里的那些参数的变化，而参数本身没有任何意义，从这个角度看，人工智能就好比一个

"黑箱"。

其四，思想政治教育个体具有知识的迁移能力，而人工智能却不具备。如在思想政治专业领域，教给学生思想政治教育的"四体说"，即思想政治教育的主体、客体、介体、环体。受教育者学会后，可以迅速将此逻辑框架迁移到生活工作中的其他领域。如思想政治工作中突发事件产生时，辅导员分析问题的思路都会遵循"谁（主体）在什么环境下（环体）以什么行为方式用什么器物（介体）对谁（客体）产生了什么影响？"而现阶段的人工智能，并不具备这种把新知识迁移入另一个已有知识场域的能力。

其五，人脑的学习过程，首先是使用思想语言创造各种假设的规则，然后在实践中验证这些假设，找到最可能的规则，最后用此规则去学习。也就是"观点随着事实发生改变"的"贝叶斯方法"（Bayesian）。

这些，是现阶段人工智能所无法具备的能力，也是人工智能所无法取代的思想政治教育个体在教育实践中的本体性体现。[1]

2. "人工智能+"思想政治教育对人性的遵守

思想政治教育和人工智能的耦合之初，便产生了一个基于技术视角的原初问题。思想政治教育个体的认知能力究竟能否打破人工智能算法带来的"信息茧房效应"？只有找到其答案，后续"人工智能+"思想政治教育的理论和实践的发展才能铺平道路。

从"人工智能+"思想政治教育的供给侧着眼，算法对大数据选择性地过滤，有针对性地"投射"给思想政治教育个体。算法每时每刻都在根据思想政治教育个体的兴趣和情感取向向其推送带有特定偏好的数据和信息，这种个性化的数据和信息包围使得思想政治教育个体在获得沉浸式体验的同时潜移默化地塑造着其认知结构，而思想政治教育个体又通过生产带有个人特定价值理性的数据反向"喂养"算法，如此作用于反作用的过程，容易造成思想政治教育个体的认知固化倾向，拒斥不符合自身偏好的其他领域知识和异质化信息，即造成了"信息茧房效应"。[2]

---

[1] 杨晓哲、任友群：《教育人工智能的下一步——应用场景与推进策略》，《中国电化教育》2021年第1期。

[2] 祝智庭、韩中美、黄昌勤：《教育人工智能（eAI）：人本人工智能的新范式》，《电化教育研究》2021年第1期。

但"信息茧房效应"真的不容易被打破吗？辨析这个问题，离不开两个假设。第一个是站在"数据智能"的角度来看，人是不变的。人的偏好、人的特征、人和周遭万物的关系都相对静止。通过一套算法工具，人工智能可以不断逼近那个最终的事实和真相，从而掌握教育个体的节奏。但是，当换一种视角，站在"意义生产"的角度来看，另一种假设是，思想政治教育个体是不断自我塑造的，是运动发展的。昨日死，今日生，从前种种，此后种种。思想政治教育个体永远可以跳出自我，走出原地，包罗万象，海纳百川，更多地吸收新鲜和陌生的东西，成就一个全新的自我。

这两个假设，无谓孰是孰非。在人工智能时代的思想政治教育实践中，它们是并行的，互为表里，同时在起作用。当教育个体在成长，就意味着他在不断变化，不断地追求和创造增量。如此，他便存在于一个变幻无穷的意义世界里。譬如，就思想政治教育而言，大学一年级新生接受教育的意义是完成高中到大学的适应和过渡，为更高年级的专业课程学习打好基础；二、三年级学生接受教育的意义是学好专业课，并在学习实践中探寻人生未来的兴趣和目标；四年级学生接受教育的意义是为考研和就业做好准备，当找到了工作，他们的意义世界又开始发生改变。只要是这样，人工智能的算法便永远无法进行思想政治教育个体固化的数据画像，无法对其进行风格化的模式识别。因为，人工智能的本质是基于算法的计算，而这种计算是不具备"意义"内涵的。人工智能时代的思想政治教育个体，通过重塑价值，不断地对意义进行崭新的界定。站在这个角度看，只要思想政治教育个体是不断进步的，只要人类世界是不断发展和运动的，只要人类在不断创造崭新价值，生产全新意义，那么，就一定能够形成数据和信息的增量效应，而处于信息供给侧的人工智能推荐算法，在追踪教育个体信息偏好的过程中，就永远无法对思想政治教育个体需要的信息进行标签化的设定。如此，教育个体就一定能够不断"破圈"，从而打破"信息茧房"的包围。

"人工智能+"思想政治教育对人性的遵守，还体现在其凸显人的主体性价值。人工智能时代的思想政治教育会塑造人区别于机器的特有属性。思想政治教育在潜移默化中教会人透过现象看本质，建立人类高雅的审美情趣，培养人健康稳定的心理情感，教会人独立地思考，锤炼人完善的人格，使人形成清晰的自我意识。教育培养的这些能力素质，是人类特有的，是智能机器所不具备的。比如审美能力，不是大量数据堆砌后的统计规律，更不是简单的规则组合。计算机的深度神经网络纵使再加强"审美训练"，也会有意忽视艺术创作中最强调的"创新"的特征。再比如培养人的健康情感方面，虽然情感分析技术一直是人工智能领域的一个热点方向，但目前最先进的计算机智能程序，在理解幽默或享受欢乐的体验上，还不如两三岁的孩童。思想政治教育在这些人类特有能力素质的培养上起到智能机器所不可替代的作用。

"人工智能+"思想政治教育，以"人"为核心，回归到"人"本身。以"以理服人"的教育文化对受教育者进行熏染和浸润，即指通过道理和真理来说服和劝导人，它关乎教育的有效性。以"以文化人"的教育方式将文化根植于人的心灵世界，借文化之力量达到人精神世界之融通，人生境界之优化；通过"以学养人"的教育内容对深厚的学术底蕴、博大的学养环境和丰裕的学习资源进行充分挖掘，发挥其育人功能，引导受教育者在学习知识、理解知识、发现知识和创新知识的过程中，培养高尚的精神品质，通过对精神主体的心理状况、道德情感意志、选择判断等智力与非智力因素的多重互构，养成心灵和谐的内在状态、崇真向善的精神品质和聪慧睿智的人生智慧；通过"以美育人"的教育效果让学生僭越"抽象的理""精深的文""系统的学"，学会以美的眼光欣赏世界，以美的观念体悟生活，以美的情操涤荡心灵，进而产生对美好生活的愿望、情感和追求。

随着人工智能的发展，重复性操作的冗繁使命将交由机器完成，这也使机器所无法企及的人类独有的异禀天赋变得更具价值，将成为人工智能时代的瑰宝，也更应是人类通过教育培养和塑造的人性光辉。发展和完善人类的这些稀缺品质，实现人之为人的价值重构，是"人工智能+"思想政治教育的未来前进方向，更是教育工作者的动力之源。

（四）"人工智能+"思想政治教育的变与恒

随着计算机能力的提升、大数据的爆发式增长、机器学习算法的不断进步，中国领衔的5G网络逐渐应用，思想政治教育开始向数字化、网络化、智能化转型，人工智能融合于思想政治教育，将助力思想政治教育快速发展。习近平指出,"要运用新媒体新技术使工作活起来,推动思想政治工作传统优势同信息技术高度融合,增强时代感和吸引力"。铸魂育人,落实"立德树人"根本任务,加强和改进思想政治工作,须与时俱进,转变教育理念,创新思政教学模式,抢抓人工智能带来的战略机遇,把握其发展应用的方向,有效推动人工智能技术与思想政治教育无缝对接,转变旧的教育理念,促进思想政治教育进入一个全新的智能化时代。

人工智能融入思想政治教育,是我国新时代推进思想政治教育向前发展的崭新趋势,思想政治教育的各个要素,正在沐浴着一场新的科技革命的洗礼。但是,无论思想政治教育在人工智能时代的发展如何高歌猛进,都离不开对思想政治教育优秀思想文化根基的传承。思想政治教育中的各个要素在新一轮科技革命创新和发展中,哪些要素又会在人工智能时代发生嬗变?哪些特色需要立异创新?又有哪些回归的衡律?哪些文化的涵养和传承?本研究从马克思主义哲学"变与不变"的观点出发,研究"人工智能+"思想政治教育的嬗变与立异,回归与涵养。

1. 嬗变:"人工智能+"思想政治教育的要素更始

人工智能时代,思想政治教育者、教育对象、教育方法和教育环境,都被注入了智能科技的元素,较之传统的思想政治教育,在教育主体、客体、介体、环体四个要素上都发生着嬗变,形成了人工智能时代思政教育的"新四体",出现了新的教育生态。

(1)人工智能时代思政教育主体角色能力的聚合化

思想政治教育主体即教育者。传统的教育者往往有冗繁的工作事务缠身,而且在知识储备上,需持有心理学、管理学、组织行为学、人力资源管理学等多种门类的学科知识,应具备诸如教育决策、人际理解、沟通协调、信息技术应用等多样能力。思想政治教育传统模式对教育主体的能力要求似乎"没有阈限"。而事实上,由于教育主体的职业定位受限于特定历史时期,且存在人的有限性问题,其认知和实践能力必然是存在限制的。[1] 而人工智能时代,思想政治教育主体将从冗繁的工作事务中解放出来,将看似无限的能力要求集中聚合,突出"操控者""创新者""引导

---

① 陈坤、李旖旎:《人工智能语境下思想政治教育者的角色定位》,《思想教育研究》2018年第9期。

者"三重角色能力的重新定位：

教育的主体转变为"操控者"的角色。思想政治教育者将操控和利用人工智能进行教育活动，"人机协作"将成为一种教育"新常态"。思想政治教育主体要操控人工智能来完成更多程序性的、重复性的复杂工作，利用人工智能拓展自己的认知疆界和能力阈限。人工智能则能够通过机器视觉、深度神经网络学习等先进技术，精准把控受教育者的行为表征和学习状态，为受教育者提供个性化的发展推荐。人工智能将受教育者的知识需求、认知结构和教育进度等数据及时反馈给思想政治教育者，教育者便可据此做出科学的教育判断和行为决策。人工智能数以万计的 GPU 和图形处理器所具备的海量的存储能力和精进的学习能力，能够以几何倍率提升思想政治教育者的工作效率。而教育者要做的，是掌握智能技术的使用方法，发挥诸如情绪感知、艺术审美、逻辑抽象、跨域推理等人类独有的智慧，充分利用人工智能为自己的教育实践服务，与机器互相协作，互相支持，相得益彰。

教育的主体更注重"创新者"的角色。人机差异在于，人可以思考并发现问题，而机器只能解决问题。在奇点到来之前，人工智能是为人服务的。但人之为人，是因为他独有的创新智慧。思想政治教育者如果想不被机器取代，就必须具备创新驱动能力，这种创新体现在很多方面，比如教育科学研究的创新、知识生产的创新、学习情境创设的创新、教育生态模式的创新等。思政教育者应该投入成本去了解算法的设计，应该对人工智能生成的思想政治教育个性化方案进行思考，时刻对自身的行为模式和行事风格进行批判性的反思，对智能机器的计算结果进行合理的价值判断，保持思政教育主体在教育过程中独有的思维向度，从而将由人工智能发展带来的教育者角色异化现象变为不可能。

教育的主体更突出"引导者"的角色。人工智能时代，教育内容实现了个性化和定制化，教育形式实现数字化、泛在化和普适化。知识可以针对受教育者不同的天赋、潜能、个性和兴趣进行差异化的供给和培养，受教育者可以在任何地方、任何时刻获取所需的任何的知识讯息。思想政治教育者传统意义上的"知识讯息传递者"部分职能将被机器所取代，将成为名副其实的"教育引导者"。思想政治教育者应该更多地为受教育者的能力塑造、价值引领、情感感化、信念确立、德性养成等方面的帮助和引导,"更好担起学生健康成长指导者和引路人的责任",① 肩负立德树人的根本任务。"育人"能力,将成为人工智能时代存在于教育界的一种被广泛弘扬和推崇的核心能力,而这种能力,是弱人工智能时代的机器所不具备的。

人工智能时代思政教育主体角色能力聚合所生成的"操控者""创新者""引导者"定位,较之传统思想政治教育,其优势集中体现在将思想政治工作艺术与人工智能时代前沿技术深度融合,熟练运用现代信息技术开辟崭新教育路径,有效利用思政知识资源,拓展"智能思政"新空间。同时挣脱传统教育观念的桎梏,大力培养创新思维,大胆创新技术手段,大幅提升创新学习能力,集中"优势兵力"致力于引领教育客体的价值取向、淬炼其思想境界、涵养其人格品质。

(2) 人工智能时代思政教育客体的多元化

思想政治教育客体,即教育的对象。教育对象是有思想、有感情的人类个体。传统的思想政治教育,对教育客体诸如心理、个性、学习习惯等特点,多数停留在经验层次和认知阶段。而人工智能时代,受教育者的个性差异和需求将在教育过程中得到最大限度的支持和帮助。教育个体的个性化体现在如下方面:

教育客体的心智差异。受教育者既存在包括个性优势、个性需求、个性偏好、学习能力、知识经验等不同的心智特征,又需要培养记忆、需求、推理、解决问题、获取新知等多阶能力,同时对教育内容、教育方式、教育路径乃至教育评价都存在差异性的习惯养成和服务需求。受教育的过程中,教育客体在引发行为、能力和心理倾向上有比较显著的变化,人工智能将依据受教育者的不同个性特征提供有针对性的服务支持,以促使其行为发生持久的变化。

教育客体的服务需求多样化。受教育者要求多样化的教育服务。受教育者需要电子教材和数字资源来提供符合他们口味和兴趣的学习内容,需要教育云服务平台对他们进行学习评价和反馈,需要结构化、半结构化、非结构化的数据信息处理来记录和分析他们个性化的教育信息。这些需求,人工智能可通过如情绪识别、情感计算、自然语言处理和自适应学习

---

① 《习近平在全国高校思想政治工作会议上强调:把思想政治工作贯穿教育思政教育教学全过程开创我国高等教育事业发展新局面》,《人民日报》2016年12月9日。

教育客体的目标导向差异。这是教育客体在结果追求上的特征体现。受教育者的知识基础和学习能力的差异，直接导致其对教育目标自主定义的不同，且会对受教育过程自我监控，以此来控制自己的受教育进程，最终达到不同的教育目标。目标导向的差异帮助教育对象对教育本质有更深刻的理解、更独到的见解，并帮助他们成为自我精进的终身受教者。[①]

人工智能时代思政教育客体在心智差异、教育服务需求、目标导向上的多元化差异，一定程度上反映了其思维的灵活性、深刻性、创造性、批判性和独立性正在不断增强。较之传统意义上的受教育者，人工智能时代造就了他们活跃的知识观、高度的行为自觉和强烈的学习动力。

（3）人工智能时代思政教育介体的混合化

教育介体即思政教育方法，是指教育者用来影响教育对象的思想品德及将高尚品德传授给受教育者的各种活动方式和手段。传统的思想政治教育，多采取课堂思政教学、谈心谈话等方法进行。人工智能时代，诸如智慧教育、翻转课堂、混合式教育等多种崭新教育方式将在混合作用中有序推进教育进程：

智慧教育是一种崭新的教育信息化范式。智慧教育是指在教育领域的教学、科研和管理方面，运用现代信息技术，深入有效地促进教育改革、全面推动教育发展的过程，是依托新一代信息技术物联化、智能化、感知化、泛在化的教育信息生态系统。其基本特征是：开放、共享、交互、协作。"智慧"指学习时空环境应具备机器感知、智能推理、智能决策等特性。智慧教育融合了现代教育理论和大数据分析、人工智能等技术，是一种崭新的教育信息化范式。其基本内容是：资源、情境、行为和管理等教育大数据存在于思政课程教学、管理、评估和决策等教育全过程之中，对其进行挖掘、分析和整合，从而建立一套具有智能导学、精准推荐、精细评价的学习生态系统，包括泛在学习、交互式数字学习资源、适应不同学习风格的智能学习体验三个主要效能。

翻转课堂实现教育对象的深度学习。即将思政教学任务中知识的传递，部分转移到课堂外，让学生通过自主学习的形式进行，从而充分利用

---

① 牟智佳：《"人工智能+"时代的个性化学习理论重思与开解》，《远程教育杂志》2017年第3期。

课堂时间，在师生之间、生生之间进行积极有效的社会化互动，实现学生的深度学习。思政教学目标是：在此过程中培养学生的创造性思维、跨区域推理思维、问题思维和批判性思维。思政教学的方法是：学生在课前通过对学习材料进行阅读抑或观看课程视频的形式进行自主学习，转而在课堂上进行教师与学生之间、学生群体之间的切磋、交流、分享和探讨式的合作学习。其本质是在问题导向下，以学生为中心的自主学习与合作学习。在此过程中，学生形成自己有效的学习策略，通过反馈及时思考调整学习进程，对自身学习状况进行自我检测和自我评估。

混合式教育达到最优的学习效果。即将传统课堂思政教学和网上思政教学有机融合起来的一种教育方式，它包括教育学习样态的混合，诸如：课程内容与资源、学习策略与评价方式、同步学习与异步学习、思政教学设备和多种运营方式等，就是将传统"线下学习"和网络"线上学习"深度整合，使资源丰富、交互便捷的线上强大学习功能得以被充分开发使用，又对面对面教育过程中，教师引导、启发、把控思政教学过程的主导作用进行充分挖掘推广，进而达到学生学习效果的最优化、学习效率的高效化之目的，使学生的主观能动性和积极创造性得以充分发挥，将学生的自主学习能力、探究学习能力和协同学习能力全面培养的教育方式。[①] 混合式教育是根据学习者的预期目标和要求，把学习者的学习由浅到深地引向深度学习，核心是通过混合达到最优的学习效果，不断优化思政教学过程。

教育资源可以实现数字化转型和智能化升级。人工智能时代的道德教育环境中，人机对话是师生双方知识的情境性交流，受教育者可以通过智能技术获取优质的道德知识教育资源。一是物联网将现实世界的万物与网络空间重新对接整合，构成了超级物联网平台，教师把受教育者的家庭、社会和学校的互联互通，连接、传递与共享了思政道德教育的资源，实现了道德教育与受教育者学习生态环境的有效联结。VR/AR 技术等承载思政道德教育映象与学生交互学习和沉浸式的体验，激发学生对教师道德权威的崇拜。二是大数据在道德教育领域的联合应用可弥补彼此的缺陷。教师思政道德教育基于人工智能对受教育者道德生活大数据的深度挖掘，实现道德权威教育方向与策略的精细化调整。三是知识的传播趋向规模化和

---

① 杜世纯、傅泽田：《混合式学习探究》，《中国高教研究》2016 年第 10 期。

个性化统一。教育者作为知识传播的中心，Chat GPT 的知识生成效能，丰富人类教师讲授为主、学生课堂聆听的知识传递方式，学生可以通过手机、智能系统、智慧教室等，利用 Chat GPT 智能技术获取学习资料和问题反馈。获取教育资源的方式将逐渐发生改变。课堂上，由人类教师主体讲授转向学生主动求知，由人传人转向机传人等的多元化获取方式，形成道德教育资源规模化、个性化的快速传播。多项智能技术在道德教育领域的联合应用将成为数字转型时代思政教师道德权威的重塑的助推器。

人工智能时代思政教育介体的网络性、创新性、混合性和智能性，一定程度上促进了思想政治教育过程的有效性、灵活性和多样性，有助于促进受教育者的自我教育并进一步实现教育与自我教育的协调统一，不断激发受教育者的创造力和主观能动性，使"思想政治教育的客体主体化"，能够增强思政教育的魅力，有利于更深层次提升受教育者的文化、能力和素质，促进思想政治教育实效性的发挥。

（4）人工智能时代思政教育环体的智慧化

思想政治教育的环体是指对思想政治教育活动和教育对象的思想品德形成和发展产生影响的一切外部因素的总和。传统的思想政治教育的环境包括学校、教室、图书馆等多个空间场所。而当今时代，"加快形成多元协同、内容丰富、应用广泛、服务及时的高等教育云服务体系，打造适应学生自主学习、自主管理、自主服务需求的智慧课堂、智慧实验室、智慧校园"已经成为了思政教育环境发展的新特点和新特征。人工智能时代的教育环境，主要体现在智慧学习空间的设计和推广，智慧学习空间有两个紧密联系的重要概念。"技术"和"空间"，"技术"指大数据、云计算等人工智能信息技术；"空间"那有物理环境层面、陈设层面以及水电网络等方面的内容。① 具体可分为以下五个方面：

智能技术。智慧学习空间将嵌入大量的智能元素。学习空间的构架，应该基于智能技术进行整合，具体包括五层架构，即：基础数据层、算法层、感知层、认知层和服务应用层。智慧学习空间囊括的所有数据都在基础数据层，包括资源类、管理类和行为类三种类型数据的采集、存储、传输和加工在基础数据层进行。人工智能最主要的两类算法，如机器学习和

---

① 许亚锋、高红英：《面向人工智能时代的学习空间变革研究》，《远程教育杂志》2018 年第 1 期。

深度学习均在算法层进行，算法层是学习空间中人工智能技术运行的最关键部分。语音识别、图形图像识别、计算机视觉和文本识别技术在感知层运行，静态和动态相结合地采集与处理，学习空间的各类文本、音频、视频等数据可借助上述四种技术进行；情感计算、智能代理和自然语言处理等技术在认知层进行，这个层次的相关技术可以使机器运行更智能化，学习空间的各类思政教学、研究、管理和评估在服务应用层进行。

个性化的空间布局。智慧学习空间布局的发展方向将面向两个方向：一是更具灵活性与弹性，由于教育组织形式和方法的多样化，诸如传递/接受式思政教学、思政实践教学、基于项目的思政教学、自主探究学习、基于人机协同的合作学习、讨论等多个思政教学方式可以在学习空间实现自由切换；二是开放式布局与区隔式布局相结合，人工智能时代，学习将更加个性化，所以，可通过学习空间隔断等方式构建有区分的空间区域，使得布局富有层次性，减少异步活动时的相互干扰。

定制化的学习环境。区别于与传统教室中整齐划一的物理环境，智慧学习空间结合人工智能技术和物联网技术，以用户为中心，更加注重用户体验，强调的是用户学习空间的定制化和个性化，不仅创设物理环境的舒适、优美、健康、环保，且温度、湿度、亮度、色彩、照明均可以根据用户个人的喜好进行不同的切换和调整，适应用户不同的学习习惯。

智能化家具陈设。可根据不同高度和色彩搭配，将课桌椅、移动讲桌等家具设备进行陈设，突出年轻多样化的设计风格。在家具中融入人工智能技术，使得家具可以感知学习者的学习状态，提供配套的智能化服务。

智慧学习空间。即人工智能时代思政教育新环境的塑造和优化，将物理上的教育学习环境和受教育者的学习生活紧密相连，对受教育者良好学习习惯的养成，个性化知识讯息资源的供给，高阶学习认知能力的培养，以及完善人格的形成，高尚情操的陶冶都具有十分重要的促进作用。人工智能时代，应本着实用性、艺术性、思想性相统一的原则，循着"绿化、净化、美化"的设计理念，营造"整洁、美观、舒适、智能"的教育环境，为思想政治教育的开展创造便捷、高效、有利的外部条件。

人工智能时代，受教育者同样生活在一个由高度道德化和理智化的人类所组成的虚实的世界空间，仍需要在一个有规范管理、有社会秩序、有公正民主的生态环境中成长成才。因此，思政教师道德权威存在亦是必然。人工智能赋能教育管理已广泛应用于学校机构等各个层面，以数字化赋能管理向服务转型,潜移默化地改变着教育教学和教学管理。① 具言之,智能算法,通过大数据来制定更加精准的评估标准,全方位评价受教育者,根据受教育者兴趣需求进行个性化推荐德育教育内容。可以实现监控考试全过程;区块链技术安全保护教育资产与科研成果的版权,防止篡改学生考试成绩单、学历证书等,从源头上解决知识产权失窃问题。② 有效提高了学校教育管理效率和质量。人工智能在赋能学校管理方面的同时,也助力道德教育生态环境的优化,教师道德权威的重构已成为时代之必然。

2. 立异:"人工智能+"思想政治教育的特色创新

"人工智能+"时代的思想政治教育,亟待在教育特征、教育者的能力、教育样态上创新立异,这样才能和着新时代的旋律,紧扣"数字经济"的时代脉搏。

(1)"人工智能+"思想政治教育的新特征

"人工智能+"思想政治教育,应该更好地体现如下三个特征,才能得到长足的发展和推进。

其一,互动感。思想政治教育的本质,是意识形态的教化,通过提高人的思想道德素质为社会全面进步提供服务。这个过程之中,诸如知识传授、信息服务、推理计算等教育内容,借助 5G 网络技术构建的宏观环境和便利条件,人工智能技术均可以替代人类教育者实现和完成。但是,互动所带来的"启发—参与式"教育模式是人工智能机器永远无法取代的。比如思想政治理论课教学,无论使用多么先进的智能技术辅助思政教学,学生要习得知识的核心,一方面是教师的引导和启发,另一方面是学生在认知上的积极参与。两者形成有效互动,才能够将思想政治课思政教学高效开展。教师的引导和启发,指的是教师要会通过示范思政教学法、启发思政教学法、讨论思政教学法等方式,通过语言的传递、思政教学姿态的辅助、面部表情的变化调动学生的认知积极性,而学生要在听课过程中,不仅仅停留在"听"和"看"的被动接受状态,而要发挥主观能动性,在"思维"层面发生变化,对教师讲授的知识能够主动地联系自身进行

---

① 邵成智、扈中平:《论教师的预付权威》,《教师教育研究》2019 年第 4 期。
② 申晓腾、崔金奇:《5G 助力人工智能技术在高等教育中的应用》,《未来与发展》2021年第 3 期。

思考，在脑神经元之间建立强化联系，做到深度领会，认知升级。比如就思想政治教育而言，目前学界存在一个谜思。很多教师备课很认真，课堂讲述也很熟练，使用的思政教学辅助技术手段也具备了信息化特征，学生看似对这种授课形式也挺支持，遵守上课纪律，做到了认真听讲。可是，在课下很多时候，当学生自己遇到思想困惑和行为瓶颈时，仍然不知道该如何解决，甚至当看到网络上多元的价值观时，还会"头脑发热"，迷失方向。这究竟是什么原因？究其本质，就是因为目前的思想政治课授课，部分教师仍然停留在单纯的"输出"模式，而很少顾及学生的思想反馈，造成信息的流动缺少互动，无法形成闭环。也正因为如此，才有思想政治辅导员这一角色，能够在学生的生活实践中起到保驾护航的辅导作用，保证能够在课堂授课之余通过和学生线下实时互动的方式和学生做到实时沟通，解决学生存在的思想问题和道德情感的偏误。所以，在未来，思想政治教育的互动感，是"人工智能"时代最重要的一个特征。

其二，意义感。人工智能和人类的最大区别，是它做任何计算或分析，都是在既定的算法驱动下进行的，从某种意义上来说，人工智能的"思维"是线性的，即：算法让我做什么，我就做什么。所以说，人工智能具有工具理性，但是它不具备价值理性，不具备价值判断或寻求意义的能力。而思想政治教育，首要的是受教育者在接受教育方法和艺术的过程中，学会独立思考做事情或者是人生的意义。比如马斯洛关于人的需求理论里，描述的最高层次——自我实现，其实就是人都有寻找意义的本能。在未来，物质极大丰富的情况下，温饱再不会是人的意义追求。每个个体都会将自我实现当作人生的意义，都有实现自我价值最大化的诉求。人生中的每件事，如果被赋予了意义，便被赋予了做这件事情的内驱力。比如，大学生思想政治教育过程中，如果每个学生都能从根本上意识到，学习思想政治理论课，能够使自己明礼崇德，获得认识和实践上科学的世界观和方法论，从而指导自己的认知和行为，他便获得了学习思想政治课的意义，也就获得了想要学习好这门课的动力。而就思想政治辅导员而言，如果他从根本上意识到，他所从事的工作，是有可能改变一个思想迷惘学生的人生道路的崇高职业，那么，他或许对工作更积极和更有热情。而这在思想政治教育的主客体之间所塑造的意义感，是其本身在未来得到日臻完善和发展，具象而言，是保证思想政治教育从业者能够不被人工智能取代的重要特征。

其三，疏朗感。当今社会，人类的生存压力越来越大。这种生存压力，一定程度上体现在人类和人工智能对于劳动岗位的争夺。就人工智能技术加持下的社会发展趋势来看，很多注重程式化的职业将会被机器取代，不可避免地会带来教育中的很多专业门类的改变，传统工种的从业者，无时无刻不在面临着行业格局和职业路径的变革。这无疑给人们造成了巨大的竞争和生存压力。当未来的就业群体更多地流向高创造性、富艺术情感性、跨界思维性的岗位和行业时，一方面这能够带来行业发展的繁荣，但另一方面，这也会让人产生行业饱和的隐忧。而且，符合这三个特征的职业岗位，对就业者而言，更多地体现为一种脑力劳动力的消耗和支出，而赋予创造性的脑力劳动，对个人的精神和身体抗压能力将提出巨大挑战。在这种情况下，思想政治教育不光体现在对意识形态的灌输和教化，更重要的是要让教育个体学会以更强大的内心空间去接受外界巨大的压力，注重其非智力因素，磨炼其意志品格，提升其抗挫折能力。在这个视角上看，思想政治教育就不再应该仅仅注重思想政治道德的塑造，而也有必要突出缓解压力，修复内心，带来精神愉悦的舒朗体验。心理学研究，人类笑的作用可以像瑜伽、冥想一样产生让大脑释放和减轻压力的良好效果。所以，未来人类，要把娱乐融入生活，当作让工作做得更出色的必需品。在这个意义上，思想政治教育，要想优化教育效果，改变受教育者的思想，促进受教育者人生幸福指数的提升，在教育中营造舒朗感，让受教育个体学会"笑看人生"是必不可少的。

(2)"人工智能+"视域下思想政治教育者的新能力

人工智能时代的思想政治教育者应该具备交想力、共情力和灰度决策力三重能力。

其一，交想力。交想力，即系统思维，能把看似单个的要素放在系统中去审视，把不同视角的要素联系在一起，组合思考的能力，是一种跨界思维的创新能力。据脑神经科学研究，交想力的发生实质是人脑中两个不同位置的神经元建立通路，传导生物电进行连接的过程。人工智能无法具备这种能力，因为它仅仅是依据大数据喂养，依据深度学习算法进行线性学习，即"有一学一，有二学二"，而不会将不同领域的知识进行关联性连接，从而无法产生跨界思维。在思想政治教育领域，交想力十分重要。对于教育科研工作者而言，经常需要将不同领域的学科知识进行交叉连接和思考，产生新的洞见。如将中国传统文化中的国学思想和马克思主义哲学相联系,对思想政治教育过程中的意识形态工作问题进行思考和探究;再如本研究,也是将现代信息论等通信技术前沿知识和思想政治教育学的基础知识进行交叉连接,继而进行理论和实践的探索。而对于辅导员而言,常常是将心理学和教育学的相关规律进行整合,在教育实践中把握学生的思想状态,及时对其进行有针对性的辅导和帮助,同时常常涉及将学生管理工作中的微观要素,融入学校建设的宏观环境,甚至依托国家时代特点这一更加宏观的背景去考量,才能做到对思想政治教育工作恰切的处理和全面的考量。所以,交想力是未来思想政治教育者应该具备的能力。

其二,共情力。共情力,就是和别人产生思想共振和情感共鸣的能力,一句话概括,就是和他人同频、理解他人、感受他人的能力。就理性分析而言,人工智能具有超级强大的工具理性,它海量的数据存储和分析功能,比人类强大数倍。但,人类比机器更加出众的能力是,人具有情感感知的能力,而机器不具备。思想政治教育工作中,当学生产生思想困惑,需要找到辅导员倾诉和解决时,辅导员常常需要具备较高水平的共情力,通过与学生的谈话去迅速地理解学生的内心所想,体会学生的情感诉求和实时思想状态,进而对学生进行及时的情感反馈,才能化解学生心中的困惑和疑虑,达到对学生心理帮扶的良好效果。而思想政治课授课过程中,教师随时把握学生的听课状态,跟踪学生的心理走向和感情状态,与之进行及时互动,才能将思想政治课有序开展。这便是共情力的体现。未来思想政治教育,知识传授类工作将被人工智能提供的海量信息所取代,对从业者而言,更重要的,是这种与教育对象进行共情的能力。

其三,灰度决策力。思想政治教育实践中,很多时候,需要教育管理者根据事情本身的特点和发展态势及时做出决策。但很多时候,事态本身不是非对即错、非黑即白的,事实上如果是非对即错的事态,也就没有什么必要作决策了。实际情况常常在对与错之间、黑与白之间存在着一定的灰度地带,对这部分事态决策的能力,就叫作灰度决策力。思想政治教育管理者培养灰度决策力,需要从几个方面努力:一是储备解决灰度问题的"智囊团"。如基层学院党委副书记在做出重大决策之前,应该能够多观察自己所带的辅导员,或者身边的同事,看看谁在处理模糊事件的时候判断准确又谨慎?有谁擅长跳出问题本身,提供新的解决视角?有谁更愿意团队合作,能够从他人身上学习?把这些人的特点充分了解,在应对灰度问题时,这些人就能成为智囊团。另外,可以在每次开学生工作会议时,专门指定一两个人负责提出反对意见。因为在开会时,学生工作领导的思维很容易压制团队思考,所带领的辅导员队伍会在不觉间迎合和赞同管理者意见。但思想政治教育管理者,应该意识到人性都是过于自信的弱点,为避免自身认识的片面性和偶然性,专门在开会时找人提出反对意见,是激发团队成员从另一个角度思考决策的有效途径。二是学会灰度决策时的三个思维角度,即追求集体利益的最大化、考虑社会规范和道德准则和从人性的角度来判断和思考问题。三是思想政治教育管理者应该决策灵活,避免非此即彼的思考方式,即不认死理,主动寻找能满足利益相关方的办法,并且还能保护自身的利益不受损失,寻找最有可能达成一致的解决方案。比如在民办高校,经常能够遇到从事工作时间较长的辅导员在工作中失去竞争力,甚至不能胜任的问题。对于这类"老员工",从工作效率的创新度和岗位的匹配度看,他们存在劣势,有被辞退的可能性;但从社会规范和道德准则的角度看,别人辛苦了多年,如果辞退,显得"不仁义",这时管理者就需要与他再做深层次的沟通,或者给他一笔较多的遣散费;而从人性的角度看,对于年迈员工,又应该给予更多的抚恤和慰问,安抚对方的情绪,并想办法帮助其认清不胜任的原因,并帮助其找到合适岗位。

未来很长一段时间,对于对错边界界定模糊的灰度问题,人工智能无法有效做出最合理的决策。灰度认知和决策能力是人工智能科学未来很长一段时间需要攻破的难题。人脑认知和判断问题能力的高度,是人工智能一段时间内无法企及的。所以,思想政治教育管理者需要在实践中不断培养灰度决策能力,这是人类不被机器取代的关键一环。

(3)"人工智能+"思想政治教育的新样态

人工智能时代,思想政治教育出现日新月异的发展,呈现出四个异于传统教育的崭新样态,分别是共享教育、跟踪教育、合作教育以及众包教育,集中体现出智能思政的智慧化、精准化和大众化。

其一,共享教育。2015年,"共享"一词成为了网络热词,"共享经济"发展成为一种经济学上的新概念,其本质是让更多的资源加入经济活动中,利用新技术手段提高经济运行的效率,给大多数人带来便利,最终让消费者更多地参与消费,刺激经济加速运行。

而到人工智能时代充分发展的未来,伴随着机器智能和物联网(IOT)技术的发展,教育也将出现一种新的样态——"共享教育"。它指的是利用人工智能的大数据分析技术，对全国各个城市、县区各行业技术娴熟的从业者个人教育能力数据进行分析，在受教育者需要接受教育信息输入或技能的培养时，由算法推荐技术将更符合受教育者知识背景、学养水平、兴趣特长、情感偏好的优质教育资源（包括人力、知识、信息等）动态分配至受教育者本人，为其提供定向的、定制化的、个性化的教育服务，满足其提升知识、能力的个性需求。这里还涉及各行业从业者在"共享教育"行业中的能力资格认定等问题，但其初衷是让生活中各行业有更多知识技能的从业者贡献教育资源，达到教育实践参与的全覆盖，教育资源分配的共享化。

如一个大学四年级学生想做职业生涯规划，他需要找一个从事职业生涯规划的思想政治教师咨询。他可以在移动客户端 APP 上查找距离自家较近的懂得职业生涯规划的老师，而人工智能作为中介性的资源分配手段，可以通过大数据查阅本地区在 APP 上注册并认证的不同水平的获得职业生涯规划师资格证的教师的个人技能信息，确认找到符合该学生要求水平的教师，通过人工智能客服与教师沟通确认其处于空闲时间，同时有意愿入户教授相关知识，在人工智能客服与该生确认意向后，通过大数据为教师定位该生家庭住址并通过算法计算最佳路径，随即教师便可以以最快速度赶到学生家中，保证教授过程的顺利进行。

共享教育，体现出教育人工智能的智慧化。相对于传统思想政治教育，它更多地能够使教育资源得到合理配置，教育效率得到最大化的发挥，同时教育目的和方法根据受教育者的需求设计和定制，真正实现教育的泛在化和个性化。

其二，跟踪教育。从互联网时代开始，跟踪和定位就成为互联网经济一个特点。互联网公司早期根据储存在用户本地终端上的数据（Cookie）跟踪用户在互联网上的行为。后来到了移动互联网时代，电话号码成了人的标识，加之手机定位功能，确认一个人的行踪非常容易。而到了物联网（IoT）时代，跟踪和定位将借助人工智能在多个行业起到重要作用，其中，就包括教育行业。

人工智能和物联网的最新技术，可以跟踪几乎人类能够想象到的一切教育过程。包括精确到每一个教育参与者、每一次教育活动全过程、每一样教育资源、每一本教育资料。这里涉及三个智能科技。一是物联网，因为它可以监控整个教育过程；另一个是机器智能，因为管理所有教育个体和资源，计算复杂度太高，需要强算力和高级算法。而第三个便是区块链技术和相应的传感器技术，如射频识别技术（RFID）等。从广义上，区块链是一个特殊的账本，它可以伴随某个物体而"存在"。如思想政治理论课经常需要为学生定制和购买毛泽东思想概论、形势与政策等相关书籍。而在供应课程用书的源头，某本书出版时就创立一个区块，记录下关于这本书从印刷、出版、上架到被购买的全部信息，在每一次交易时（如从印刷厂到书店货架），记录下它的每一个细节。当每一次这样的交易都被记录下来后，就形成了链的概念。区块链的便捷之处在于它可以随意组合和零散，如100本新书每本都有一个区块链，装箱后可以合成一个新的区块链，到了书店拆开后再恢复到单个的，这些过程中的信息都会被记录下来。如果此间有人放入一本盗版书，那么后面的经手人可以通过查询前面的全部记录，发现这本盗版书的记录不符合，并可以回溯到哪个时间被放入进来，类似的应用还包括图书机构的教育资料借阅、学校对学生的管理、教育物资的购置、教育环境的安全性保障等方面。

思想政治教育管理过程中，经常会出现学生夜不归宿，或去向不明等现象，这给思想政治辅导员的工作带来了极大困扰，同时学生的安全性存在很大的不可控因素。而借助区块链技术，可以做到对每个学生的行踪进行跟踪定位，这样，辅导员和思想政治教育管理者只需要在办公电脑前查找定位跟踪系统，便可以对学生的行踪掌握，一定程度上增加其对思想政治教育管理工作的可控性。

跟踪教育，更多地体现出教育人工智能的精准化。较之传统思想政治教育而言，跟踪教育可以保证教育资源的完整性，避免教育资源出现缺失和遗漏，同时对在校学生的个人行动信息进行及时掌握和定位，一定程度上提高了学生的安全性。

其三，合作教育。过去的几年，我国特别流行一个提法，叫作"颠覆性创新"。理论上理解，这种创新是需要的。但实践中发现，世界上符合这个概念的创新很鲜见，颠覆性创新更多地表现出一种不可期待的姿态。其实，更多的时候，新技术不是颠覆原有的产业，而是与传统产业深度融合，通过新旧元素的"化学反应"，产生出新的产业样态。如在第二次工业革命时，今天80%以上的产业都已经存在了，但电的发明让其形态发生了变化。如使用电解的方式制造铜，可以得到廉价的高纯度的精铜，这样就改变了持续4000多年的冶铜业，因此，第二次工业革命的特点可以总结为：原有产业+电=新产业。类似的信息革命的范式可以总结为：原有产业+计算机（或者半导体）=新产业。而到了未来的机器智能时代，新的技术革命范式可预测为：传统产业+人工智能=新产业。具体到教育领域，就是合作教育新样态的出现，即传统教育+人工智能=合作教育。未来的教育，一定是人和智能机器的深度合作所带来教育生态的巨大变革。

合作教育更多地体现出技术与教育场域的全方位融合和无缝隙对接。"人工智能+技术"对思想政治教育进行赋能："人工智能+物联网"创造智能思想政治教育环境，"人工智能+数字孪生"模拟全息教育场景，"人工智能+云计算"为思想政治教育思政教学提供共享资源，"人工智能+区块链"为被教育者定位活动轨迹，"人工智能+大数据"精确分析思想政治教育实时进程。同时，教育新生态模式将得以建构：教育主体的角色更始，教育客体的需求定制，教育介体的模式多元，教育环体的智能塑造等。

合作教育，体现出教育人工智能的信息化。合作教育，较之传统思想政治教育而言，更多地体现出技术的先进性和便捷性。多维信息技术与教育元素深度融合产生的"化学反应"，定会给教育增添无尽的趣味性、多样性和延展性。合作教育，必将衍生出多样性的教育内容，使数据、信息和知识得到更加丰富多元的发展，对受教育者更高层次经验和智慧的形成，具有重要的推动作用。

其四，众包教育。从脑神经科学的研究中可以发现，所谓人的创新灵感，是人脑的潜意识中，用距离比较远的两个信息点（比如两个领域，两个时空等），建立了一个连接。这就意味着教育个体要具备知识的深度和广度，做到一专多能。外推一下这个思维，要解决一个多学科知识综合性的问题，某个专业领域的专才，可能会受限于知识的门类性。这时可以借助"外脑"，就是借助不同学科的专业人才，共同解决这个知识交叉的综合性问题，这就是众包教育。众包教育即由一个思想政治教育个体在一个点抛出问题，借助人工智能辐射性地将问题传递给分散在世界不同角落的众多教育个体，再由他们建言献策，经大数据分析技术对众多方案进行平衡和提取，找到最佳策略。而为解决问题提供关键知识信息的个体，将被区块链技术赋予个人知识产权的保护。

在高校思想政治教育实践中，常常会发生很多充满不确定性的复杂问题。解决这些问题，单靠某个辅导员或者某个管理者一个人的思路和见解是远远不够的。因为每个思想政治教育个体的知识文化背景、专业见长、思维走向和性格偏好都不尽相同，处理问题时如果仅仅依靠"一家之言"，很难准确研判问题的真实细节和发展走向，常常会出现"解决问题的人，与出题人不在同一个专业细分领域中"的复杂现象。很多情况下，思想政治教育实践中看似难以找到答案的问题，多是被其他专业领域的从业者用一些充满偶然性的思路给解决的。比如要处理某高校男生心浮气躁、逃课贪玩无心学习的现象，辅导员从思想道德约束的角度敦促其认真学习效果往往不是十分理想。可寝室同学从两性心理学角度，帮他找到一位爱学习的异性精神偶像作为榜样引领的方法，往往却会出现奇效。所以，在人工智能的网络化和数字化、信息化特征赋能思想政治教育的背景下，思想政治教育中的疑难问题，也可以采取众包的形式，通过在网络"上游"提出和发起问题，通过分布在全国甚至全世界各个角落的"下游"群策群力，提供问题解决的方案，使问题得到有效处理。这样，不仅可以解决问题，还能在一定程度上使思想政治教育者的压力得到一定程度的缓解。

众包教育，体现出教育人工智能的大众化。众包教育，将思想政治教育个体的智慧最大化地集结和发挥，各领域的教育智慧得到充分地互相补充、互相启迪，有助于提高教育个体发散思维能力，使教育问题得到更加高效的解决。使得当个体在面对难题的时候，真正出现群策群力、众人拾柴火焰高的良好局面。

3. 回归："人工智能+"思想政治教育的定律守恒

高校思想政治教育要把立德树人的成效当作检验一切工作的根本标准，健全全员育人、全过程育人、全方位育人的体制机制，培养德智体美劳全面发展的社会主义建设者和接班人。这是新时代教育理念和价值追求。而蕴含其中的，是教育恒定不变的基本规律。思想政治教育在人工智能时代无论如何发展，终究会遵循教育的目的性、自我性、互动性和人性规律。万变不离其宗，思想政治教育正在智能科技注入的多元变化中，遵循着教育规律的守望和回归。

（1）思想政治教育的目的性

促进人自身的生存和发展是思想政治教育的本源性目的。实践性为马克思主义人学鲜明的特征。一方面，马克思主义人学中的实践包括物质与精神的生产和交往。思想政治教育就是人的一种精神生产实践活动；另一方面，在马克思主义人学视野中，人的本质是实践，人的"感性实践活动"是人"本源性"的生命存在和活动方式，是自我确信、自我验证和自我阐释人的存在的过程。以此来看，以精神生产实践活动为本质的思想政治教育，也必然是人存在的一种重要方式和外在样态。就此进行逻辑推演，作为人的一种实践活动和存在方式，思想政治教育是出于人更好地生存、提升自己和发展自己的需要。[①]

人工智能技术的进步，一定程度上促进了当代人们的生存和发展。事实上，生产力和科技发展水平是确定思想政治教育目的的基础。马克思主义认为，生产力的发展不仅对人的体力和智力提出了更高要求，对人的思想道德素质的发展要求更高。足见，生产力的发展为人自身的生存和发展提供和创造了条件，从这个意义上讲，人的生存质量的提高受生产力发展水平的制约，受教育者思想品德的发展，也会因生产力发展水平的提高以及科学技术的进步而更为高水准化。当今时代，随着计算机能力的提升、数据的爆发式增长、机器学习算法的不断进步、投资力度的逐渐加大，还有教育领域的数字化、网络化、智能化转型，以及以新技术、新模式、新业态和新产业为创新驱动的经济社会新动能的发展，人工智能将展现出极为广阔的应用和发展前景。知识表示方法、机器学习与深度学习、自然语言处理、智能代理、情感计算、机器视觉、机器翻译等智能技术，有望成为未来思想政治教育的驱动性力量。智慧学习环境、自适应学习模式、泛在学习模式、人工智能教师等新的思想政治教育样态的不断孕育兴起，推进着新一轮思想变革和教育革命的历史演进。人工智能已经在人类的精神生产实践中扮演着日趋重要的角色，为人类提升自身生命质量，延展生存发展空间带来了极大促进，更对社会成员的文化和科技素质、思想道德素质的提高创造了条件。思想政治教育中对受教育者道德价值评判与价值选择能力的塑造，应成为人工智能时代实现思想政治教育目的的重要内容。

思想政治教育是一种人的精神生产实践，其最高目的是促进人的自由全面发展。人的自由全面发展是通过不断地突破精神生产实践和生存过程

[①] 张耀灿、曹清燕：《论马克思主义人学视野中思想政治教育的目的》，《马克思主义与现实》2007年第6期。

的自身阈限，使得人生存的内在丰富性全面展开，人性全面解放，进而迈向生存全面自由的过程。思想政治教育是一种精神生产方式，也是一种重要存在方式，它是人类在主动应对生存和发展困境过程中，对自身生存、自身价值和发展境遇的体悟。人通过思想政治教育推进生存和发展，最终实现人的自由全面发展。它关乎"人如何成为人""人成为什么样的人"，关乎"人该如何生活""人如何更加人性"。思想政治教育的宗旨在于丰富人性和解放生命，在于建构和完善生存过程，在于引领人类为"作为目的本身的人类能力发展的""自由王国"。[①]

人工智能时代，思想政治教育将最终实现人的自由全面发展。深刻的变革遍布社会每一个角落，而新的教育形式也呼之欲出。"教育""学习""知识"等的一系列概念被重新定义。"全球学习格局""全球思维格局""全球共同利益格局"亟待形成，学习者的职业能力和素质、人类的价值观、未来职业前景等将遭遇重大挑战。受教育者在随着时代发展而成长过程中，将产生更加丰富的精神需求，如学习的欲望、能力进步的需要、和谐社会关系需求和自我实现的渴望等，这些需求均是人生命活动的内在根据和社会发展的原初动力。人工智能时代的思想政治教育，将继续遵循人的需求发展的规律，使受教育者接受教育和进行自我教育，从而最终在这场时代剧变中获得自己、成就自己、发展自己。只有积极正向地引导内在精神世界的发展需求，人们才可能不断地否定"现实的""实存的我"，进而向"未来的我""应然的我"不断提升和迈进，逐渐完善自我，放飞生命，走向未来，最终实现人的自由全面发展。

就此而言，思想政治教育的目的将在人工智能时代得到进一步的实现。无论人工智能技术发展到何种地步，思想政治教育的目的将永远不会变化。

（2）思想政治教育的自我性

教育本质上是受教育者"自我"的教育。无论教育者怎么施教，教育最终都要回归到受教育者自己对教育内容的吸收与接纳。所谓"教"并非教育的必要条件。人在年幼时接受教育是从自我唤醒、自我激励开始的。人在接受教育时，无论是否被人施教，自己是进行教育实践活动的主

[①] 张耀灿、曹清燕：《论马克思主义人学视野中思想政治教育的目的》，《马克思主义与现实》2007年第6期。

体。叶圣陶说过:"受教育的人的确跟种子一样,全都是有生命的,能自己发育、自己成长的;给他们充分的合适的条件,他们就能够成为有用之才"。① 如同种子的生根、发芽、开花、结果要靠其自己进行一样,思想政治教育客体的学习和领悟新知的过程,只有他们亲力亲为地完成,任何其他个体无法取而代之。美国学者多尔认为教育本质上是一种人的自组织活动。思想政治教育客体的受教育行为恰是如此一种自我生成或自动自发的行为。思想政治教育的施教者无法代替受教者思考,更不能把自己的观点强行灌输给教育对象,要促使受教育者自主地接受教育主体的影响,自发地形成思想品德上的积极变化。

人工智能时代,思想政治教育的责任将实现"自我回归"。一场浩大的教育变革将拉开帷幕,在线教育、泛在教育、终身教育和智慧教育等新的教育样态层出不穷。未来学习中心将更多的学习空间、学习把控权和选择权交于学习者本身。相应地,思想政治教育的责任将从学校时代的国家,再度回归到学徒时代的个人。这种回归的本质是一种螺旋式的上升,个体的自我将对学习和教育享有更多的自由度和灵活性,同时也将肩负更大的责任。思想政治教育将呈现出更强烈的自主性和更明晰的自我导向性,人类在教育领域将开始一场"巨大解放",思想政治教育责任的"自我回归",本质上是释放人特有的强大的自组织能力和自我发育成长的原初动力。

人工智能对思想政治教育过程中教和学的变革产生了深层次的推动,并逐渐形成了新的教育秩序和教育生态。学习者获取知识资源的渠道将更加多样化,学习形式也更加丰富。自主学习、自组织学习、合作学习、网络学习、移动学习、混合学习和翻转式学习等,不一而足。思想政治教育者不再是知识信息的有限来源,权威性遭到撼动和异化。与工业时代的被动学习状态迥异的是,人工智能时代可以充分发挥学习的主观能动性,学习者可以主动地搜寻并攫取自己感兴趣的知识信息。而人工智能会在大数据和深度学习的基础上,为他们推荐和提供更多个性化的学习内容,而他们要做的,仅是主动选择即可。此时,传统意义上的思想政治教育主体就不再是纯粹的施教者,转而变为学生学习的引导和教育者。教育的主体,

---

① 叶圣陶:《教育与人生——叶圣陶教育论著选读》,上海教育出版社2004年版,第92页。

更多的责任不是在"教",而在于"育",即培育学生诸如能力塑造、价值引领、情感感化、信念确立、德性养成等方面的素养,引导和帮助教育客体通过自身学习得到更多的获得感、成就感和幸福感。

人工智能时代,思想政治教育将直接作用于受教育个体的自我发展。一是加强引导受教育者自身的政治方向,约束规范受教育者日常行为。人工智能时代,随着科技进步和生产力的快速发展,海量信息爆炸式地涌入,人的意识形态领域可能会出现诸多变化,价值观将会多元化发展,进而带来行为方式的多样化和复杂化。这时,将受教育者的思想和行为引导到符合新时代中国特色社会主义发展的方向上来,通过目标引导、政策引导、舆论引导、价值引导,对受教育者的意识形态和行为表征形成一股强大的导向力和约束力,使受教育者的思想向着符合新时代中国社会发展的方向上靠拢。使其坚持正确的政治方向,日常行为有明确的规范要求,避免出现道德失范、行为越轨,引导受教育者不跌破道德底线,不越过法律红线。这应是人工智能时代思想政治教育对教育个体自我发展起到的最重要的作用。二是激发受教育者的精神动力。人工智能时代,人们足不出户便可获悉天下信息。工业社会时代人与人之间的现实交往,可以被虚拟现实、增强现实、远程视频等多种技术所取代,变得更加网络化和虚拟化。这种情况下,人与人之间真实的情感支持就显得尤为重要。思想政治教育,可以通过满足受教育者的情感需要来激发其积极性和创造性。无论时代如何发展,情感需要是人基本的心理需要,关心、理解、尊重和信任教育对象,帮助教育对象处理心理上遇到的各种困惑和疑虑,注重教育对象情感诉求的满足,对激发受教育者的积极性起到至关重要的作用。三是塑造受教育者的个体人格。人工智能时代,人们的很多繁琐的实践活动可能被机器所取代,生活质量趋于便捷化和高效化,参与社会实践的经历可能会被简单化和线性化,这种情况下,社会成员个体心理品质的磨炼可能会出现一定程度的缺乏。而广泛深入的思想政治教育,可以更好地引导受教育者认识自身改造物质世界和创造社会历史的主体地位,看清自己的历史使命和社会责任,提升受教育者的主体意识,帮助受教育者认识社会,了解自己,体悟人生,培养受教育积极参与和主动创造的精神,提高适应和改造社会的能力,从而挖掘自身潜能,实现自我人格的完善。

人工智能给思想政治教育带来了颠覆性创新,但受教育者在学习和受教育过程中"自我性"的存在,以及思想政治教育作用于受教育客体自我发展的功能不变。

（3）思想政治教育的互动性

教育是人的灵魂的教育，而非理智知识和认识的堆积。思想政治教育不仅关涉受教者的肉体，还关涉受教者的精神，具有精神性、意识性。所谓教育，不过是人对人的主体间灵肉交流活动。教育过程中，人与人之间只有通过交流和互动，才能完成教育与被教育的过程。由此导出，只有参与社交和互动的人，才能教育人采用人的方式学习和思考，而没有灵肉传递的机器，却只能教人像机器一般思考。

单纯依赖人工智能程序进行思想政治教育，教育对象会出现一定程度的"人际缺失"现象。智能时代的计算机程序，可用于受教育者学习逻辑、语言、几何等内容，这些程序帮助受教育者访问相关学习主题，提高反复操练的可能性，从而产生一定的知识传递的效果。然而，它们无法与受教育者进行真正意义的对话，也就是说，这种程序无法就教育对象关注的焦点进行有热度的讨论，教育对象无法接受批评和质疑，无法进行声情并茂的即兴发挥，只能按照设定的程序模式进行所谓"教育"。这就意味着借助智能程序受教的对象而言，其教育经历将囿于人机之间的"我—它"关系，而丧失了形成教育主客体之间真正"我—你"关系的现实性。[①] 一味地以为"智能技术化"能解决思想政治教育过程中的一切关乎教育的问题，那么，这将是人际交往与互动之于教育的重要性的忽视与缺失。人工智能时代，思想政治教育技术的价值认同固然无可厚非，但即使如此，也不能忽视教育过程中教育主客体之间关系的重要作用。

人工智能程序提供的思想政治教育仅能起到知识传递的效果，无法实现人类思想政治教育互动过程中产生的生动全面的育人功能。人工智能程序可以展现完美的智能行为、一流的知识传递效率，但其尚无法具备情绪感知能力，更无法与受教育者建立真正意义上的"我—你"关系。也就是说，当程序无法捕捉受教育者的情绪时，就无法在课堂上与受教育者产生真正的共鸣，更无法在思政教学过程中，根据受教育者的情绪反馈及时调整授课行为。思想政治教育者在课堂上的授课策略，源于日常生活中常用的对话和社交互动技巧，如倾听、引导、劝告、激励、共鸣、解释和辩论等，这些都基于教育对象清晰准确的情绪感知。此外，智能程序由于无

[①] 苏令银：《论人工智能时代的师生关系》，《开放教育研究》2018年第2期。

法实现与教育对象真正的社交和互动，进而无法建立与教育对象之间的"我—你"关系，它所提供的教育仅限于技能知识学习，永远无法做到人类思想政治教育者对教育对象施加的情感激励、性格塑造、品格养成、审美建立和情操陶冶等作用。①

思想政治教育主客体之间的交流互动无法被人工智能技术所取代。马克思认为，"人的本质并不是单个人所固有的抽象物。在其现实性上，它是一切社会关系的总和"。② 人类在劳动过程中，不是彼此分割、孤立地改造自然，而是在此过程中结成一定的社会关系，也正是在社会关系中才形成了人的本质。当下，各种基于机器视觉、大数据和深度学习的人工智能技术，正在把教育对象引向屏幕和软件程序界面，从而造成了教育互动性和社交性的严重缺失。人是社会性的动物，脱离了社会关系，脱离了人与人之间的交流互动，每天面对的仅是机器和程序，其后果必定是离群索居而造成人性的萎缩。思想政治教育需要教育主客体之间面对面地互动，需要教育者为教育对象提供及时的反馈与指导。人工智能时代，即使是借助互联网和虚拟现实技术进行的远程对话，也无法撼动人与人面对面的交流带来的积极效应。

人工智能时代思想政治教育的互动性范式将不会改变。思想政治教育，是教育者对受教育者有目的地施加影响，使受教育者能动地接受教育的过程，在这个过程中，主体和客体之间是一种相互影响、相互作用、相互推动的过程，即双向互动的过程。思想政治教育要达到理想效果，一方面，是教育主体的积极引导、努力激发和科学调动；另一方面，是教育客体的积极性和主观能动性的有力发挥。人工智能时代，思想政治教育在学习情景、学习空间、交流方式、活动方式、学习体验等方面存在很多新的技术特点，出现了时空分离、师生分离、虚拟性和隐匿性等特征，但思想政治教育主客体之间以互动的方式进行对话、交流和沟通这一教育基本模式不会变化。只有这样，才能缓解教育主客体之间的情感疏离，避免受教育者因虚拟和现实之间的多重人格转换导致的人格障碍，从而建立起教育主客体之间真诚良好的社会关系。

---

① Biesta, G. J. J: *Receiving the gift of teaching*: *From "learning from" to "being taught by"*, *Stud Philos Educ* 2013 年第 32 期。

② 《马克思恩格斯选集》，人民出版社 2012 年版，第 15 页。

(4) 思想政治教育的人性

人性，传统意义上，区别于兽性，即人兽之分；而人工智能时代，强调人性是为了在人与机器之间划出"楚河汉界"。智能时代，思想政治教育恰恰是为了使人类保持人性，尤其是有别于机器的人之为人的特性。

人脑中的情感、自我认知等思想，机器是无法拥有的。人类可以跨域思考，可以只言片语便意味深长。"雁字回时，月满西楼"，李清照在笔绘风景时却也在寄寓相思；"同学少年多不贱，五陵衣马自轻肥"，杜甫不仅在慨叹人生浮沉，更是抒发忧国之情。① 人工智能永远无法如人一样体悟生命的价值和死亡的意义，更无法像人一般因高山流水而逸兴遄飞，因秋风冷雨而怆然泪下，因子孙绕膝而充实温暖，因古风残月而感时伤怀……所有这些，是人之为人的特性，是当下的人工智能无法体会和理解、无法感知和超越的。

人工智能时代的思想政治教育会塑造人区别于机器的特有属性。思想政治教育在潜移默化中教会人透过现象看本质，建立人高雅的审美情趣，培养人健康稳定的心理情感，教会人独立的思考，锤炼人完善的人格，使人形成清晰的自我意识。思想政治教育培养的这些能力素质，是人类特有的，是智能机器所不具备的。比如审美能力，它并不是简单的规则组合，也不仅仅是大量数据堆砌后的统计规律。计算机的深度神经网络纵使再加强"审美训练"，也会有意忽视艺术创作中最强调的"创新"的特征。再比如培养人的健康情感方面，虽然目前情感分析技术一直是人工智能领域的一个热点方向，但目前最先进计算机智能程序，在理解幽默或享受欢乐的体验上，还不如两三岁的孩童。思想政治教育在这些人类特有能力素质的培养上起到智能机器所不可替代的作用。

人工智能时代的思想政治教育，以"人"为核心，回归到"人"本身。以"以理服人"的教育文化对受教育者进行熏染和浸润，即指通过道理和真理来说服和劝导人，它关乎思想政治教育的有效性。以"以文化人"的教育方式将文化根植于人的心灵世界，借文化之力量达到人精神世界之融通、人生境界之优化；通过"以学养人"的教育内容对深厚的学术底蕴、博大的学养环境和丰裕的学习资源进行充分挖掘，发挥其育人功能，引导受教育者在学习知识、理解知识、发现知识和创新知识的过

---

① 李开复、王咏刚：《人工智能》，文化发展出版社 2017 年版，第 294 页。

程中，培养高尚的精神品质，通过对受教育者的心理状况、道德情感意志、选择判断等智力与非智力因素的多重互构，使其养成心灵和谐的内在状态、崇真向善的精神品质和聪慧睿智的人生智慧；通过"以美育人"的教育效果让学生超越"抽象的理""精深的文""系统的学"，学会以美的眼光欣赏世界，以美的观念体悟生活，以美的情操涤荡心灵，进而产生对美好生活的愿望、情感和追求。

随着人工智能的发展，重复性操作的冗繁使命将交由机器完成，这也使机器所无法企及的人类独有的异禀天赋变得更具价值，将成为人工智能时代的瑰宝，也更应是人类通过思想政治教育培养和塑造的人性光辉。发展和完善人类的这些稀缺品质，实现人之为人的价值重构，是未来思想政治教育的未来前进方向，更是思想政治教育工作者的动力之源。

4. 涵养："人工智能+"思想政治教育的文化培育

思想政治教育的嬗变与演进，要建立在多维度思想政治教育文化继承发扬的基础上，才能够进一步发展和创新。欲人勿疑，必先自信，思想政治理论教师需"在马信马""在马懂马""在马言马"，以教书育人、立德树人为己任。亲其师，信其道，除了用真理的力量、高尚的人格感染学生、赢得学生外，智能时代仍需采用以"理"服人、以"文"化人、以"学"养人和以"美"育人的教育方式涵养我国的思想政治教育文化。

（1）以"理"服人

人工智能时代的思想政治教育，仍要用以"理"服人的文化教育对受教育者进行熏染和浸润。以理服人，指通过道理和真理来说服和劝导人，"理"是教育内容，"服"是教育过程。以"理"服人关乎思想政治教育的有效性。这里讲的理，指道理、真理，它是科学性、价值性和生活性的统一。马克思曾说："理论在一个国家实现的程度，决定于理论满足这个国家需要的程度"。以"理"服人的"理"，还应具有浓厚的生活性，习近平总书记指出：接地气才能培养和人民群众的感情。将"高大上"的新时代思想理论转化为接地气的语言、视频、图片，说老百姓喜闻乐见的真心话、大实话，在清新质朴的传播内容中蕴含深刻的思想精髓。思想政治理论课堂要采用比喻、讲故事的方式阐释深刻的道理，用我国悠久历史传统文化元素纵横捭阖、提纲挈领，以更亲民、更贴近生活的形式揭示习近平新时代中国特色社会主义思想中蕴含的治国战略思维和文化基因传承。

如何做到"服"。马克思曾说:"理论只要彻底,就能说服人。""服"可以理解为思想政治教育的目标之一,以"理"服人并非完全用道理说服人,而是将真理内化为一种思想意识,用真理满足人自身的价值追求。以"理"服人有三个层次的内涵:首先,在于尊重教育对象的个性化、关心教育对象需求和引导教育对象的理论自信。引导受教育者自主学习和自我建构,对"理"进行沉浸体验和主动践行。要尊重教育对象思想和能力的个性化、层次化、差异化,做到"孔子教人,各因其材",从而实现其对思政教育的"内化于心"和"外化于行"。其次,要做到兼济教育对象的精神需求和现实利益,引导他们的思想道德素质良性发展,注重满足合乎情理的、有一定尺度标准的内在利益需求。最后,引导受教育者将马克思主义的真理性和革命性品格入脑入心,将党的创新理论"进教材、进课堂、进头脑"。将中国特色社会主义道路自信、理论自信、制度自信、文化自信加以强化,提供多种判断选择,启发批判性思维,鼓励合作讨论,使开放的教育环境和多元的教育信息向受教育者开放,让其在比较鉴别中确立马克思主义立场。

在人工智能时代,教育环境趋向智能化,而教育手段朝向技术化发展。经济全球化、信息化、网络化、多元文化加速发展,受教育者面临着社会意识形态的多样性、价值取向的多样性选择,对我国主导性、主流性意识形态造成严重的冲击和影响。人工智能将带来受教育者价值观的多元化。在教育信息的选择上,存在着受教育者个性化需求、认知偏好等不同的心智特征,在此情况下,迫切需要思想政治理论课教师继承以"理"服人的教育文化,让受教育者在比较中笃思,在多元中明辨,秉承马克思主义的世界观和方法论,投入人工智能时代的实践洪流中,让人工智能科技化的同时,更加"马列化",为人工智能的发展注入更多红色基因。同时,思想政治教师应积极学习与人工智能相关的新理论、新技术和新教法。例如:研究人工智能相关的教育哲学、认知心理学、伦理道德等;学习人工智能时代的思想政治教育论、教师教育智能化发展和评价智能化等知识;体验人工智能对思想政治教育工作带来的极大便利和效率。

(2) 以"文"化人

以"文"化人,指将文化根植于人的心灵世界,借文化之力量达到人精神世界之融通、人生境界之优化。文化即"人化",文化事业即养人心志、育人情操的事业。人，本质上就是文化的人，而不是"物化"的人；不仅追求自然生态的和谐，还要追求"精神生态"的和谐。何以为"文"。"文"即文化。一是指我国优秀传统文化。中华民族有着悠久的历史传统和文化积淀，传统文化是中华民族最深沉的精神追求，是中国人民生生不息、蓬勃发展的丰厚营养和精神瑰宝，是厚重的文化软实力。对优秀传统文化创新的继承和发展，能够使受教育者树立正确的"三观"和优良的道德品质，培养创新意识和创新精神，增强文化自觉和文化自信。二是指革命文化，是一种改革文化和建设文化的继承和发扬。三是指社会主义的先进文化，它是优秀传统文化的转化和创造性发展，是对人类优秀文化成果的借鉴。革命文化和社会主义先进文化，是一种以爱国主义、改革创新、拼搏进取为核心的民族精神、时代精神、中国精神，是思想政治教育的资源宝库，其发展前景无比光明。何以"化"人。思想政治教育者仍要遵循以"文"化人的教育规律。一方面让受教育者深入理解中华优秀传统文化、革命文化和社会主义先进文化的内涵。透过文化现象的表象，深入挖掘中华民族本质上的文化心理，从而使受教育者产生思想共振和情感共鸣，增加教育的吸引力和实效性，使他们对教育内容深层次地消化和吸收，最终外化为自觉的思想意识和行为准则。另一方面要使优秀文化的感召力得到最大化的发挥，用先进文化滋养人心、弘扬正能量和高昂的主旋律。以"文"化人，关键是"文"应确保科学性，以社会实践为依托，随实践的发展不断推进创新，增强其解释现实的能力，回应新时代出现的新问题。人工智能时代，要善于开发优秀的文化载体和先进的智能文化产品，利用大数据、云计算和深度学习等智能技术，结合受教育者的市场需求和个性化需要，通过人工智能的算法推荐技术有针对性地进行文化产品的精准输出，最大限度地发挥文化的宣传教育功能，达到"以优秀作品鼓舞人"的教育目的。同时通过优化算法技术，对网络的糟粕文化和多元价值文化进行净化和过滤，在互联网宣传推送符合主流价值观和受众审美需求的积极正向内容，培养向上向善的网络文化，营造风清气正的网络文化空间。应该创造和生产技术现代化、步伐国际化、视野未来化的文化产品，更近距离地贴近受教育者的生活实际和精神需求，充分促进受教育者文化自信和文化自觉的养成，为受教育者创造一个又一个文化高峰体验。

（3）以"学"养人

以"学"养人，就是要求教育生态拥有深厚的学术底蕴、博大的学养环境和丰裕的学习资源，通过充分挖掘，发挥其育人功能，引导受教育者在学习知识、理解知识、发现知识和创新知识的过程中培养精神品质。通过对受教育者的心理状况、道德情感意志、选择判断等智力与非智力因素的多重互构，养成心灵和谐的内在状态、崇真向善的精神品质和聪慧睿智的人生智慧。以"学"养人把思想政治教育领域出现的价值理性与工具理性、智育与德育、认知与行为等问题统摄起来，为人工智能时代的思想政治教育工作提供崭新路径。

以"学"养人有三方面的内涵。一是以学养心。通过对各学科门类知识的学习达到涵养心灵之目的。各学科门类知识的广泛涉猎、深度给养和共同建构有助于促进心灵的和谐。思想政治教育要破除学科壁垒，充分进行学科渗透，积极挖掘存在于各学科之间的心灵培育资源。二是以学养德。教育作为人类有意识的实践活动，天然与人的全部生活融为一体。同时作为人类智慧的凝结，人类的本质性规定必然是知识和教育。知识和教育可以帮助人的情感、意志和行为中道德情操的涵化养成。三是以学养智。随着人类对外部世界和内在自我认识越来越深刻，知识的形态呈现多样化，知识的体量出现膨胀化。在知识爆炸的年代，用一个科学正确的视角看待社会和人生，这便是人工智能时代思政教育在育人功能上的新发展和新要求。思想政治教育要从单一的实现政治认同、意识形态保证，向开发人的智能素质拓展。人工智能时代，思想政治教育将更加注重以"学"养人的教育文化。智能科技的高速发展，使知识的获取变得更加便利，智能机器将会为受教育者量身定制符合其个性化需求的各类知识和信息。例如：创设智能学习场景，运用人工智能技术提供海量信息、资源平台；思想政治教育课堂上，教育者运用虚拟现实、增强现实、混合现实技术提供传统思想政治理论教学难以实现的教育场景，模拟不受时空限制的实验操作，使受教育者零距离反复获得真实体验感知。[①]让受教育者观看时政热点相关的即时短视频，学习体验远程教育的内容。人工智能技术正在逐渐融入思想政治教育的学养环境，为教育发展提供充足的智能科技给养，使受教育者在对知识的需求中潜移默化地进行逻辑建构，体悟多样人生。

(4) 以"美"育人

习近平总书记指出："追求真善美是文艺的永恒价值。艺术的最高境

---

① Kim T-J, Huh J-H, Kim J-M: *Bi-directional Education Contents using VR Equipments and Augmented Reality*, *Multimedia Tools and Applications* 2018 年。

界就是让人动心，让人们的灵魂经受洗礼，让人们发现自然的美、生活的美、心灵的美。"以"美"育人是让受教育者践约"抽象的理""精深的文""系统的学"，学会以美的眼光欣赏世界，以美的观念体悟生活，以美的情操涤荡心灵，进而产生对美好生活的愿望、情感和追求。以"美"育人是陶冶受教育者的情操，净化其欲念，对受教育者进行自由欣赏、自然熏陶、自发学习和自我教育等兼具形象性和情感性的审美教育，促进其健全人格的生成。思维的科学性、知识的广博性和视野的开阔性，有助于唤醒审美情感、体验思想共鸣和获得心理满足，达到使受教育者健全人格、心灵和谐的效果。① 以美育人的思想政治教育，有意识引入现实生活的一些事例，譬如"道德两难"审美判断事件，让受教育者开展审美话题讨论，或者通过开展多样、灵活的审美活动，拓展受教育者丰富的想象力，促进其对审美情趣的多维性和敏捷性，提高其思维的发散性、形象性、直觉性和创新性。人工智能时代，以美育人的教育文化将在网络互联和移动终端中广泛开展，受教育者的自由度得以增强，一切育人活动变得开放而不受地域约束。以美育人将最大限度地实现联网化、智能化。以美育人的方式将更加生动形象、鲜明活泼，更加贴近生活，更易于被受教育者所吸纳。教育者应该解放思想、与时俱进，时刻将审美视角抬望于时代的最前沿，进而引导受教育者明辨真假、善恶、美丑。在教育内容的选择上，教育者熟练利用人工智能技术开拓新的方向，拓展新的美育实践途径，设计新的美育内容；在教育方式上，充分利用泛在教育、混合式教育等多种形式，借助于机器人、微课、慕课、网络公开课等多种教育平台向受教育者呈现美、传递美和升华美。

本章小结

本章主要研究了"人工智能+"思想政治教育的内在实质，包括："人工智能+"思想政治教育的技术机理；"人工智能+"思想政治教育具有助力思想政治教育对象提升社会化认知水平、协同思想政治教育者推进教育进程、促新思想政治教育的大众传播和社交环境等功能；"人工智

---

① 周臻：《人工智能艺术的审美挑战与反思》，《山东社会科学》2019年第10期。

能+"思想政治教育具有人工智能无法取代思想政治教育中的人性这一本体性特征;"人工智能+"思想政治教育的过程是其要素更始(嬗变)、特色创新(立异)、定律守恒(回归)与文化培育(涵养)。

机器学习令人们能够为思想政治教育领域构建颠覆常规思维的技术解决方案,展示人工智能对人类教育事业的强大支持。人工智能技术为教育实践拓展了一个开放的境域,在这里,思想政治教育者、技术、受教育者建构了三元一体化的和谐共生关系,未来的思想政治教育必将在新的技术场域中实现潜能的绽放和人性的回归。"人工智能+"思想政治教育,不是片面的"技术沙文主义",更不是浅薄的思想政治教育泛技术化,而是技术加持的教育,让人类更加智能。

五 "人工智能+"思想政治教育的优化策略

人工智能时代的思想政治教育要深入发展，需要落地可行的策略作为进一步优化的实际保障。具体可从转变思维、建构模式、建设软硬件、健全机制以及赋能生态五个方面着手，为思想政治教育的发展保驾护航。

（一）转变思维

要将"人工智能+"充分赋能思想政治教育，转变思维是关键。

1. 高扬思想政治教育价值理性

对人工智能引发的思想政治教育主体间的数据遮蔽等问题，应该在使用人工智能赋能思想政治教育的过程中更多地宣扬其价值理性。人工智能作为一种崭新的科技样态，是以理算理性为内在机理，以工具理性为价值逻辑，以路径的实际效用为出发点，以追求最大效益为根本，以技术逻辑的缜密为实现形式。但却不可避免地存在对人的全面发展和身心健康成长的忽视等根本性问题。思想政治教育实以立德树人、铸魂育人为根本，以人作为教育对象和教育目的，以"满足人的合理性需求……促进人更好地生存、发展和完善，趋近自由而全面的发展"[1]作为最终目标。这就要求在"人工智能+"思想政治教育过程中，应高擎"育人为本、技术为用"的价值导向，坚持价值理性和工具理性相统一的原则，纠正"技术

---

[1] 项久雨：《论思想政治教育的价值理性》，《武汉大学学报》（哲学社会科学版）2014年第6期。

沙文主义"的误区，一方面，要看到技术赋能的长处与便利；另一方面，也不能唯技术是瞻，更重要的是不能"目中尽是技术而无人"。高扬"人工智能+"思想政治教育的价值理性，要做到：其一，恰切地把握人工智能在思想政治教育过程中的尺度。哈贝马斯指出，"工具理性是交往理性的一个不可替代的环节，但要让它回到其合法范围内——用以处理任何自然的关系，用以提高社会行动的效率"。[1] 弱人工智能时代，人工智能对思想政治教育的作用主要体现在以科技手段对教育过程的辅助，所以，更应该强调思想政治教育者主体性作用的发挥，追求教育主客体人本主义的价值遵循，明确人工智能作为技术辅助手段的适用范围和融入界限。其二，清晰地秉持对人工智能的批判性思维。在使用人工智能加持思想政治教育的过程中，务必做到对技术优势和局限性的清晰判断和准确认识，对人工智能技术内在的工具理性、算法逻辑、意识形态属性和数据主义倾向做到审慎看待，时刻应以受教育者身心健康成长为逻辑起点，突出体现对受教育者思想道德、理想信念、精神需求和情感需要等方面的人文关怀，切实满足受教育者的心理诉求，谨防将人工智能技术的工具理性当作"人工智能+"思想政治教育的核心思维和原则，从而避免思想政治教育被技术"挟持"，进而出现技术主义的偏误。

2. 厚植思想政治教育人文情怀

面对人工智能对情感的遮蔽和机器人工情感的空无，理应厚植情怀，提升教育个体的情感温度，增强"人工智能+"思想政治教育中的人文关怀。马克思曾经指出，一个人的热情和激情是强烈追求自己对象的原初力量。在思想政治教育个体的理想信念和道德培养过程中，情感是强化和推动其内化过程的重要因素。在人机互动过程中，人工智能经常表现出有精度却没温度、有知识却缺常识的"莫拉维克悖论"（Moravec's Paradox）现象。其一，对思想政治教育主体的情感修养和情感体验加以强化。情感修养是思想政治教育主体在被人工智能赋能时学会管理、控制和体悟自身情感的能力素质。要在智能技术嵌入场景中提升情感内容的渗透、挖掘、学习和输出能力，用思想政治教育中的人文情怀强化教育主客体间的情感联结和互动。教育主体要基于教育客体的情感偏好、性格特

---

[1] ［德］哈贝马斯：《交往行动理论》，重庆出版社1994年版，第84页。

征、精神需求等因素，主动增加对教育客体的情感投入，增强教育主客体间的情感黏性和温度，以情感力量弥合人工智能技术的情感缺失，弱化其在思想政治教育过程中的情感盲区。其二，明确人机协同中应秉持的情感边界，及时辨明人工情感的偏误。要明确客观冷静的情感认知原则，及时判辨人工情感中的不合理因素，冷静看待机器和自身，避免出现人机交互中的虚拟情感误区。在"人工智能+"思想政治教育实践中情感表达有度有节，增强情感表达的丰富性的同时做到谨慎节制，及时识别人工情感背后的算法倾向，打破人工情感对教育个体的情感捆绑，谨防自身真实情感能力的退化。其三，探索人机协同过程中的人文观教育，以技术应用为导向来解决思想政治教育个体的真实情感问题，更需涵养人文情怀，以伦理人文视角促进技术和教育的深度融合。如此，方能缓解"人工智能+"思想政治教育中的情感弱化问题。

3. 融入"技术+"思想政治教育理念

"人工智能+"思想政治教育和传统思想政治教育说教式、灌输式理念不同的是，一定要在思想政治教育中融入技术加持的理念。要借助网络技术建构的宏观教育环境和人工智能技术赋能的教育手段，以技术推动教育生态的变革，以技术提升思想政治教育者本身的能力素质，受教育者面对知识信息的全新整合和认知能力，教育环境的智能化演进，以及教育方法、路径、载体的崭新变化。新时代的思想政治教育，必定而且必须是深度融合现代信息技术，使教育兼具数字化、信息化、智能化、现代化的时代特征，更贴合受教育者的认知水平、性格特征，更能满足受教育者内心迫切的求知渴望，使得思想政治教育的现实效果得到高效提升。广大党员群众、青年学生要在思想政治教育工作中融入信息思维，树立"人工智能+"技术理念，这是新时代思想政治教育工作的创新性举措，是科学技术发展推动时代的浪潮，是信息革命潮流下的历史选择。"人工智能+"思想政治教育理论和实践的崭新构建，必须将科技的力量充分挖掘运用，与现代信息技术手段深度融合。

4. 厘清思想政治教育与技术的逻辑关系

要避免人工智能给思想政治教育带来刻板效应以及一定程度上限制教育实效的问题，必须要厘清教育和技术之间的逻辑关系。无论是5G网络技术的先进，还是人工智能技术的精准，对于思想政治教育而言，都只能是一种赋能和加持的手段。未来对于人工智能是否能够战胜人类的观点，学界目前尚存在争议。但就短时期而言，或者说就近期较长一段时间而言，是否会出现尤瓦尔赫拉利在《未来简史》一书中描述的，人工智能在全球发展出超越人类的智慧大脑，并最终控制人类，也即距离超级人工智能是否会出现，目前看还有很遥远的路程要走。具身时代，人类会将技术不断进行升级改造，同时思想政治教育者作为人类中的一员，他的智慧和认知水平也在不断提升和衍进。教育者独有的审美、创造力和同理心等能力，是机器永远无法取代的，人类教育者在思想政治教育过程中对受教育者的启发、感染和互动，是智能机器所无法具备的。所以，就思想政治教育而言，不是人工智能取代人类教育，而只是技术加持的教育，让人类更智能。技术只是辅助人类进行思想政治教育的手段和载体。

5. 明确思想政治教育定位

"人工智能+"思想政治教育，要做到定位明确，即要清晰信息时代思想政治教育的内涵和外延，把握信息时代思想政治教育的各项原则，正确使用思想政治教育的方法，同时界定技术加持背景下思想政治教育的边界。"人工智能+"思想政治教育，虽然在教育中加入了技术的元素，但首要的仍然是把握思想政治教育方向。技术加持的教育，虽处在日新月异的信息时代，但仍然要与新时代中国特色社会主义发展的要求相一致，与中国共产党的根本宗旨、基本纲领、基本路线相一致，坚持正确的政治方向不动摇。在教育方法上，应该更加注重通过结合 AR、VR 等先进技术手段对受教育者进行启发式思政教学，注重激发教育个体自我教育的主观能动性，把教育重心着眼于培养学生的自学、自省、反思、自制和自律能力上。信息时代，人工智能借助 5G 网络技术可以实现思政教学手段的自动化和数字化，很多知识和信息对受教育者而言呈现"包围式"增长，这一方面可以促进其学习知识和文化，但另一方面，却容易让其丧失培养自身认知能力的主动性，加之网络信息良莠不齐，价值观多元化传播对受教育者自身道德实践能力带来了负面效应。在这种情况下，更应该通过启发引导的方式，使受教者通过自我学习、自我反思的过程，提升自我修养，主动接受符合社会要求的思想观念、价值观点和道德规范。另外，"人工智能+"思想政治教育，政治性仍然是界定其内涵和外延的最郑重清晰的边界，技术加持的思想政治教育，意识形态的正确性永远是不可逾越的红线。

6. 强化思想政治教育个体自我调适

"人工智能+"思想政治教育过程中，思想政治教育融合了虚拟现实、增强现实、混合现实等技术，为受教育者营造了虚实并存的教育场景，也带来了受教育者自我性的失衡等挑战。唯有强化受教育者的自我调适能力，方能使这一问题得到有效缓解。其一，在自我的多样性中强化自我认知，提升自我意识，加深自我认同感。受教育者客观理性地看待真实世界和虚拟世界的差异性，厘清在两种情境中自我的异同，并寻找到虚实自我的联系和区别是自我调适的前提。虚拟场景最终都是在现实场景中的人类利用信息化手段和数字智能创造的，存在于其间的虚拟自我同样也是现实世界的数字孪生体，仍要以现实自我作为客观基础，以现实社会自我为原型，以精神自我为价值旨归。与此同时，强化自我认知能力，明晰自我的客观身份和真实社会属性，以正确的客观自我认知驾驭自我的多元性，坚守虚拟自我与客观自我的同一性，受教育者才能在虚实穿梭中冷静客观地坚定对自我的认知，提升自我意识。其二，在虚实自我的矛盾中实现自我行为克制。行为克制是缓解自我矛盾的绝佳途径，关键是防止自我流变。这就要受教育者清晰地认识时空流变、数据流变和身份流变等因素，提升行为的价值理性。要对虚拟空间造成的感官刺激和注意力剥夺有自省意识，科学理性地分配身处虚拟空间中的时间和精力，谨防能量的过度消耗，及时矫正沉溺其中的心理倾向，同时要有"红线意识"和"底线思维"，规避虚拟空间中的自我异化现象。其三，在虚实相融的环境中超越自我。受教育者树立不断精神成长的坚定信心和立志成才的理想信念，基于自身发展目标，适时调整网络行为，及时纠偏和止损，不断矫正自我失衡，化解虚实世界中的自我矛盾，完成对自我的超越。这个过程中，要以辩证唯物主义和历史唯物主义为世界观和方法论，在高擎正确政治观的同时坚持端正的人生观、世界观、价值观和道德观。运用思想政治教育的方法和手段，积极引导思想政治教育个体树立远大目标，践行实际行动，唤醒自我发展的原初动力和强大内驱力，克服和化解自我认知和行为中的诸多矛盾和困惑，实现自我超越。

（二）建构模式

"人工智能+"思想政治教育，建构模式是核心，具体内容见图5-1。此模式的优势在于通过人工智能技术和思想政治教育的深度融合，实现思想教育实践过程的虚实结合、网络互连、数字支撑、智慧应用、能力促新和科学管理，充分展现智能技术赋能下思想政治教育的实效性、科学性和先进性。

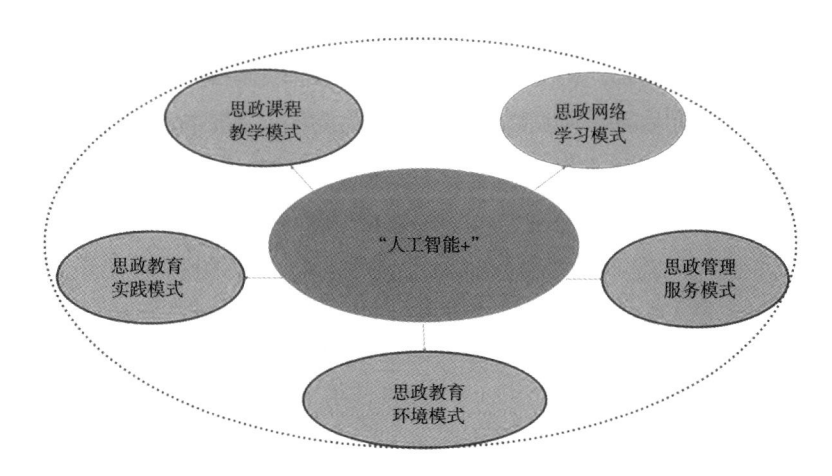

图5-1 "人工智能+"思想政治教育新模式

1. "人工智能+"思政课程教学模式

"人工智能+"教育教学模式将是思想政治教育与网络信息技术的融合。从知识的传授向知识技能使用创新的转变，从注重文化内容单向灌输向掌握学习方式和学习过程的转变，构建一种网络化、数字化、智能化的智慧思政教学模式。① 其核心内容为：其一，思政教育教学方式发生转变。智能化思政教育教学目的是将把信息技术变成学习者掌握的必要工具，认知过程也将由"用理论学"转向为"用技术学"，学习方式和思维

---

① 刘邦奇：《区域智慧教育生态系统构建与运行模式研究》，《中国教育信息化》2017年第3期。

模式将发生变革，智慧课堂将会提升学习者交互学习、融合学习和深度学习能力。其二，思政教育教学的"学习过程设计"成为思政教学重点内容。智能思政教学更加重视学习者学科思维、结构性思维、批判性思维、专业技能以及解决问题能力的培养，关注学习者的学习过程以及其获得学习活动的体验。课堂内容的讲授将与课外实践活动结合互动，选择学习内容更加突显学习者的认知方式和个性化需求。其三，融合多学科技术的在线思政教学将成为新的思政教学形态。远程协作教育等智能信息化思政教学模式，实现教师与学生的实时互动，最大限度地调动学习者的主观能动性，实现跨区域学校的思政教学资源共享，促进教育均衡协调全面发展。其四，智慧思政教育教学将是课堂思政教学改革新趋向。传统日常思政教育教学工作"点线面"的单一空间将呈现为"立体化""智能化"的生态环境，教师智能备课、出题、批阅试卷以及辅导答疑等也将成为思政教学新常态。

"人工智能+"思政教育教学模式，是混合化、多元化的。比较典型的是精准教育。"精准教育"一词，衍生于"精准医学"。精准医学强调对疾病成因的精准了解并对症下药。相对应的，"人工智能+"精准教育指借助人工智能、大数据等信息技术手段了解学生学业的进展情况，体会他们的心路历程，把控他们的学习状态，诊断他们学习中存在的问题，依据学生的心智差异、多样化的学习需求、目标导向差异等多元化问题"对症下药"，提供量身定制的个性化的思政教育教学指导。"人工智能+"宏观的教育方法将实现规模化下的精准化，这是培养大批创新人才，进而建设创新型国家的基本保证。

"人工智能+"也给思政课程模式带来加持。"人工智能+"赋能思想政治教育的网络课程将是随时为学习者提供和选择知识储备的智能模式。灵活多样的MOOC、短小精悍的微课、方便快捷的移动思政学习视频将成为授课形式的新常态，课程内容设计、架构实施、评价方式等都将进行相应变革。[①] 其核心内容为：其一，课程内容的表现形式。融合于现代教育的发展，线上线下大规模开放成为学校常态课程的有机组成部分，课程呈现出智能化、数字化、立体化为表现形态。学习者将有更多的思政课程内

---

① 吴永和、刘博文、马玲：《构筑"人工智能+教育"的生态系统》，《远程教育杂志》2017年第5期。

容选择机会，为实现个性化思政课程学习提供实施路径，思政课程内容的实施将逐步实现"四化"，即"泛在化""移动化""碎片化""模块化"。其二，拓展了思政课程实施空间和课程整体结构。思政课程实施空间跨越了院校之间的围墙，打破了社会组织之间的疆域，学校内部将从最小的班组学习单元扩展到网络社区学习机构。思政课程的整体结构基于智能技术，由分散走向整合，汇聚融合跨学科和多学科交叉的课程内容。其三，现代教育的思政课程内容强调学术性与生活性的融合转化。基于社会经济发展和学习者全面发展的需求，融入社会资源内容，以实现社会化协同发展，教案的内容将向思政教学设计、技术运用和在线辅导等环节转变。

"人工智能+"赋能思政教育将极大影响着教师的教学理念，并对教师专业素质和能力提出新要求。5G助力人工智能背景下，智能技术、智能化设备的使用，将促进思政教师综合素养的提升，以适应智能信息化教育与课程新思政教学模式的要求。教师的发展模式的核心内容为：一是专业发展要求教师掌握和应用互联网智能技术工具，[1]促使教师内在素质适应外在环境的变化，尽快提升专业素养能力。二是面对现实思政教育教学问题，专业学科向智能化、情境化、网络化发展，教师须掌握基本智能思政教学技能与智能化思政教学设备技术，使用智能学科内容和数字化网络思政教学资源信息技术，增强与远程教育领域间的学科信息合作交流，建立智能智慧教育技术的学习共同体。三是教师的思政教育教学理念将要发生转变，由被动灌输适应向主动参与转变，由了解信息技术向掌握智能智慧教育技术转变，着力强调"教师为主导和学生为主体"的过程体验，确保掌握核心智能技术、传授学科知识及运用思政教育教学方法三者的有机统一，有效提升学习者智能智慧学习效果。四是教师将传授学生智能教育工具的使用方法，运用数字化的思政教育教学资源开展多元化的教学活动，[2]共同探究知识疑问和攻克技能难题，提升创新思维能力，实现教师整体素养与智能思想政治教育能力的提升。

"人工智能+"要求思政教师实现自身角色能力的转变。思政教师应由知识占有者转变为学习活动组织者，应由知识传授者转变为学习引导

---

[1] 任友群、吴旻瑜：《作为形成更高水平人才培养体系必由之路的教育信息化——全国教育大会与教育信息化笔谈之一》，《中国电化教育》2019年第1期。

[2] 赵兴龙、许林、李雅瑄：《5G之教育应用：内涵探解与场景创新——兼论新兴信息技术优化育人生态的新思考》，《中国电化教育》2019年第4期。

者，由课程执行者转变为课程开发者，由"教教材"转变为"用教材教"，由"教书匠"转变为思政教育教学研究者，由知识固守者转变为终身学习者。教师应具备"操作者"的角色能力。教育者将操作和利用人工智能进行教育活动，人机协作思政教育教学将成为教育的新模式。教师要掌握人工智能技术完成"程序性的""重复性的"思政教育教学工作，利用人工智能提升能力阈限，拓展认知疆界。人工智能则能够通过机器视觉、深度神经网络学习等先进技术，精准把控受教育者的行为表征和学习状态，为受教者提供个性化的发展推荐。人工智能将受教育者的知识需求、教育进度等数据及时反馈给教育者，为其科学研判和决策提供数据参考。人工智能数以万计的 GPU 和图形处理器所具备的海量存储能力，能高效提升思政教育者的工作效率。而思政教育者要做的是掌握操作智能技术（机器人），在人类独有的情感相助、情绪感知、艺术审美等方面发挥智慧优势，与机器互相协作，互相支持，相得益彰。

2. "人工智能+"思政网络学习模式

"人工智能+"赋能思政教育将为学习者推送所需的学习资源，推进思政教育活动与多元学习生态环境同步发展，建立智能学习模式，其核心内容为：一是万物互联的智能信息时代将覆盖每一角落，学习空间由线下"现实课堂"延伸到线上"虚拟课堂"，课堂、图书馆、实验室等的正式学习与泛在化、碎片化、移动学习等将互相融合和补充，致使学习行为和学习方式变化和更新，合作、自主和探究的学习方式将是最佳学习手段。[①] 二是智能信息时代，学习者将利用"图像识别技术""语音识别技术"提升自己识别记忆能力，向机器人获得疑问解答，通过"三维情景技术"体验情境学习与真实感知，提升知识运用能力。三是借助 5G 互联网云计算，学习者将按照个人的学习需求，选择最优的学习方式，采用人工智能分析技术，跟踪自己学习路径，通过"智能互动反馈系统"实现学习交互过程，拓展智慧教育视野。四是学校将构建校园智慧学习的生态空间，教室将变成虚实结合的智慧课堂，学习者能参与线上与线下课程的

---

① 余亮、魏华燕、弓潇然：《论人工智能时代学习方式及其学习资源特征》，《电化教育研究》2020 年第 4 期。

交流互动。① 运用虚拟现实（AR）和增强现实（VR）技术的智慧育人手段，提升虚拟仿真实验资源的技能，推进智能网络学习空间建设。运用区块链技术系统采集和分析思政教育教学全过程的数据，强化大数据在教与学信息反馈的广泛应用。

在中国特色社会主义新时代，"人工智能+"赋能党建将为学习者提供种类繁多的学习资源，着力推进党员教育活动与多维学习生态环境融合发展，逐步建立智能党建学习模式。

万物互联的智能信息时代将覆盖每一角落，党员的学习空间由线下"现实课堂"延伸到线上"虚拟课堂"，传统的学习方式正在与泛在化、碎片化、移动化的学习方式互相融合和补充，致使每个党员的学习行为和学习方式变化和更新，对党的文化的传承、党的纪律的遵守和对党的初心的坚守，更多地从对党的知识进行合作、自主和探究学习过程开始。

智能信息时代学习者要学习党史，可以利用图像识别技术增加识别记忆，借助语音识别技术向机器人提出学习疑问和获得解答，通过人机交互提高学习者学习的成效，借助智慧信息技术及三维情景技术体验使学习者真实感知过程与情境学习，提升学习者社会化知识运用的能力；学习者要把握党的大政方针，了解更多的时政要闻，可采用人工智能分析技术，追踪自己学习路径，借用智能互动反馈系统实现自己的学习交互过程，及时获取量身定制的学习资源和个性化思政教学服务，拓宽智慧教育视野；我国将为广大党员干部群众构建智慧学习的平台，灵活多样的MOOC、短小精悍的微党课、方便快捷的移动学习视频将成为学习者学习的新常态，按学习者所需呈现出多元化、碎片化、社会性、创新性的前沿知识信息，为党员群众随时提供和选择知识储备的智能模式。

3. "人工智能+" 思政教育实践模式

"人工智能+"也给思想政治教育辅导员的日常思政工作带来创新应用。其一，"虚拟辅导员"智能问答系统。5G时代，借助人工智能技术可以扩展辅导员思政工作的工作范围，"虚拟辅导员"智能问答系统就是人工智能技术在网络思政工作中空间层面的创新应用之一，其主要功能是

---

① 徐欢云、胡小勇：《借鉴、融合与创新：教育人工智能发展的多维路向——基于AIED（2011—2018）的启示》，《开放教育研究》2019年第6期。

模拟辅导员解答学生的日常问题，当遇到虚拟系统无法解答的问题时，再由辅导员介入进行人工解答。"虚拟辅导员"智能问答系统融合了人工智能技术，模拟出辅导员的形象对学生提问进行及时准确的解答，当系统无法回答时再由辅导员介入进行人工回复。人工智能的运用很大程度上减轻了辅导员的工作负担，为辅导员省去了回答大量重复问题的时间，同时也提高了辅导员工作的效率，使学生在有问题时可以得到及时的解答，不受时间地点的限制。毋庸置疑，该系统将为辅导员与学生双方提供便利的服务。其二，学生思想状态预警系统。学生思想状态预警系统是借助人工智能技术在资源层面进行整合创新的应用，通过整合辅导员网络思政工作中可能使用到的各类数据资源，打通数据系统之间的壁垒，消除资源之间的阻隔，让辅导员更为便利地使用数据，帮助辅导员提前发现思想状态高风险学生，及时开展思政工作。学生信息库中存储着各类学生数据，包括学生基本信息、学习状况、参与活动情况、行动轨迹、财务状况、在社交平台上发布的言论等，运用大数据分析技术对这些数据信息进行处理，除去冗余信息，得到便于后续分析的有效数据。然后通过文本分析技术提取学生信息关键词，将关键词与风险词汇库里的数据进行检索匹配，进而为学生的思想状况评定风险等级。如果学生思想状况良好，则系统记录下该阶段学生的思想状况等级；如果学生思想状况达到高风险，则辅导员介入，开展思政教育工作，及时纠正学生的不当思想，帮助学生重新加强积极正确的思想政治意识，打造风清气正的校园氛围。

其一，"人工智能+"可有效提升辅导员工作效率。将辅导员从大量基础性、重复性、机械性的工作中解放出来，推动辅导员工作向精细化、个性化、理论化方向转型，对辅导员个人职业生涯的提升发展有着决定性作用。高校辅导员将拥有更多时间投入到个人理论水平的提升与个性化的思想政治工作中去，从而切实提升自身工作效率。借助人工智能技术的多种应用形式，可以在多个层面拓展辅导员思政工作的范围与能力，大大增加辅导员在单位时间内的思政工作开展的思政工作量，同样可以提升辅导员工作效率。其二，"人工智能+"的赋能可以提升网络思政教育效果。思政工作是推进"三全育人"工作顺利开展、确保高校"铸魂育人"工作使命顺利完成的重要工作环节。借助人工智能技术领域下的大数据分析工具，综合收集并分析学生的各项基本信息，就可以快速分析得出学生的个性化特征与需求，可以综合收集学生的各项基本信息，再通过智能算法判断学生当前的思想状态，提出具有针对性的措施建议，并使其作为辅导员开展精准化网络思政教育的决策依据，从而使辅导员更加有效地开展工作。辅导员也可以通过人工智能系统给出的分析结果进行学习总结，进一步优化自身工作方式，提升自身思政工作教育水平。[①]

"人工智能+"赋能党建工作将对党员的自身发展理念产生极大影响，对党员的专业素质、能力结构提出新要求。人工智能背景下，智能化设备的使用，将促进党员综合素养的提升，以适应智能信息化时代的进程。"人工智能+"赋能党员的发展模式表现为：提高党员自身认识。面对党务工作跟随时代步伐迈向智能化、情境化、网络化的发展趋势，党员干部将面对更为纷繁的工作环境，处理更为复杂的实际问题。这就要求党务工作者要充分认识基于"人工智能+"开展党建工作的重要性，以发展的眼光和创新的视角看待智慧党建工作，善于运用互联网思维和人工智能技术开展党建工作，加大对智慧党建的投入力度，拓展智慧党建的工作边界和工作内容，将传统党建工作与"人工智能+"深度融合。提升党员内在素质。面对科技进步日新月异的新时代，要求党员干部在一定程度上掌握和应用互联网智能技术工具，熟悉智能党建工具的使用技巧和方法，运用数字化的党务资源开展多元化的党内活动，同时探究新时代党建工作中的新问题和新形势，攻克工作难题，提升创新思维能力，促使党员干部内在素质适应外在环境的变化，培养一支讲政治、善管理、懂网络、勇创新、共时代的新型党建工作队伍。

"人工智能+"赋能思政教育评价系统将趋于智能教育价值的多元化，实现基于依据、主体、内容等诸多方面教育评价的全方位转变。智能评价模式的核心内容为：一是 5G 带动人工智能信息技术伴随着学习和评价系统的全过程。智能评价功能关注跟踪学习者的个体差异和个性特点，注重客观全面评价与多元共同评价结合，使用评价诊断与反馈改进功能，以促进学习者个性化、多元化发展。二是基于人工智能技术（大数据、区块链、万物互联、云智能评价）综合运用，智能评价更趋针对性、合理性和去人性化，评价结果更具客观公正与科学合理，同时节省大量的人力、财力、物力。三是以大数据为基础、应用区块链技术适应性评价功能，测

---

① 钟丹丹、魏艳阳：《人工智能时代下高校辅导员开展网络思政工作的创新研究》，《高教学刊》2022 年第 8 期。

评学习者的个性、认知和能力倾向，并及时反馈评价信息。思政智能教育评价模式将从学习者学习效果的评价将从"机械评价"转向为"适应性评价"，知识技能维度评价延伸至情感态度范畴，再扩展深入至价值观念领域，构建"以学习者综合素养为导向"的评价体系。①

4. "人工智能+"思政管理服务模式

"人工智能+"赋能教育的管理服务部门，将拓宽管理服务与教育资源共享的范畴，增进科学决策、教育管理与客观评价的智能性。智能化管理模式的核心内容为：其一，学校管理服务部门的常务性工作，将采用可视化界面运行，减少本部门操作技术难度，业务数据采用数字化记录和储存，管理服务部门的工作将便捷、高效运行。其二，通过教育管理大数据挖掘与深度分析，智能推送精准化信息资源和个性化的服务，为管理者提供及时精准、客观全面的数据支持，提升科学决策水准。其三，5G 助力人工智能技术，将把学校、社区、家庭育人生态环境紧密联系，打通了利益相关联的三方渠道，搭建"共同参与，协作育人"学校智能管理平台。其四，运用"人工智能+"智能技术，将实现三维的远程跟随监督与指导，全方位的实时沟通与协作，由"督导评估"变为"实时评估"，重构管理服务系统业务程序，实现学校内部管理的网络化、模式化、智能化。其五，"人工智能+"将打破学校之间的藩篱，实现学校与企业、科研院所等社会机构有机联结，交流分享互通教育资源，协同传播、传授和转化智慧知识与智能技术，重塑学校组织管理体系核心流程，实现智能智慧化校园建设均衡发展。其六，"人工智能+"教育资源，是一种大资源的开发、应用和服务。它的形态更加丰富、开发主体和供给渠道更加多元、供给机制和消费模式全面转变。我国已经建设了包括 SPOC、MOOC、数字图书馆、数字博物馆、虚拟实验室、在线百科等线上平台。随着 5G 互联网的应用，网络上多种多样的信息资源将转化为教育的大资源，同时将开发多元化的信息工具为教师赋能，从而真正开启"人人为师"的时代，通过"产教结合""科教结合"，不仅是校园里的教师，企事业单位和社会等多方力量都可以为教育贡献广泛而巨大的资源。

---

① Ravelli L J, Van Leeuwen T: *Modality in the Digital Age*, *Visual Communication* 2018 年第 13 期。

5. "人工智能+"思政教育环境模式

"人工智能+"赋能思政教育的环境将是以智能技术（大数据、物联网、区块链、云计算、多媒体）等为基础，建构虚实融合的教育生态系统。[①]"人工智能+"赋能思想政治教育，将为师生提供智慧云平台、智能智慧校园的环境模式，其建构核心内容为：其一，5G信息技术助力人工智能与教育服务深度融合，网络在线学习和面对面思政教育教学结合，架构虚实结合的智能学习与服务新模式；其二，智能教育生态环境将促进教育信息数字化，融入校园内业务部门与其他业务纵横向互联贯通，所有信息由数据系统采集、记录与生成，实现校园数字互联一体化；其三，智能教育生态环境将能感知学习者的行为意愿，监控其学习境况，为其提供定制式的学习服务和多元化生态环境。

"人工智能+"必然带来思政教育教学环境的变革。教育环境，将开始实现HS（人类空间）、CS（网络空间）、PS（物理空间）三空间一体化的新样态。HS，即Human Space，即由教师、学生、家长、社会伙伴等组成的人类社会空间；CS，即Cyber Space，即由网络平台、网络资源、网络社区等组成的网络空间；PS，即Physical Space，即由教室、图书馆、思政课教学终端、教学设备等组成的物理空间。思政教育教学环境将由工业时代的"Classroom"，转为智能时代的"Learning Space""Learning Club"等新型空间。思政教育教学环境应该是摒弃传统"一刀切"的教学模式，转为个性化数字化的学习，应该是与新的技术进行深度融合的条件下，构建三空间一体化的崭新教育环境，支持以学生为中心的连接教育。在这种教育环境下，学生不仅向教师学，还可以向慕课学，向企业学，向同伴学（peer-peer learning）。

"人工智能+"思想政治教育，应该是一种泛在教育。实现包括校园内课堂内、校园外课堂内、校园内课堂外、校园外课堂外四个维度在内的教育环境。这种教育将线上与线下教育相结合，将课堂内课堂外教育相结合，将学校与社会相结合。因为教育的目的，不是让每个学生戴上"金镣铐跳舞"，而是让每个学生发自内心地享受教育带来的快乐。所以，如

[①] 杨现民、张昊、郭利明：《教育人工智能的发展难题与突破路径》，《现代远程教育研究》2018年第3期。

何灵活快乐地学习，激发每一个学生学习的内在动力，显得尤为关键。

（三）建设软硬件

"人工智能+"思想政治教育要深入发展，软硬件建设是基础。

1. 优化数据资源

要有效应对人工智能引发的思想政治教育主体间的数据遮蔽问题及人工智能赋能的思想政治教育或存在的"刻板效应"问题，通过进一步优化和深度挖掘大数据资源，通过对受教育者的多模态学习分析，即更加广泛地搜集受教育者的个体数据信息，通过其更广域和全方位的数据对人工智能进行"喂养"，人工智能通过对数据的深度学习，更为全面立体地进行个体数据画像，更贴近现实地再现出受教育者的"数字孪生体"或"数字镜像"，勾勒出思想政治教育过程中的静态及动态图谱，为实际教育行为过程提供更优化的技术指导，进而实现"人工智能+"思想政治教育中"数据→信息→知识→反馈→推送→引导"的过程。优质、充分而全面的数据资源库的建立是多模态学习的重要基础。其一，可以广泛应用传感器等设备，对受教育者的个体静态信息及教育过程中的动态信息进行深度挖掘和搜集；其二，进一步研发升级算法技术处理和分析相关数据模态；其三，思想政治教育者和人工智能领域专业数据挖掘技术人士的合作参与。三管齐下，方能保证数据分析处理过程的精准性。

处在信息时代，大数据成为一种像黄金一样宝贵的资源。这个时代，掌握了丰富的数据，微观上讲，就可以掌握一个人的行为方式和思想动向；宏观上看，拥有大数据资源就意味着能够精准地把握时代脉搏，甚至可以预测大概率的时代走向。而在互联网上，受教育者随时随地可以留下行为数据痕迹。通过采集大学生上网经常点击的网站，大学生在微信朋友圈等社交媒体发表的言论，大学生在抖音等短视频APP上传播的视频影像，再对这类数据进行深度学习和智能推理分析，思想政治教育者可以清晰地察觉青年群体思想行为关注的焦点、热点和痛点，在此基础上对其思想进行切入性的引导和帮扶，可以极大提高思想政治教育的针对性和有效性。信息时代，思想政治教育者要学会挖掘受教育者的思想行为产生的数据资源，借助人工智能技术，进行深度学习和统筹分析，以期辨明思想政治教育的内在逻辑，切中其教育内容中的主要矛盾，找寻其发展变化的本质规律。

2. 改进算法技术

智能算法作为人工智能的三大技术基石之一，在互联网中不应仅被用于谋取资本，而更应通过迭代和改进技术水平，发挥其强大功能，致力于传播社会主义核心价值观，传播优秀文化，提升人们的幸福水平，从而促进社会和谐和人的自由全面发展。为此，要优化算法推荐技术，使其发挥更积极更智能的功用。要让智能算法对信息的选择和推送更具备正面效应。国家网信办曾对较多体量的网络信息服务平台进行辖控，落实各平台的审核责任制，对其建章立制，尤其是算法方面，更是着力把控。在其算法编写和设计过程中，更是以思想政治教育的原则和要求为出发点，纠正算法价值方向，夯实算法价值根基。思想政治教育者可为其出谋划策，和相关算法设计技术人员讨论价值理性等问题，引导培育其引领社会主流意识形态的责任意识，为智能算法技术主动积极地进行价值纠偏。同时对相关算法审核把关人员进行道德观教育，加深其对主流价值观的认同感和对误导性风险信息的敏感度。算法推荐的内容要合理分配，其中对促进人的思想品德和心理素质社会化的信息加大加深推荐传播力度，对芜杂信息及时过滤。还要改进算法技术，将思想政治教育数据和知识讯息列入算法推送范围之内，增加其在互联网内容传播中的占比，让网络受众在满足个人视听喜好的同时更好地满足高层次的精神文化需求。

3. 规约技术伦理

人工智能在思想政治教育协同的过程中，也使广大教育个体不得不置身伦理困境之中。针对人工智能给思想政治教育带来伦理风险的问题，基于对人工智能伦理的相关要素分析，立足人工智能在思想政治教育领域的应用现状，从人机共存角度，本文提出"人工智能+"思想政治教育的伦理原则以供学界探讨。

隐私原则。人工智能时代，"隐私原则"更强调人们应该有权利存取、管理和控制在与智能机器协同从事教育活动过程中产生的数据，能够确保机器不会向任何未经授权的个体或组织提供私人信息。"人工智能+"

思想政治教育，在给教育参与者带来具身红利的同时，也给教育个体带来了隐私安全威胁，如一些大学生在网络上学习思想政治教育慕课时，注册账号时录入的个人信息，以及浏览学习课程时的网络行为痕迹被数据后台通过算法记录，并以大数据的形式被传至"云端"，甚至存在被不法分子盗取和贩卖，更有甚者在获取大学生相关网络数据后对其进行网络诈骗等非法行为也时有发生；再如一些大学生被一些小众化文化主题 APP 软件某个界面吸引，当登录 APP 时被强制捆绑性提供个人手机号码和手机中的图片等个人信息浏览权限等现象也层出不穷。对于有关侵犯隐私的行为界定、保护教育个体隐私不受侵害的方法、侵犯隐私的惩戒和问责措施、教育个体隐私遭到侵犯后的诉讼和解决途径等，均应该通过约规立法的形式加以制约。

平等原则。"平等原则"指杜绝因算数据偏差导致的算法预测结果的偏误现象。"算法歧视"的实质是用过去的数据预测用户未来的表现，如果用过去的不完备或带有偏误的数据来训练算法，得出的结果肯定也是存在偏差的。[①] 基于教育个体的种族、生活方式或居住地等人口统计学变量数据会对人工智能的学习和训练带来算法偏见，这样的风险应该尽可能地加以规避。大学生存在于不同社会和民族之间的文化差异，应该在设计算法时得到兼收并蓄，保证其广阔的包容性和适用性，消除算法歧视存在的可能性空间。但建立在数据基础之上的算法系统也会因为数据与客观世界的误差被过度拟合和放大，最后造成思想政治教育领域的歧视现象。为消除该风险，应对机器算法拟合和处理的数据结果，预留误差评估的空间。

透明原则。"透明原则"指在人机协同的思想政治教育实践活动中，人工智能的协同过程设计使用了哪些算法、训练了哪些参数、产生和学习处理了哪些数据、实现了什么目的、遵循了什么运算和操作规则，这些计算过程，应该让所有教育活动参与者都能够清晰了解，做到心知肚明。所有思想政治教育个体应该了解机器是如何学习、分析和模拟自己教育行为的处理过程。这样的益处是，当机器运算过程产生的数据无法准确拟合教育现实时，可以人为地介入、及时纠偏。比如思想政治教育的话语认同是教育对象在受教育引导过程中对价值观念的积极反馈和评价，同时也是教

[①] 杜静、黄荣怀、李政璇等：《智能教育时代下人工智能伦理的内涵与建构原则》，《电化教育研究》2019 年第 7 期。

育主体之间在交往、沟通、对话中产生价值共鸣的过程,具体体现为一定的解释框架和认知取向对人们的精神世界施加影响,从而让受教育者感受到思想的升华与品性的塑造。而在算法机制的传播空间中,传统的信息接受与评价机制被打破,沟通中意义和价值的传递、认同存在和内嵌于"黑箱"的操作之中,算法被暗中赋予了结果呈现的决定权。"人工智能+"思想政治教育的过程,不应该是一个"黑箱",应该让"阳光照进来"。

角色认同原则。"角色认同原则"指明确智能机器在思想政治教育过程中所扮演的"角色",从而规范其权利与义务。例如,是否该赋予机器像人类一样拥有思想政治教育主体身份。作为世界物质组成的一部分,人工智能和人类都是自然界中的非独立性存在,人工智能和思想政治教育的深度融合,已经改变思想政治教育生态,"思政教育主体—思政教育客体"的二元结构正逐步被"思政教育主体—人工智能技术—思政教育客体"三位一体的新模式所替代。"人工智能+"思想政治教育,需要强调的是,教育个体之间、教育个体与智能机器之间的整体性、和谐性与统一性,为此,需要确立人工智能在思想政治教育中的角色定位,以保障新的教育生态的平衡。

4. 强化法制规范

思想政治教育从业者在"人工智能+"思想政治教育实践过程中,应该遵守法制规范,强化底线思维,不可触碰法律的红线。国内已陆续出台了《中华人民共和国网络安全法》《中华人民共和国网络隐私保护法》《中华人民共和国著作权法》等相关法律,保护相关个体在网络空间的合法权益。人工智能时代的思想政治教育,更应坚持网络安全与信息化发展并重,遵循积极利用、科学发展、依法管理、确保安全的方针,推进人工智能基础设施建设,鼓励人工智能技术创新和应用,建立健全人工智能安全保障体系,提高网络化智能化安全保护能力。思想政治教育实践过程中,应倡导诚实守信、健康文明的网络行为,采取措施提高全社会的智能安全意识和水平,形成全体思政从业者和受教育者共同参与促进网络智能安全的良好环境。同时,国家积极开展网络智能空间治理、教育人工智能技术研发和标准制定、打击利用人工智能违法犯罪,推动构建和平、安全、开放、合作的"人工智能+"思想政治教育空间。思想政治教育个体应当依照法律、法规的规定和国家标准、行业标准的强制性要求，采取技术措施和其他必要措施，有效应对人工智能可能带来的信息安全、网络安全事件，防范违法犯罪活动，维护思想政治教育大数据的完整性、保密性和可用性。思想政治教育学科行业应加强行业自律，制定网络智能安全行为规范，指导教育个体依法加强网络智能安全保护，提高网络智能安全保护水平，促进行业健康发展。任何思想政治教育个体和组织使用人工智能应当遵守法律，遵守公共秩序，尊重社会公德，不得危害人工智能的安全性，不得利用人工智能从事危害国家安全、宣扬恐怖主义和极端主义、宣扬民族仇恨和民族歧视、传播淫秽色情信息、侮辱诽谤他人、扰乱社会秩序、损害公共利益、侵害他人知识产权和其他合法权益等活动。

5. 夯实基础硬件

"人工智能+"思想政治教育，离不开 5G 网络和人工智能基础设施的搭建和技术体系的完善。如 5G 技术中大规模天线、新型多址技术、新型多载波技术、先进编码调制、全双工技术、超密集组网、组网关键技术和基站等技术设置；而人工智能的实现则需要传感器、芯片等基础设施搭建，借助统计机器学习、神经网络、深度学习、自然语言处理、基于规则的专家系统、机器人流程自动化、物理机器人技术等核心技术来实现。"人工智能+"思想政治教育有赖于信息技术基础设施建设的支撑，必须依托大数据、物联网、VR/AR、云计算等先进技术手段搭建基于"人工智能+"技术的党建创新平台，突破"人工智能"的技术瓶颈，完善"人工智能"的技术知识体系，高效研发基于"人工智能"的思想政治教育基础设施，以数据和硬件为基础，促进现实空间和虚拟空间的有机融合为目标，以传统思想政治教育工作方式和思想政治教育新模式的有效结合为抓手，构建一个高效、畅通、安全的思想政治教育信息化环境，从而推动思政工作走向智能化、数字化、互联化。应该建立覆盖全国各级各类的思想政治教育基础数据库及其管理信息系统，为各级教育行政部门和各级各类学校提供教育管理基础数据和管理决策平台，为公众提供公共思想政治教育信息和教育管理公共服务平台，具体内容如图 5-2 所示。包括教育基础数据库（学生数据库、教师数据库和学校资产及办学条件数据库）、教育管理信息系统、教育管理服务平台、数据交换平台、信息化支撑保障体系等，具体内容见表 5-1。

五 "人工智能+"思想政治教育的优化策略　　　　　　　　　　171

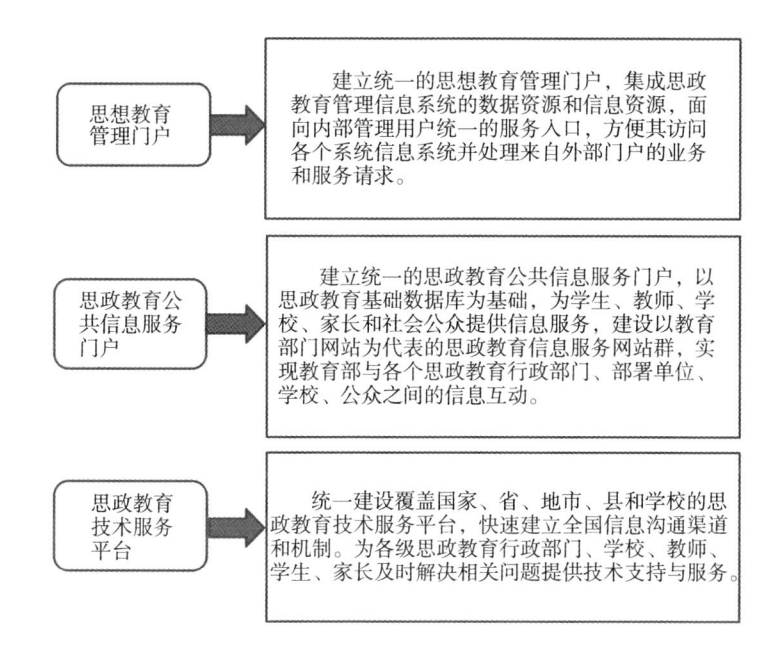

```
┌─────────┐      ┌──────────────────────────────────┐
│ 思想教育 │  ➤  │　建立统一的思想教育管理门户，集成思政│
│ 管理门户 │      │教育管理信息系统的数据资源和信息资源，面│
└─────────┘      │向内部管理用户统一的服务入口，方便其访问│
                 │各个系统信息系统并处理来自外部门户的业务│
                 │和服务请求。                      │
                 └──────────────────────────────────┘

┌─────────┐      ┌──────────────────────────────────┐
│思政教育公│      │　建立统一的思政教育公共信息服务门户，以│
│共信息服务│  ➤  │思政教育基础数据库为基础，为学生、教师、│
│  门户   │      │学校、家长和社会公众提供信息服务，建设以教育│
└─────────┘      │部门网站为代表的思政教育信息服务网站群，实│
                 │现教育部与各个思政教育行政部门、部署单位、│
                 │学校、公众之间的信息互动。         │
                 └──────────────────────────────────┘

┌─────────┐      ┌──────────────────────────────────┐
│ 思政教育 │      │　统一建设覆盖国家、省、地市、县和学校的思│
│ 技术服务 │  ➤  │政教育技术服务平台，快速建立全国信息沟通渠道│
│   平台  │      │和机制。为各级思政教育行政部门、学校、教师、│
└─────────┘      │学生、家长及时解决相关问题提供技术支持与服务。│
                 └──────────────────────────────────┘
```

图 5-2　思政教育管理服务平台的建设内容

表 5-1　　　　　　思想政治教育支撑保障体系的建设内容

建设内容	说明
思政教育管理信息化标准规范体系	①信息与数据标准规范化建设。建立各类教育管理信息数据标准编码规范，主要包括教育管理基础信息、标准与代码等。 ②教育卡规范建设，完成教育卡应用规范国家标准的上报与发布。 ③技术标准与规范建设，建立教育管理信息系统相关技术标准与规范，主要包括技术框架规范、数据交换规范、信息安全技术规范、电子身份证认证与应用管服务规范等。 ④教育管理信息化标准应用与推广。建立教育信息化标准应用评价测试体系，开展教育管理信息化标准的宣传与推广工作。
思政教育信息安全保障体系	①对思政教育管理信息系统进行安全定级与备案，依据所定安全级别，进行安全规划与建设，并根据国家相关要求，定期对信息系统进行安全等级的测评。 ②明确设置网络与信息安全职能部门和岗位，加强人员安全意识培训和技能培训，逐步落实技术人员持证上岗制度。 ③建立安全预警与监管中心，对本地区、本单位信息系统安全运行状况进行监测、预警及管理，实现与上级安全预警与监管中心的对接。建立统一的安全运行维护管理平台和应用安全检测平台，实现对本地区、本单位的计算环境、设备、资源、应用系统安全监控、告警、安全事件分析、风险管理、综合日志审计和工作管理，能够与上级平台相对接，实现联动，及时上报信息安全漏洞和事件情况。 ④建立网络与信息安全工作体系，建立联络员机制，搭建安全工作管理平台，按照信息安全等级保护要求实现信息系统全生命周期安全管理，并与上级安全工作管理平台对接，上报数据。 ⑤建立思政教育电子身份认证（CA）与思政教育电子证应用服务体系。 ⑥建立思政教育管理信息系统容灾备份体系。 ⑦建立定期安全检测机制，配合信息安全主管部门做好监察检测工作。

续表

建设内容	说明
思政教育管理信息系统应用与服务体系运行维护	①依托各级思政教育行政部门的业务部门建立系统应用体系，推动系统应用，明确系统应用责任单位和人员，建立一支从各级教育行政部门到学校的队伍，确保每一级思政教育行政部门和每一所学校有专门人员对系统进行操作和管理，保障系统的全面应用和数据的及时更新。 ②依托各级思政教育信息中心（暂无思政教育信息中心的，由相应教育信息技术部门承担），建立覆盖系统建设、应用、运行维护的技术支持服务体系，满足系统建设与应用需求。建立责任制并将责任落实到人，为思政教育信息管理信息化的可持续发展提供保障。
思政教育管理信息化制度保障体系	修订完善相关的法规制度和工作规程，保障管理信息化建设内容和应用的落实，建立健全与学生、教师、学校资产及办学条件等相关的电子业务和电子档案管理制度，保障系统的顺利运行及全面应用。

（四）健全机制

"人工智能+"与思想政治教育深度融合，健全机制是保障。

1. 建设人才队伍机制

"人工智能+"思想政治教育，需要培养信息素养、媒介素养、人工智能素养和思想政治素质相结合的新型思想政治教育人才。智能时代对思想政治教育从业者的要求是不仅仅需要具备培养、教育、引导受教育者的能力，还需要对人工智能的操作和运用具备一定认知能力和掌控能力。教育者将与人工智能共同协作完成教育工作。此外，对于思想政治教育管理者，也需要对人工智能如何应用于思想政治教育的全过程中做到心知肚明，对其有全面的把控和通盘的思考，在思想政治教育管理的模式和内容中融入信息化手段，在其教育管理和决策过程中学会使用信息思维。此外，还要具备一支专业化的信息工作队伍，熟练使用和设计各类与思想政治教育有关的人工智能算法，开发出更多的可有效投入思想政治教育领域的互联网软件和适用于移动客户端的、用于解决各类思想政治问题的应用智能程序，同时能够设计出人工智能时代的网络安全屏障和防火墙，对诸如思想政治管理信息系统的稳定性和安全性起到全面升级和保护作用。但最重要的，是对上述三类思想政治从业者进行辩证唯物主义、历史唯物主义和马克思主义认识论的思想武装，使他们能够树立正确的世界观、政治观、人生观、法治观和道德观，在各类工作场合能够明辨是非，把握原则，遵循方向，顾全大局，立场坚定，高擎习近平新时代中国特色社会主义思想的火炬，不断锤炼自身专业本领，从而打造一支"纪律强、作风硬、三观正、本领高"的高素质人才队伍。

培养思想政治教育高素质人才队伍，锤炼教育者核心能力，突出教育者人的主体性价值是重中之重。要充分认识到，人工智能技术仅仅是对思想政治教育赋能助力的工具，无法取代教育者身之为人在思想政治教育实践过程中的主体作用。思想政治教育者应以立德树人为宗旨，通过谈心谈话、情感共鸣等具身工作，关注受教育者的真实情感诉求和精神、心理需求，不能一味依赖数据，应更全面和深入、准确地把握受教育者的思想动态，急其所求，应其所需，让思想政治教育不仅有效度，更有温度。在与受教育者的双向互动中实时观察、分析和调整教育策略并做出适度决策，有效应对人工智能由于自身技术的局限性引发的主体间数据遮蔽或存在的"刻板效应"等现实挑战。

思想政治教育人才队伍的培养过程中，建构思政教师道德权威应被视为核心要义。教育数字化进入全面转型阶段，伴随元宇宙、Chat GPT、VR技术的教育应用，实现了对思政教师道德教育场景的现实重构，大大增加了信息负荷和智慧承载能力。德育知识生成的效率将使以教师授课为导向的知识传递和传播方式不再受到限制，受教育者将使用Chat GPT及其智能技术依赖载体，随时随地查询学习资料并获得问题反馈。[1] 传统的教师道德权威教育已经不能适应新时代的需要，新的教师道德权威应是智能技术加持下的生成，以智能技术赋能和延伸教师道德权威的内涵。在智能技术赋能下，建构道德权威教育合作体、道德权威智能群体、隐性显性道德权威教育的统一，在人—机—生三体共强的教育环境中，回归教师道德权威教育的主导地位。

双向认同：道德权威教育合作体。"双向权威认同道德教育"是以思政教师尊重受教育者为前提，针对不同学生的个性化特点，实施"差别化"精准化服务，实现精准化道德权威教育。数值化转型时代，思政教师道德权威由权威认同替代绝对权威，建立一种新型的师生双向认同的合

---

[1] 王佑镁、王旦、梁炜怡等：《Chat GPT教育应用的伦理风险与规避进路》，《开放教育研究》2023年第2期。

作体。这种升级版道德权威不仅是师生群体间理性共识的达成，更是教育者与受教育者个体之间感性共识的形成，即建立一种思政教师与受教育者个性化对话、关心、沟通交往的情感基础。首先，"双向权威认同合作体"的建立，是顺应人工智能时代高质量发展的一种必然，是架构起数字化转型过程师生之间情感沟通的桥梁。其次，教师可以依托人工智能算法的优势，运用大数据处理能力，精准了解受教育者的道德需求，通过数字化记录、获取、识别受教育者的面部表情、动作，分析其肢体语言和内心语言的状态特征，构建一个容量大、计算能力强的高质量数据库，以及多模态学习分析图谱，全面刻画和分析受教育者的思想行为要素，使得师生二者之间在精神层面同频共振与在心理和思想情感上在共情与认同。再次，基于受教育者的兴趣与系统浏览量，通过构建思想政治教育专业知识体系，可以实现"双向认同"德育内容的个性化设计和精准推送，实现思政道德教育"双主体"格局和师生"双向权威认同"合作共同体。

个体融合：道德权威智能群体。许多简单个体相互合作形成的复杂的智能体，思政教师集体的道德智慧与智能技术处理方式的融合形成了道德权威智能群体。智能群体能迅速拉近教师道德真理与道德决策间的距离，提升其道德信息决策水平，引导受教育者对社会主义核心价值观为基础道德观的追求向往，从而树立教师道德群体智能权威。道德群体智能权威要求教师革故鼎新，与时俱行，以大数据海量信息为抓手，对有效道德权威教育信息重新编码，拓宽道德权威知识获取的途径，精准个性化的道德知识施教，适时跟踪对受教育者道德行为的监督和引导。其一，要求教师提升人工智能商数、信息化素养和群体道德权威智能决策能力，有效把握受教育者动态特征，与时俱进更新和制定道德教育实践，不断反思教学过程，提升群体智能道德权威教育实效；其二，智能群体的权威决策应该冷静审视，警惕人工智能技术存在的"黑匣子"，反思被技术至上观念奴役，避免陷入只依赖技术、失去人文关怀的道德困境。"道德权威智能群体"是人类的集体属性，是以群体契约为基础的社会价值取向。[①] 以价值理性引导技术理性的发展，实现价值技术的相辅相成，要把"坚持价值性和知识性相统一"主流价值观引导于道德知识传授之中，在助推智能

---

① 韦岚、陈士林：《人工智能时代大学教师的角色定位研究——技术整合视角》，《高校教育管理》2021 年第 5 期。

技术与道德教育深度融合中，彰显思政教师群体智能的权威魅力。

平衡关系：隐性与显性道德权威教育的统一。在特定的环境中，通过间接的、隐含的教育活动，受教育者在无意识中获取有益于身心健康和个性全面发展的无形教育方式，称为隐性道德教育。① 隐性道德权威教育看似无形，却能够避免硬性灌输，消除接受障碍，润物无声地为受教育者提供接受动力。思政教师内含的渊博学识、高雅举止和高尚道德情操的隐性道德权威能对受教育者产生较强的感染力。显性道德权威则是为有效完成教学目标，直接开展有组织、有计划的教学活动而表现出来的影响力。它能够在一定社会范围内树起鲜明的道德权威旗帜，抢占道德教育制高点，实现思政教育乃至全社会大范围主流德育思想影响和覆盖。思政教师显性道德权威是通过道德指令施加在受教育者身上的一种力量，是学生自觉遵循的，能够在反思实践中验证指导的合理性。数字化转型时期这种道德权威指令将"去显性化"。意识形态竞争的原始空间和形式已从"显性竞争"逐渐转变为"隐性竞争"，"从正面宣传话语的交锋转为非对抗式'去政治化'的技术裹挟"。智能工具挟持下的意识形态分散了受教育者者关注的焦点。思政教师应顺数字转型之趋势，平衡显性教育与隐性教育二者的关系，把握习近平的"要坚持显性教育和隐性教育相统一"，提升自身数字素养，为思维而教，为素养能力而教。挖掘其他学科蕴含的思想政治教育资源，实现以"全员全程全方位育人"作为根本遵循，充分运用智能工具带来的技术福利，建构隐性与显性道德权威教育的统一，弥补显性德育权威"灌输"色彩浓厚，学生易设"逆反心理"的德育效果不能持久的短板，以及于隐性道德权威因德育情境的随机性和分散性，个体差异带来的实施周期长、缺乏系统性、操作难度大的软肋之中。以多元形式宣传主流道德权威教育，倡导新时代核心道德价值观，筑牢和维护教师道德权威的良好形象。

2. 运筹科学决策机制

"人工智能+"思想政治教育的决策机制，可以分为三种不同的决策类型：战略性决策、管理性决策和工作性决策。思想政治教育战略性决策

---

① 魏晓波：《基于隐形课程建设的思想政治教育创新载体研究》，《教学与管理》2011年第15期。

是对涉及思想政治教育根本目的地或长期目的、主要任务、战略规划的重大事项进行的决策活动，一般由思想政治教育领导部门和高层管理机构、管理者负责。就这个决策层次而言，可以把"人工智能+"思想政治教育提高到战略高度，进行全局性的长远规划，将信息化、数字化手段正式纳入思想政治教育的视野。管理性决策是某一地区、部门或大的单位决策部门或决策人对思想政治教育工作中信息技术的人力、资金、物质等资源的投入进行合理配置、布局和调整的活动，具有局部性、中期性和技术性特征，一般由地区或部门、大单位的思想政治教育领导部门和中层工作机构、管理者负责，这层决策的形成可以为"人工智能+"融入思想政治教育提供坚实的物质基础。工作性决策一般由基层工作单位和工作人员进行，是涉及思想政治教育利用信息技术和人工智能技术一般管理和处理日常教育工作、开展教育活动的具体决策互动，主要是形成短期性、日常性和操作性的思想政治教育工作计划和思想政治教育活动方案，这层决策为"人工智能+"思想政治教育提供了具体工作场域。

3. 建立技术支持机制

"人工智能+"思想政治教育的技术支持机制，主要是指保证其网络安全性机制。思想政治教育的网络安全由于不同的环境和应用而产生了不同的类型，主要包括系统安全，即保证教育信息处理和传输系统的安全；网络信息安全，即网络上系统信息的安全；信息传播安全，即教育信息传播后果的安全，包括信息过滤等；信息内容安全，其侧重于保护教育信息的保密性、真实性和完整性。可采取的技术支持机制包括：其一，主动防御：主要是通过分析并扫描指定程序或线程的行为，根据预先设定的规则，判定是否属于危险程序或病毒，从而进行防御或者清除操作。主动防御可以提升安全策略的执行效率，未来以程序自动监控、程序自动分析、程序自动诊断为主要功能的主动防御型产品将与传统网络安全设备相结合。尤其是随着技术的发展，高效准确地对病毒、蠕虫、木马等恶意攻击行为的主动防御产品逐步应用到思想政治教育领域；其二，安全技术融合：面对规模越来越庞大和复杂的网络，以终端准入解决方案为代表的网络管理软件开始融合进思想政治教育整体的安全解决方案。终端准入解决方案从控制用户终端安全接入网络入手，对接入用户终端强制实施用户安全策略，严格控制终端网络使用行为，为网络安全提供了有效保障，帮助用户实现更加主动的安全防护，实现高效、便捷的网络管理目标，全面推动网络整体安全体系建设的进程；其三，数据安全保护系统：以全面数据文件安全策略、加解密技术与强制访问控制有机结合为设计思想，对信息媒介上的各种教育数据资产，实施不同安全等级的控制，有效杜绝机密信息泄漏和窃取事件。

4. 构建平稳运行机制

"人工智能+"思想政治教育运行机制是网络信息技术与党的政治建设、思想建设、组织建设、作风建设、纪律建设等各领域的工作环节的融合与创新，构建一种新时代的网络化、数字化、智能化的智慧运行模式。

智慧决策。建立探索党委决策支持系统。借助5G网络技术，通过大数据和云计算，实现对重大决策的信息数据智能汇总分析；利用互联网海量的信息资源和人工智能搜索引擎目标导向、个性化、及时性的检索能力，为党的重大决策提供智能化的专题化的智库咨询；融合人类和计算机强大的学科思维、结构性思维、批判性思维、专业知识、风险预判能力以及解决问题能力，对科学决策提供强有力的超脑算力支撑。同时，依据智能技术对决策实施情况进行实时分析、红色预警、定期汇总和走向分析等辅助工作，实现党委科学有力决策的逻辑闭环。

智慧纪检。转变传统纪检监察工作方式，以5G技术为基础，依托互联网强大的云存储功能，逐步实现纪律审查和监督执纪云记录、云统筹和云监督；以人工智能技术实现检举核查工作的信息化创新，在监察委全面收集当事人各类线索的调查工作实践中实现智慧化引导；利用大数据和云计算，对调查线索进行评估、研究、测定、推断；智慧化建设党的廉政风险防控系统，建设智能化平台，用于调查、关联、比对、评估各级党委（组）重大事项决策、重要干部任免、重要项目安排、大额资金使用等"三重一大"制度约束下的党员轨迹，并对违纪行为进行及时预警。

智慧宣传。面对互联网巨大的信息空间，亟待重新建构一个实时性、时代性的宣传工作系统，实现主流价值的传播，借助5G网络占领线上思想舆论阵地的制高点，塑造良好党员形象，牢固掌握党在新时代的网络话语权。基于云服务着力建设国家级的新闻内容生产、新媒体运营传播、信息增值服务等信息平台，强化对信息内容的统筹与谋划，实现"集约采集、丰富生成、广源传播"的目的；① 在"人工智能+"赋能下，加强平台对舆论信息的汇聚、信息分析等功能的升级完善。

智慧组织管理。"人工智能+"赋能党建管理，将拓宽党组织管理服务与共享组织资源的范畴，促进社会化服务协同，增进组织管理与客观评价的智能性。党员管理与服务部门将采用可视化界面开展常务性工作，降低管理系统的技术操作难度，使得记录储存的党建数据实现数字化，使得党员组织管理服务工作更加便捷与高效。通过智能人脸识别技术和卫星导航系统，实现党员行为轨迹的动态把控，党员可以通过大数据系统实现身份认证、个人信息查询、组织关系调转、缴纳党费等日常党务工作，借助移动互联技术参与有组织的集体活动。便于党组织全面掌握党员动态信息。通过党员行为大数据的挖掘与深度分析，可以为管理者提供客观的、全面的、及时的、精准的数据支持，提升科学决策水准。

"人工智能+"将把党员工作单位、社区、家庭环境紧密联系，打通了利益相关的三方渠道，搭建"共同参与，协同响应"组织智能管理平台。探索搭建方便服务网民的网络党组织平台，并实时发布党组织活动计划，借助5G网络高速率、宽带宽、低时延的特点实现网上文字、音视频等多种信息的实时对话沟通，为党员提供打通单位、社区和家庭的泛在化的组织活动信息，可即时性地响应组织号召，起到"聚似一团火，散似满天星"的星火效应。

"人工智能+"将实现三维的远程跟随监督与指导，全方位的实时沟通与协作，由"督导管理"变为"实时管理"，重构管理服务系统业务程序。党员干部可以实现听取党员意见建议渠道的多元化，接受入党申请书方式的数字化，阅读党员思想汇报过程的线上化，实时掌握党员思想动态，构建一种党群互动的积极的连接模式，拓展党群沟通的全新渠道，实现组织活动的良性互动。

5. 完善高效反馈机制

"人工智能+"思想政治教育的反馈机制，主要是信息反馈工作要扎实牢靠。可考虑设置专门的机构，如政策研究室、宣传部门内设的信息中

---

① 夏行、方永军：《网络环境下"智慧党建"的理论模型构建及实现路径》，《领导科学》2011年第34期。

心或思想政治教育网络信息研究室,负责处理来自互联网各渠道的有关思想政治教育的信息,为思想政治教育新决策提供依据。这些负责信息处理的部门,要运用多种形式,如用大数据技术进行舆情分析、用人工智能进行核查各类数据表格等,并可采取网络会议的形式进行座谈与工作汇报,对思想政治教育的效果及时进行量化评估,广泛收集思想政治教育信息;要开辟多种信息采集渠道,除在思想政治教育管理体系内建立信息上报的反馈路径外,还可以及时从网络阵地中提取鲜活信息。"人工智能+"将促进反馈信息流动的数字化、信息沟通的智能化,并将融入思想政治教育的每个业务部门和服务领域,与系统内部的其他业务纵横相济,互联贯通。受教育者之间沟通联系的所有数据信息的采集、记录与生成过程将被赋能,实现教育个体信息反馈的数字互联一体化。5G 技术高速率、宽带宽、低时延的特点,使得我国的移动通讯终端得到极大惠利。此外,有关领导和参与思想政治教育决策的部门,要通过对信息和反馈数据的分析,预测教育对象的思想发展趋势,及时调整思想政治教育的目标和计划。

(五) 赋能生态

在人工智能时代的浪潮之巅,"Sora+AIGC+元宇宙+"等尖端科技正如璀璨星辰,照亮智慧思想政治教育工作新生态。它们汇聚跨学科之智慧,筑起数字化安全之屏障;以元宇宙之奇妙,优化用户在思想政治教育工作中的沉浸式体验;严格把控思想政治教育工作内容质量,确保信息的纯净与精准;普及数字技术之精髓,让技术与制度规范在动态中趋于完善;推动跨平台的整合与信息共享,打破信息孤岛;在创新与传统的交汇点上,寻求知行合一的理想平衡。如此,将赋能缔造一个更加智能、高效、安全的思想政治教育工作新纪元,让党组织的活力四射,党员工作热情如火,共同谱写新时代之华章。

1. 建设跨学科融合的思想政治教育工作新局面

构筑跨学科之桥梁,汇聚智慧之光芒。首要之务在于组建一支融汇技术与思想政治教育工作的精英团队。技术巨匠携手思想政治教育工作先锋,前者挥洒科技之墨,后者描绘思想政治教育工作之蓝图。二者交融,技术与需求相得益彰，共创智慧思想政治教育工作之未来。通过思想的碰撞与知识的共享，探寻"Sora+AIGC"与思想政治教育工作的和谐交融。

以试点为笔，书写应用之华章。择一思想政治教育工作之场景，融合技术之韵，赋能党员教育与组织管理，焕发工作效率与效果之新生。精心筹划、周密部署，确保试点项目在思想政治教育工作的夜空中熠熠生辉。总结提炼，将成功经验播撒至更广阔之领域，让智能技术之光照亮更多思想政治教育工作场景。

信息安全与保密性乃重中之重。强化数据之护盾，加密措施如铁壁铜墙，守护元宇宙中思想政治教育工作活动之安全。定期安全巡查，及时修补漏洞，确保数字化平台之稳健。此乃智能技术之要求，亦为广大党员与工作人员的使命与担当。如此，方可保障思想政治教育工作在元宇宙中绽放绚丽之花。

2. 构筑思想政治教育工作信息的数字化安全堡垒

在元宇宙等数字化平台中，思想政治教育工作信息的保密与安全显得尤为关键。思想政治教育工作信息涵盖党的方针策略、重大决定及组织纽带等核心要素，其泄露或遭滥用均可能对党和国家江山的稳固造成不良影响。

为筑牢数据之防线，需采用尖端加密技术，诸如公钥基础设施、区块链等，为思想政治教育工作信息穿上"防护服"，即使数据落入不法之手，亦能确保其难以破译。同时，构建明晰的访问控制体系，界定各级权限与职责，保证信息的精准投放与严密监控。此外，提升党员及工作人员的数据安全意识与实操能力，亦是保障数据安全的重要一环。

在数字化浪潮中，还需定期对系统进行全面的安全审视与漏洞修补。这不仅要求审视系统的整体配置与安全策略，更需敏锐捕捉任何可能的安全隐患，并迅速组织技术精英进行修复与验证。与此同时，保持与智能新技术前沿的同步，不断更新与升级系统，以应对日益复杂多变的安全挑战。

3. 增强智能技术在思想政治教育工作中的用户体验与接纳度

在引入元宇宙等前沿技术以革新思想政治教育工作之际，提升用户的操作体验与技术的接受程度显得尤为关键。它不仅直接关乎技术的普及与推广，更深刻影响着思想政治教育工作能否真正触及党员内心，进而发挥党员应有的时代价值。

为深入了解党员的切实需求与使用习惯，需通过问卷调查、面对面深度访谈及小组讨论等多元方法，系统探寻党员在运用元宇宙等新兴技术时的实际需求与使用偏好。经由对所得数据的细致分析，可精准把握党员的共同诉求与习惯特征，为元宇宙平台的界面优化及操作方式的改进奠定坚实基础。

基于详尽的调研结果，致力于对元宇宙的操作界面与使用流程进行精细化改良。诸如简化繁琐的操作步骤、增设个性化界面选项、优化用户交互逻辑等举措，均旨在打造更为友好、直观的用户体验。同时，持续吸纳党员的宝贵反馈，不断迭代界面设计，以提升用户满意度。

另外，为帮助党员更好地掌握与运用智能新技术，制定一系列针对性的技术培训与操作指南。从基础操作到高级功能应用，从常见问题解答到实战技能提升，力求通过线上线下相结合的培训方式，助力党员全面提升技术水平。辅以详尽的操作手册与视频教程，确保党员在日常使用中能够得心应手。

4. 把控生成内容质量与监测管控信息

在思想政治教育工作中，保障 AIGC 所产内容的质量与信息的有效管控，对于塑造党的光辉形象、传递党的铿锵之声及推动思想政治教育工作进程具有深远意义。

为确保内容的纯洁性与正确性，必须构建一套严谨的内容审核体系。这一体系应根植于党的核心政策与崇高价值观，同时紧密结合思想政治教育工作的实践需求。一是应从准确性、政治立场、思想深度及教育意义等多个维度出发，设立明晰的审核准则。二是需遴选政治敏锐、业务精湛且深谙思想政治教育工作的精英，组建起一支高素质的内容审核团队。团队成员需历经专业磨砺，以提升其审核的精准度与深度。三是借助自然语言处理、机器学习等尖端科技，能够对人工智能生成的内容进行高效、自动化的初步筛选，从而大幅提升审核工作的效率与准确性。

在信息监测与管控方面，需运用科技手段对元宇宙等数字化交流平台进行实时监督，以便迅速发现并遏制不良信息的蔓延。与此同时，与相关部门的紧密协作亦不可或缺，共同构筑起打击不良信息的坚固防线。针对恶意攻击、谣言散布等恶劣行为，将采取封禁账号、限制发言等果断措施；对于涉及敏感议题的内容，将实施审慎的过滤与传播限制策略。更重要的是需通过教育引导与制度约束，增强党员的信息素养与自我约束能力，使他们能够自觉抵制不良信息，共同维护党的声誉与形象。

5. 筹划数字技术培训

在思想政治教育工作持续推进的进程中，有效应对技术培训与普及的挑战，是确保新技术能够深度融合于思想政治教育工作实践并显著提升党员技术素养的枢纽环节。

为此，需精心筹划周密的培训方案。在蓝图初绘之时，便需深刻洞察思想政治教育工作的内在需求，涵盖党员的现有技术水准、学习热忱及应用场景等多元要素。如此，方能确保培训内容的贴切性与实用性，使之与思想政治教育工作的脉搏同频共振。需清晰擘画培训之目标，以期党员通过系统学习，能够熟练掌握新技术之精髓，从而游刃有余地应对思想政治教育工作中的种种挑战。培训内容当围绕新技术的核心理念、操作要领及应用领域而展开，同时兼顾知识的体系性与逻辑的严密性，助力党员构筑坚实的技术基石。

借助网络平台的便捷与高效，为党员提供多元化的学习路径。利用成熟的在线教育平台或自主研发之系统，打造灵活多变的学习环境。平台不仅应具备课程管理、进度追踪等基础功能，更应成为党员随时随地汲取知识的宝库。在此之上，汇聚丰富的教学资源，诸如视频教程、幻灯片演示及案例分析等，以辅助党员深化对所学内容的理解与把握。此外，线上互动环节如讨论区、答疑区及知识竞技等，旨在点燃党员求知的火花，让党员学习之旅更加生动有趣。当然，线下实操亦不可或缺，它能让党员在亲身实践中感悟技术的魅力。

6. 协同制度与规范的动态完善

在智能技术日新月异的时代背景下，制度与规范的及时更新显得尤为重要。为应对新技术发展给思想政治教育工作带来的影响和挑战，并促进多元利益主体的和谐参与，必须推进制度与规范的建设，以确保思想政治教育工作与技术发展的协调共进，从而推动思想政治教育工作的规范化和标准化。

应时刻保持敏锐的洞察力,紧跟技术发展的步伐,对现有的制度和规范进行适时的调整与优化。通过建立专业的技术监测机制,深入洞察新技术的发展动态,为制度与规范的更新提供科学的决策依据。与此同时,借助思想政治教育工作与技术领域的专家智慧,可以对新技术进行深入的研究分析,从而提出更具前瞻性和实践性的制度与规范更新建议。

在制定和更新制度与规范的过程中,应积极搭建开放、透明的交流平台,邀请各方利益主体共同参与讨论。通过充分的沟通与协商,可以寻求到各方利益的平衡点,进而形成广泛的共识。这不仅有助于增强制度与规范的合理性和可行性,还能有效提升其执行力和社会认可度。

在实施新的制度和规范后,更应注重其执行情况的监督检查。通过严格的监管措施,能够确保各项规定得到有效执行,从而维护制度的权威性和严肃性。对于任何违反规定的行为,都应依法依规进行严肃处理,以彰显公正与公平。

7. 推动跨平台整合与信息共享

在技术蓬勃发展的时代背景下,面对技术标准制定与技术合作交流的诸多挑战,实现跨平台的无缝对接与信息的高效互通,已成为提升思想政治教育工作效能、促进信息资源共享的关键所在。

为达成此目标,首要之务是确立清晰、统一的技术标准与规范。在制定这些标准之前,需深入洞察思想政治教育工作的内在需求,涵盖数据整合的细节、信息互通的各种场景,以及数据格式与传输方式等关键要素。汇聚思想政治教育工作与技术领域的精英,共同研拟符合思想政治教育工作特质的技术标准与规范。这些标准不仅明确了数据的格式与传输协议,更设定了严密的安全要求,以确保信息的稳定流通与安全保障。

与此同时,技术的交流与合作亦不可忽视。积极与技术领先的企业、研究机构等建立稳固的合作关系,共同推进跨平台技术的研发与应用。通过资源的共享、经验的交流,共同解决技术难题,推动跨平台整合与互通的深度发展。除此之外,还定期组织技术交流活动,邀请专家与技术人员共同探讨技术前沿,分享最新成果,以此促进技术合作与交流的蓬勃发展。

在此过程中,始终注重思想政治教育工作与技术人才的培养。通过系统的培训与实践,努力打造一支既精通思想政治教育工作业务,又具备智能技术素养的复合型人才队伍。这支队伍将成为推动跨平台整合与互通的核心力量,为思想政治教育工作注入源源不断的创新活力。

8. 平衡创新与传统的知行模式

创新,如同清晨的朝阳,为思想政治教育工作注入源源不断的活力。人们深知,唯有不断创新,才能确保思想政治教育工作与时俱进,更好地回应时代的呼唤。为此,倡导广大党员和党组织拥抱创新,敢于挑战旧有的思维模式,勇于开拓未知的领域。设置创新奖励、开展各类创新竞赛,旨在点燃每一位党员心中的创新之火,激发他们的创造力和探索欲。

在追求创新的同时,绝不能忘记思想政治教育工作的优良传统——那些历经岁月洗礼而愈发光彩夺目的红色基因。光荣传统是党的根基和灵魂,是前行的指南针。党员必须以敬畏之心对待光荣传统,深入挖掘并传承其中蕴含的智慧和力量。通过系统地总结历史经验,洞察思想政治教育工作的内在规律,为创新提供坚实的基石。

在实践层面,坚持立足实际,紧密结合思想政治教育工作的具体需求和现实情况。深入基层,倾听党员和群众的声音,从中汲取创新的灵感。同时,积极借鉴其他领域的先进理念和技术,将其巧妙地融入思想政治教育工作之中,以实现思想政治教育工作方法和技术的革新。在创新实践过程中,始终注重实效性和可持续性,确保每一项创新都能为思想政治教育工作带来实实在在的提升。为让创新与传统在广大党员和群众中生根发芽,思想政治教育工作者不断加强宣传和教育工作。可通过生动的案例和鲜活的故事,向大家展示创新与传统的完美结合所带来的巨大力量。通过这种方式,激发大家对于思想政治教育工作的热情和参与度,共同推动党的事业不断向前发展。

本章小结

本章论述了"人工智能+"思想政治教育的优化策略。"人工智能+"思想政治教育若要深入发展,分别是:转变思维是关键(高扬价值理性、厚植人文关怀、融入技术理念、厘清逻辑关系、明确教育定位、强化自我调适);建构模式是核心(思政教学课程模式、思政网络学习模式、思政教育实践模式、思政管理服务模式、思政教育环境模式）；建设软硬件是基础（挖掘数据资源、改进算法技术、规范技术伦理、强化法制规范、夯实基础硬件）；健全机制是保障（建设人才队伍机制、运筹科学决策机制、建立技术支持机制、构建平稳运行机制、完善高效反馈机制）；赋能生态是重点（建设跨学科融合的新局面、构筑数字化安全堡垒、增强智能技术的用户体验与接纳度、把控生成内容质量与监测管控信息、筹划数字技术培训、协同制度与规范的动态完善；推动跨平台整合与信息共享、平衡创新与传统的知行模式）。

只有从上述五个方面持续发力，才能有效应对"人工智能+"思想政治教育理论和实践过程中面临的诸多挑战，进而提升教育的实效性，使思想政治教育在技术赋能的崭新道路上渐行渐远。

结　　论

　　新时代，随着互联网技术的推演和国家宏观环境的更始，与时代同频共振，依据祖国所需而不断传承创新，以与时俱进的责任担当响应高等教育事业立德树人的使命召唤，是思想政治教育对"因时而进"原则的遵循。面对人工智能技术的日新月异，思想政治教育理应充分借助"外脑"之力，以"人机共生"的崭新姿态开拓进取，顺应教育信息化的时代洪流，这是对"因势而新"原则的恪守。面对人工智能技术所带来的新的境遇和诉求，胸怀理性处理和解决新问题，认清新形势，做出新研判，制定新部署，这是思想政治教育对"因事而化"原则的秉持。综上，"人工智能+"思想政治教育不仅彰显了其自身与时俱进的理论品质，更是时代所需，大势所趋。教育者应以积极且审慎的态度促进人工智能技术与思想政治教育的融合创新，不断深化拓展其理论和实践的研究。同时也应看到，人工智能赋能的思想政治教育，终究要回归到人类本身。不是人工智能取代了人类的思想政治教育，而是以人为本的思想政治教育，因为有了人工智能技术的赋能，而变得更加智能。

　　人工智能对思想政治教育纵深发展的价值是巨大的，不仅重塑了教育生态及教育模式，推动其智慧化进程；还推进了其数字化、信息化进程，整合了数字资源，以对教育大数据深度学习的方式对思想政治教育过程进行"数据理性"的研判，协助从业者更充分地研判事态进展；同时，对教育对象因材施教、"精准施策"，尊重教育对象的差异性和具象性，优化了教育效果。此外，更能结合大数据、算法和算力的技术优势，对思想政治教育的本然规律做到更深入的挖掘和探究，从而使教育理论和实践在通往真理的道路上"百尺竿头，更进一步"。较之传统思想政治教育的信息化能力滞后等问题，"人工智能+"思想政治教育更能优化教育主客体关系，改善教育介体和手段，与教育发展的现实诉求更加契合，成为新时代思想政治教育创新发展的重要依托。

人工智能在思想政治教育领域的应用普及程度还尚待深入，推动教育创新发展的效果还亟待提升。究其原因，既存在主客观因素的影响，又有历史现实原因的作用。一方面，任何新生事物被某个领域所接纳并长足发展都需要一个周期，在传统思想政治教育中融入人工智能元素，同样遵循了新生事物发展的客观规律，教育主客体对其充分接纳和认同需要一个阶段；另一方面，传统思想政治教育领域对"人工智能+"的认识水平稍显滞后，教育主客体的数字素养、智能技术水平、信息化认知层次尚待进一步提升，且技术平台环境的搭建和塑造需要"假以时日"，相关教育技术伦理的研究尚待深入，这些现状是"人工智能+"思想政治教育深入融合发展所面临的"创新者窘境"。面对着这些时代环境所赋予的挑战，要使得"人工智能+"思想政治教育的最大价值和优势不遗余力地得到彰显，尚需要一个过程。

在思想政治教育发展的实践过程中，融合人工智能技术进行创新的内在运行机理，以及实际遇到的更多操作层面的问题仍然需要在实践中进一步探究，因而"人工智能+"思想政治教育的实践创新方法和路径需要在后续得到推进和探究；"人工智能+"思想政治教育的内核运行机理和规律，需要在理论层次更进一步地挖掘、探索、凝练和升华。

对于"人工智能+"思想政治教育的未来研究方向，可以从如下方面做出展望：

人工智能技术在思想政治教育中的应用场景和效果研究。可以进一步探讨人工智能技术在思想政治教育中的应用场景和效果。例如，教育者可以利用人工智能技术对学生的学习情况进行分析，制定个性化的教学计划和方案，提高教学效果。同时，也可以利用人工智能技术对学生的情感、态度和价值观进行分析和引导，实现思想政治教育的智能化和精准化。

人工智能技术在思想政治教育中的伦理问题和发展路径研究。随着人工智能技术在思想政治教育中的应用越来越广泛，相关的伦理问题也日益凸显。例如，对如何保护学生的隐私和数据安全，如何防止算法的歧视和不公平等问题都需要进行深入探讨。同时，也需要探索人工智能技术在思想政治教育中的发展路径，包括技术创新、政策支持和法律保障等方面。

人工智能技术在思想政治教育中的普及和应用研究。可以进一步推动人工智能技术在思想政治教育中的普及和应用。例如，教育者可以利用人工智能技术开发智能化的教学工具和平台，提高思想政治教育的效率和质量。同时，也可以利用人工智能技术开展在线教育、远程教育等新型教育模式，满足不同学生的学习需求和发展需要。

基于人工智能技术的思想政治教育评估体系研究。可以研究基于人工智能技术的思想政治教育评估体系。传统的思想政治教育评估主要依赖于人工评价和问卷调查等方法，存在主观性和效率较低的问题。而人工智能技术可以通过自然语言处理和机器学习等算法，对学生的学习情况和表现进行自动分析和评估，提高评估的客观性和准确性。这一研究方向的挑战在于如何准确地收集和处理学生的学习数据，以及如何设计合适的算法和模型来进行自动分析和评估。需要深入研究和探索人工智能技术在思想政治教育评估中的应用方法和效果，建立科学、客观、有效的评估体系，推动思想政治教育的持续改进和发展。

人工智能与思想政治教育深度融合中的情感计算与情感教育研究。人工智能与思想政治教育的深度融合不仅需要关注知识和技能的传授，还需要注重学生的情感教育和情感培养。可以研究人工智能中的情感计算技术在思想政治教育中的应用，探索情感计算与情感教育的结合点。具体而言，可以利用情感计算技术对学生的情感状态进行自动识别和分析，了解学生的学习情感和情绪变化，为教育者提供情感教育的参考和指导。同时，也可以利用情感计算技术设计情感化的学习资源和教学活动，引发学生的积极情感和学习兴趣，提高学习效果和学习满意度。此外，还可以研究人工智能技术在情感教育中的应用方法和策略。例如，可以利用人工智能技术构建情感教育的智能导师系统，根据学生的情感状态和学习需求，提供个性化的情感教育方案和支持。同时，也可以利用人工智能技术开展情感计算的实证研究，探索情感计算在思想政治教育中的有效性和影响力。这一研究方向需要关注如何将人工智能中的情感计算技术与思想政治教育的情感教育相结合，实现技术与教育的有机融合。需要深入研究情感计算技术的原理和应用方法，探索其在思想政治教育中的最佳实践路径，推动思想政治教育的情感化、智能化和个性化发展。

新一代人工智能大语言模型 Chat GPT 与思想政治教育的深度融合研究。这一研究的重点在于如何使用 Chat GPT 提升思政学术领域的研究和创作效率，以及对人工智能与人类思政科研工作者的著作权界限问题的划分。

对于"人工智能+"思想政治教育的发展，可以做出如下展望：

推动思想政治教育的智能化发展。"人工智能+"思想政治教育将更加注重智能化发展。通过利用人工智能技术，可以实现思想政治教育的个性化、精准化和智能化，提高思想政治教育的效果和质量。同时，也可以利用人工智能技术推动思想政治教育的创新发展，探索新的教育模式和方法。

加强跨学科研究和合作。"人工智能+"思想政治教育涉及多个学科领域的知识和技术，包括计算机科学、教育学、心理学、社会学等。因此，需要加强跨学科研究和合作，促进不同学科领域之间的交流和融合。通过跨学科研究和合作，可以更好地理解"人工智能+"思想政治教育的本质和规律，推动其健康发展。

关注人工智能技术的伦理和安全问题。随着人工智能技术在思想政治教育中的应用越来越广泛，相关的伦理和安全问题也日益凸显。需要更加关注这些问题，制定相应的法律法规和道德规范，保障学生的隐私和数据安全。同时，也需要加强对人工智能技术的监管和管理，防止其被滥用或误用。

培养具备人工智能技术素养的教育者。"人工智能+"思想政治教育需要教育者具备相应的人工智能技术素养。因此，需要加强对教育者的培训和教育，提高他们的技术素养和应用能力。通过培养具备人工智能技术素养的教育者，可以更好地推动"人工智能+"思想政治教育的实施和发展。

"人工智能+"思想政治教育是教育发展的重要趋势之一。通过深入探讨其研究方向和进展，可以更好地把握其发展趋势和规律，推动其健康发展。展望未来，我们深信"人工智能+"思想政治教育的研究将不断拓展其深度和广度。随着技术的日新月异和教育理念的不断刷新，坚信人工智能与思想政治教育的融合将为教育领域注入源源不断的活力。期待着通过持续的研究与实践，不断创新教育模式，提升教育质量，以培养出更多具有全球竞争力、批判性思维和社会责任感的祖国的建设人才，共同为构建更加和谐、包容、创新的社会贡献力量。

只有使教育实践不断遵循其质的规定性，我们才能在实践层面找到更多的问题解决之道，以实现传统思想政治教育的优势与智能信息技术的全方位协同，最终实现"铸魂育人、立德树人"的愿景和目标。放眼时代，在网络化、信息化及智能化技术的驱动下，以人工智能技术为抓手，助力推进数字覆盖、全域互联的智慧思政的发展诉求将日益凸显，并将成为思想政治教育发展的大势所趋。但我们在心怀希望憧憬的同时，更应脚踏实地、实事求是地认识到，"人工智能+"思想政治教育是一项复杂而艰巨的伟大工程，前途虽然光明，但道路依然曲折，需要思想政治教育同仁孜孜不息、孜孜无怠的遵循和求索。

参考文献

一 中文文献资料

1. 著作类

《马克思恩格斯选集（第1—4卷）》，人民出版社2012年版。
《马克思恩格斯文集（第1—5卷）》，人民出版社2009年版。
《习近平谈治国理政（第1卷）》，外文出版社2018年版。
《习近平谈治国理政（第2卷）》，外文出版社2017年版。
《习近平谈治国理政（第3卷）》，外文出版社2020年版。
《习近平谈治国理政（第4卷）》，外文出版社2022年版。
《习近平总书记系列重要讲话读本》，学习出版社、人民出版社2016年版。
《深入学习习近平关于教育的重要论述》，人民出版社2019年版。
习近平：《决胜全面建成小康社会，夺取新时代中国特色社会主义伟大胜利——在中国共产党第十九次全国代表大会上的报告》，人民出版社2017年版。
习近平：《高举中国特色社会主义伟大旗帜，为全面建设社会主义现代化国家而团结奋斗——在中国共产党第二十次全国代表大会上的报告》，人民出版社2022年版。
张耀灿：《中国共产党思想政治教育史论》，高等教育出版社2006年版。
王树荫：《中国共产党思想政治教育史论（第2版）》，中国人民大学出版社2016年版。
陈万柏等：《思想政治教育学原理（第3版）》，高等教育出版社

2015 年版。

郑永廷：《思想政治教育方法论》，高等教育出版社 2010 年版。

郑永廷等：《思想政治教育学原理》，高等教育出版社 2016 年版。

张耀灿等：《现代思想政治教育学》，人民出版社 2006 年版。

张再兴等：《网络思想政治教育研究》，经济科学出版社 2009 年版。

李开复、王咏刚：《人工智能》，文化发展出版社 2017 年版。

王作冰：《人工智能时代的教育革命》，北京联合出版社 2017 年版。

［英］玛格丽特·A. 博登：《人工智能哲学》，上海译文出版社 2006 年版。

［美］马文·明斯基、辛娅·所罗门：《创造性思维：人工智能之父马文·明斯基论教育》，人民邮电出版社 2020 年版。

［美］本·戈策尔：《奇点将至》，人民邮电出版社 2019 年版。

［澳大利亚］托比·沃尔什：《人工智能会取代人类吗?》，北京联合出版 2018 年版。

［俄］加里·卡斯帕罗夫：《深度思考：人工智能的终点与人类创造力的起点》，中国人民大学出版社 2018 年版。

［美］托马斯·达文波特、茱莉娅·柯尔：《人机共生》，浙江人民出版社 2018 年版。

［英］罗斯玛丽·卢金、栗浩洋：《智能学习的未来》，浙江教育出版社 2020 年版。

［英］迈克尔·伍尔德里奇：《人工智能全传》，浙江科学技术出版社 2021 年版。

2. 期刊类

王立群、杨芸伊：《"人工智能+思想政治教育"：生成、风险及应对》，《湖南社会科学》2022 年第 4 期。

孙璐杨、伍志燕：《智媒体时代大学生思想政治教育的特征，挑战与对策》，《黑龙江高教研究》2022 年第 8 期。

葛园、韩璞庚：《人工智能与思想政治教育有机融合探析》，《学校党建与思想教育》2022 年第 13 期。

唐平秋、彭佳俊：《人工智能助推思想政治教育评价创新发展探析》，《学校党建与思想教育》2022 年第 13 期。

李厚锐：《智能媒体赋能高校思想政治教育创新探究》，《思想理论教育》2022 年第 7 期。

杨希、张立：《人工智能辅助高校思想政治教育社会化的因由、前景与路径》，《中学政治教学参考》2022 年第 24 期。

卢岚：《人工智能与思想政治教育的关系维度论析》，《思想理论教育》2022 年第 6 期。

刘建华、刘帅：《智能思想政治教育的赋能风险与应对》，《理论导刊》2022 年第 5 期。

陈启迪：《人工智能嵌入高校思想政治教育的技术风险及应对策略》，《学校党建与思想教育》2022 年第 9 期。

韩弘峰、尹喜：《论人工智能赋能高校思想政治教育》，《中学政治教学参考》2022 年第 16 期。

郑天翔、张震：《人工智能时代高校思想政治教育创新研究》，《学校党建与思想教育》2022 年第 7 期。

刘建华：《论智能思想政治教育的可能与限度》，《思想理论教育》2022 年第 4 期。

胡华：《智能思政：思想政治教育与人工智能的时代融合》，《思想教育研究》2022 年第 1 期。

陈清：《论人工智能融入高校思想政治教育的深层逻辑》，《江苏高教》2022 年第 1 期。

王健、郑旭东：《新时代信息化促进高校思想政治教育的思路、框架与建议》，《电化教育研究》2022 年第 1 期。

魏华：《人工智能深度融合思想政治教育的实现路径》，《理论视野》2021 年第 12 期。

张淼：《人工智能时代大学生劳动教育的范式转换与实践理路》，《当代青年研究》2021 年第 6 期。

杨威、耿春晓：《人工智能时代思想政治教育发展的可能议题》，《思想教育研究》2021 年第 10 期。

王惠颖：《人工智能时代劳动教育的三重转向与实施路径》，《南京社会科学》2021 年第 10 期。

崔建西、白显良：《智能思政：思想政治教育创新发展的新形态》，《思想理论教育（上半月综合版）》2021 年第 10 期。

周琳：《我国高校体育人才培养中思想政治教育与人工智能的结合》，《沈阳体育学院学报》2021年第5期。

邵建新、何玉坤、李雪：《教育生态学视角下人工智能时代劳动教育的困境与出路》，《当代教育论坛》2021年第6期。

董天歌、赵艳波：《人工智能时代思想政治教育面临的挑战及其对策》，《中学政治教学参考》2021年第32期。

颜笑：《人工智能嵌入思想政治教育的思考》，《中学政治教学参考》2021年第32期。

胡华：《人工智能嵌入大学生思想政治教育的SWOT分析及应对策略》，《思想政治教育研究》2021年第4期。

冯孟：《人工智能背景下职业院校劳动教育模式构建》，《职业技术教育》2021年第22期。

常静：《破除人工智能泡沫：人工智能思政教育研究泛化现象批判——兼论人工智能介入思政教育之限度》，《中学政治教学参考》2021年第28期。

禚海英：《人工智能背景下思想政治教育的算法风险与应对策略》，《中学政治教学参考》2021年第28期。

金菊、隋鑫、苏兆斌：《人工智能背景下思想政治教学革新与发展》，《中学政治教学参考》2021年第28期。

李梅敬：《智能教育背景下思想政治教育的生活化建构及实践路径》，《北京社会科学》2021年第7期。

贾淑品：《人工智能背景下马克思劳动价值论的再审视》，《广西社会科学》2021年第6期。

崔建西：《论人工智能时代思想政治教育的"变"与"不变"》，《思想教育研究》2021年第5期。

任志锋：《人工智能背景下爱国主义教育的变革与应对》，《教学与研究》2021年第4期。

富旭：《人工智能时代思想政治教育话语建构面临的挑战及其应对》，《思想理论教育》2021年第4期。

王寅申、朱忆天：《沉浸传播时代思想政治教育的发展变革与价值澄明》，《思想理论教育》2021年第4期。

季托：《数字环境中的分众思想政治教育探论》，《理论导刊》2021

年第 3 期。

罗亮：《人工智能驱动思想政治教育创新的时代价值与实践策略》，《思想理论教育》2021 年第 3 期。

关朋：《适变从宜：人工智能语境下高校思政理论课教学结构的变化》，《学术探索》2021 年第 2 期。

张宝君、孙志林：《智媒时代高校微空间思想政治教育的审视与创优》，《思想理论教育》2021 年第 2 期。

王海建：《人工智能时代的劳动教育：创新与调适》，《思想理论教育》2021 年第 1 期。

王毅、王玉飞、吴嘉佳：《人工智能时代的劳动教育：内涵，价值与实现路径》，《当代教育论坛》2021 年第 2 期。

刘明龙：《人工智能时代思想政治教育机遇探赜》，《西南民族大学学报》（人文社会科学版）2020 年第 12 期。

张志丹、刘书文：《人工智能必将引发思想政治理论课变革》，《思想教育研究》2020 年第 10 期。

张瑜：《论思想政治教育网络观的演进与理论创新》，《马克思主义与现实》2020 年第 5 期。

袁周南：《人工智能嵌入思想政治教育：背景，依据与路径》，《思想理论教育》2020 年第 8 期。

黄欣荣：《计算思想政治教育的内涵及理论建构》，《新疆师范大学学报》（哲学社会科学版）2021 年第 2 期。

郝博炜：《人工智能时代的思想政治教育风险及其应对》，《中学政治教学参考》2020 年第 22 期。

刘文博、刘吉：《人工智能时代高校思想政治教育面临的变革与挑战》，《学校党建与思想教育》2020 年第 13 期。

陶辉：《人工智能语境下思政教师的角色重塑》，《中学政治教学参考》2020 年第 15 期。

杨仁财：《人工智能赋能高校思想政治教育的挑战与应对》，《国家教育行政学院学报》2020 年第 5 期。

崔聪：《人工智能时代思想政治教育的算法风险及其应对》，《思想理论教育》2020 年第 5 期。

徐徐、郑秋伟：《人工智能时代思政理论课教师发展的现实与未来》，

《江苏高教》2020 年第 5 期。

彭丽：《智能时代思政课教师话语权嬗变与重置》，《中国电化教育》2021 年第 10 期。

周光玲、黄义灵、张品良：《论智媒时代高校思想政治教育的路径创新》，《学校党建与思想教育（高教版）》2021 年第 18 期。

都晓：《论精准思政概念生成及与课程思政的辩证关系》，《新疆师范大学学报》（哲学社会科学版）2022 年第 2 期。

詹青龙：《创造性智慧赋能智能时代的劳动教育：内涵与维度》，《国家教育行政学院学报》2021 年第 7 期。

王胡英、鞠达苗：《高校实施精准思政的价值内涵与实践路径》，《学校党建与思想教育》2021 年第 6 期。

梁俊峰：《"精准思政"的逻辑生成和实践路径》，《中学政治教学参考》2020 年第 33 期。

李怀杰：《人工智能赋能思想政治教育论析》，《思想理论教育》2020 年第 4 期。

周美云：《当劳动技术教育遇到人工智能：审视与超越》，《上海教育科研》2020 年第 2 期。

秦蕾、朱进东：《人工智能：高校思想政治教育的时代趋向与应对策略——基于复杂性科学视阈》，《江苏高教》2020 年第 2 期。

林峰：《人工智能时代思想政治教育的价值定位与发展》，《思想理论教育》2020 年第 1 期。

徐海娇：《意义生活的完整性：人工智能时代劳动教育何以必要与何以可为》，《国家教育行政学院学报》2019 年第 11 期。

常宴会：《人工智能在思想政治教育中的应用前景和价值前提探析》，《思想理论教育》2019 年第 8 期。

武东生、郝博炜：《思想政治教育有效利用人工智能的分析》，《马克思主义理论学科研究》2019 年第 3 期。

陈坤、李旖旎：《人工智能语境下思想政治教育者的角色定位》，《思想教育研究》2018 年第 9 期。

叶方兴：《从"学科建构"到"问题解答"——思想政治教育社会学研究的思路转向》，《学术论坛》2014 年第 7 期。

王璐、韩璞庚：《网络视域下思想政治教育"灌输论"的坚守》，《学校党建与思想教育》2020 年第 15 期。

吴军：《高职劳动教育再审视：现实需要、逻辑机理及实践路向——基于马克思主义劳动观的阐述》，《职业技术教育》2020 年第 10 期。

李帆、钱丽欣、邢星：《2019 中国基础教育研究前沿与热点》，《人民教育》2020 年第 2 期。

吴满意、景星维：《精准思政：内涵生成与结构演化》，《学术论坛》2019 年第 5 期。

王新波：《情绪劳动：人工智能时代劳动教育的内容创新》，《人民教育》2019 年第 19 期。

邱柏生：《新时代高校思想政治教育学科建设面临的若干挑战》，《思想政治教育研究》2019 年第 1 期。

夏达、胡雅娟：《高校思想政治教育自组织系统研究》，《学校党建与思想教育》2010 年第 23 期。

马驰：《论"实践—建构"道德学习理论对高校思想政治教育的启示》，《教育与职业》2009 年第 6 期。

3. 学位论文

邓晶艳：《基于大数据的大学生日常思想政治教育创新研究》，贵州师范大学，2021 年。

张玉龙：《大数据视域下思想政治教育创新研究》，东北师范大学，2021 年。

李宝研：《大数据时代大学生网络思想政治教育创新研究》，哈尔滨师范大学，2020 年。

邓宇：《思想政治教育与互联网融合发展研究》，东北师范大学，2019 年。

4. 报纸

《习近平向国际人工智能与教育大会致贺信》，《人民日报》2019-05-17。

《习近平在全国思想政治工作会议上的讲话》，《光明日报》2016-12-09。

《习近平在中国科学院第十九次院士大会、中国工程院第十四次院士大会上的讲话》,《人民日报》2018-05-29。

《习近平在全国高校思想政治工作会议上强调:把思想政治工作贯穿教育思政教学全过程开创我国高等教育事业发展新局面》,《人民日报》2016-12-09。

二 外文文献资料

Big data: Science in the petabyte era, Nature, 2008.

Chris Anderson. The End of Theory: The Data Deluge Makes the Scientific Method Obsolete, Wired, 2008.

Mandinach E B, Gummer E S. A systemic view of implementing data literacy in educatorpreparation, Educational Researcher, 2013.

West, Darrell M. Big Data for Education: Data Mining, Data Analytics, and Web Dashboards. Governance Studies at Brookings, Washington: Brookings Institution, 2012.

Genlang Chen. Building an Experimental Platform for Cloud and Big Data Education, Advanced Science and Industry Research Center. Proceedings of 2014 International Conference on Education Reform and Modern Management (ERMM 2014 V75), Advanced Science and Industry Research Center, 2014.

Q. Meng. The governance of higher education in the era of big data, International Research Association of Information and Computer Science. Proceedings of 2014 International Conference on Education Management and Management Science (ICEMMS 2014), International Research Association of Information and Computer Science, 2014.

Fletcher J D, Sottilare R A. Shared mental models in support of adaptive instruction for teams using the GIFT tutoringarchitecture, International journal of artificial intelligence in education, 2018, 28 (2).

Tim Harford. Messy: The Power of Disorder to Transform Our Lives, Riverhead Books Publication, 2017.

Brian Christian, Tom Griffiths. Algorithms to Live By: The Computer Science of Human Decisions, Picador USA Publication, 2016.

González – Calero J A, Arnau D, et al. Intensive scaffolding in an intelligent tutoring system for the learning of algebraic word problem solving, British Journal of Educational Technology, 2015, 46 (6).

Brian Christian, Tom Griffiths. Algorithms to Live By: The Computer Science of Human Decisions, Picador USA Publication, 2016.

Scott E. Page. The Model Thinker: What You Need to Know to Make Data Work for You, Basic Books, 2018.

PARRISH J L. Papa knows best: principles for the ethical sharing of information on social networking sites, Ethics & information technology, 2010, 12 (2).

Wynn G, Lykoudis P, Berlingieri P. Development and Implementation of a Virtual Reality Laparoscopi-c Colorectal Training Curriculum, The American Journal of Surgery, 2017 (11).

Kim T J, Huh J H, Kim J M. Bidirectional Education Contents using VR E-quipments and Augmented Reality, Multimedia Tools and Applications, 2018.

Ladwig P, Geiger C. A Literature Review on Collaboration in Mixed Reality, // International Conference on Remote Engineering and Virtual Instrumentation (REV), 2018.

Biesta, G. J. J. Receiving the gift of teaching: From 'learning from' to 'being taught by', Stud Philos Educ, 2013 (32).

Kim T J, Huh J H, Kim J M. Bidirectional Education Contents using VR E-quipments and Augmented Reality, Multimedia Tools and Applications, 2018.

Ravelli L J, Van Leeuwen T. Modality in the Digital Age, Visual Communication, 2018 (13).

后 记

本书行将付梓之际，笔者仰望星空，回首往昔，不禁心生感喟：著书生涯，如弹指一挥，幡然已逝。六年间，自己从最初的迷茫，到中途的沉寂，再到如今的清朗，着实是个疾楚而劳顿却又满盈而悦美的人生历程。

回首考博之时，数子逐鹿，心生忐忑。然排闼恩师王越芬舍扉之瞬，凝望恩师蔼容，心中渐落笃定。自恩师收我为徒，六年间，无不谆谆教诲，嘘寒问暖，体贴入微。其间，我也偶有沮丧，或有迷惘，多是恩师对我秉笔直书、直言无隐，指明人生宗位。修改此书期间，仍是恩师尽心指点，修正翰墨，通宵达旦。

感恩父母，舐犊情深；父母之邦，恩深义重。父母给予我堂堂之表，凛凛之躯。我若红莲，母便是荷叶，为我遮风挡雨；我若雏鸟，父便是苍鹰，带我觅食，护我羽翼渐丰。三十余载，父母耕耘不辍，为我做好坚强后盾；教我成长，使我未有衣食之忧。

感谢东北林业大学马克思主义学院于冰院长、苏志刚书记、刘经纬教授、王刚教授及各位导师们，其相当之知识储备和实践认知，其诲人不倦之职业情操，其循循善诱的为师之道，以及给予本研究总体性的指导，对本研究水平提高可谓举足轻重之效。

感谢新乡医学院马克思主义学院朱培丽院长、仝士栋书记的悉心指导和深切关怀。其远见卓识和不懈支持，为我提供了广阔的学术空间和深厚的研究底蕴。

感谢新乡医学院人文社会科学部刘雪立部长的慷慨资助与鼎力相助，对专著出版如同暗空逢灯，雪中送炭。

感谢自己，六载寒窗，循序而渐进，熟读而精思。逝者如斯夫，不舍昼夜。

恩深而墨短，友远而语拙。与冰城热恋十二载，与东林相识六年，与中原血脉相连，与新医见如初恋。朝看水东流，暮看日西坠。感恩生活，感谢遇见。